高等学校小学教育专业精品教材

郭健　丛书主编

小学班主任工作原理与实践

张艳芬　王　颖　主编
董烈霞　副主编

XIAOXUE BANZHUREN GONGZUO YUANLI YU SHIJIAN

北京师范大学出版集团
BEIJING NORMAL UNIVERSITY PUBLISHING GROUP
北京师范大学出版社

图书在版编目(CIP)数据

小学班主任工作原理与实践/张艳芬，王颖主编. —北京：北京师范大学出版社，2016.8(2025.7 重印)

(高等学校小学教育专业精品教材)

ISBN 978-7-303-20431-1

Ⅰ. ①小… Ⅱ. ①张… ②王… Ⅲ. ①小学—班主任工作—高等学校—教材 Ⅳ. ①G625.1

中国版本图书馆 CIP 数据核字(2016)第 104386 号

出版发行：北京师范大学出版社 https://www.bnupg.com
北京市西城区新街口外大街 12-3 号
邮政编码：100088
印　　刷：三河市兴达印务有限公司
经　　销：全国新华书店
开　　本：787 mm×1092 mm　1/16
印　　张：17
字　　数：360 千字
版　　次：2016 年 8 月第 1 版
印　　次：2025 年 7 月第 12 次印刷
定　　价：36.00 元

策划编辑：王建虹　　　　责任编辑：李洪波
美术编辑：焦　丽　　　　装帧设计：焦　丽
责任校对：陈　民　　　　责任印制：马　洁

丛书编委会

总　　序

20 世纪 90 年代以来，随着社会发展水平的提高，社会对高质量教育的需求越来越强烈，为顺应社会需求，我国对教师培养体系进行了重大变革——小学教师的培养由原来的中等师范学校改由专科学校和本科院校培养。1998 年南京师范大学晓庄学院首次尝试开设小学教育（本科）专业，开创小学教师本科化培养的先河。1998 年教育部颁布的《普通高等学校本科专业目录》中，小学教育专业以“经教育部批准同意设置的目录外专业”出现，标志着小学教育专业开始纳入高等教育体系中。2012 年，小学教育专业以教育学二级学科的身份，正式纳入教育部颁布的《普通高等学校本科专业目录》。经济发达的地区把小学教师的学历提升到专科或本科水平，并在全国范围内扩招教育硕士。

自小学教育纳入高等教育体系以来，小学教育专业取得了一定的成效，为我国输送了大批本专科学历的小学优秀教师。

为了保证教师的培养质量，教育部于 2011 年 10 月 8 日颁布了《教育部关于大力推进教师教育课程改革的意见》，其附件《教师教育课程标准（试行）》是国家对我国教师教育课程改革提出的建议和要求，也是认定教师资格的重要依据。这对我国小学教师教育类课程结构调整和优化提出了新的要求。对深化教师教育改革，规范和引导教师教育课程与教学，培养和造就高素质专业化教师队伍具有纲领性的作用。

小学教育专业被纳入高等教育体系的时间短，在专业建设的过程中需要解决的问题很多，尤需亟待解决的是小学教育专业的课程及教材建设问题。河北省教育学教学指导委员会审时度势，组织全省教育学、心理学相关领域专家进行了充分的调研，分析了小学教育专业人才培养存在的问题，针对目前权威教材匮乏的现状，组织专家编写了目前河北省小学教育专业的系列教材。

此次教材编写既注重理论的系统性与前沿性，也注重解决教育实践问题的应用性与操作性；既注重编写过程的学术性，也注重教材形式上的趣味性。希望成为小学教育专业学生喜读、乐读的基本学习素材。

本套《小学教育专业系列教材》共包括十几种，分别是《教育学》《教育政策与法规》《教育测量与评价》《教育科研方法》《教育技术学》《课程与教学论》、《教育管理学》《小学语文课程与教学论》《小学数学课程与教学论》《小学英语课程与教学论》《小学科学课程与教学论》《教育心理学》《儿童心理学》《小学生心理健康教育》《小学综合实践活动》《小学班主任工作原理与实践》和《小学教师专业技能训练》。

本套教材编写参与人员较多，涉及学科较广，是一项艰巨的工程，能顺利付梓得益于所有参编人员的辛勤工作、密切配合；也得益于北京师范大学出版社王剑虹女士的积极协调与沟通。在此向所有参与此次编写活动的作者及编辑人员表达我们的敬意。

教材编写过程中由于编者的学术视野及学术能力的限制难免会出现不足之处，我们将在教材使用中进一步总结反思，不断修订和完善。同时，也欢迎广大学界同仁及读者予以批评指正。

郭健

2016年6月8日

前　言

PREFACE

小学教育，是个体生命历程中的重要阶段，是为个体一生发展奠基的关键时期。小学班主任工作，是小学教育的重要组成部分，在小学教育体系中具有独特价值。出色地完成小学班主任工作，不仅是每个小学班主任肩负的神圣使命，也是小学教育目标得以实现的重要保障。教育部颁发的《关于进一步加强中小学班主任工作的意见》指出，“班主任岗位是具有较高素质和人格要求的重要专业性岗位”，“在普遍要求全体教师都要努力承担育人工作的情况下，班主任的责任更重，要求更高。”基于此，根据河北省高等学校教师教育“十三五”规划教材建设研讨会的精神，我们编写了这本《小学班主任工作原理与实践》。

本书的编写主要着眼于三个方面。在结构上，全书共十一章，包括“绪论”“小学班主任工作的对象——小学生的发展特点”“小学班主任工作的理念与原则”“小学班级的组织和建设”“小学班级管理”“小学班级活动”“小学班级教育工作”“小学班级教育力量的协调”“小学少先队工作”“小学班主任工作的评价”以及“小学班主任工作研究”。涉及了小学班主任工作的方方面面，以期为学习者建构一个完整的知识体系。在内容上，突出实践性、可操作性。在阐述抽象理论的同时，融入了一些典型的案例，以期使学习者实现理论知识的迁移，提升其开展小学班主任工作的实际能力。在呈现方式上，以“资料链接”的形式呈现一些文献资料和典型案例，既延展了学习者的视野，又活跃了抽象的学习内容。使学习者在阅读的过程中，不仅可以感受到班主任工作理论的系统与严谨，还可以体味到班主任工作实践的生动与形象。

本书的编写分工是：第一至六章：张艳芬。第七章、第十章、第十一章：王颖。第八章、第九章：董烈霞。全书最后由张艳芬统稿、定稿。

本书引用了报刊、杂志、互联网上刊发的许多文献资料和典型案例，在此谨对这些传播媒体尤其是对所选用文章的作者表示衷心的感谢。姚村乡中心小学德育副校长、小学高级教师、具有多年小学班主任工作经验的张艳华老师审读了全部书稿，为本书的编写提出了宝贵的建议，并提供了大量的事实材料。保定学院王全乐教授、河北小学师艳阁副校长、河北师范大学教育学院院长薛艳华教授、北京师范大学出版社王剑虹编辑都为本书的编写提供了大力的支持，在此一并表示衷心的感谢！

本书既可以作为高等师范院校小学教育专业的教材，也可以作为教师教育机构开展小学班主任工作培训的资料，还可以作为关注小学班主任工作的读者的推荐读物。

鉴于时间和学识水平有限，此书中会有许多疏漏或不妥之处，敬请专家、同行、一线小学班主任和广大读者给予批评指正。

编者

2016 年 6 月

目　　录

CONTENTS

第一章　绪　论

学习目标▶

1. 明确小学班主任工作的职责与任务。

2. 掌握小学班主任工作的内容和特点。

3. 领会对小学班主任素质的具体要求，掌握小学班主任素质培养和提高的途径与方法，并能不断实现自我素质的提升。

导入案例

心中的那一片绿叶

坐在窗前，望着窗外的繁花似锦，我的内心隐隐透着一阵阵激动——我被生命的色彩感动着，被我成长里的寻找经历感动着……

我的童年是在一个小山村度过的，陈老师是我的班主任——上海知青，文静寡言，但却很喜欢和我交流，而我也非常敬重陈老师。

陈老师喜欢绿茶，在她的书里，常常夹着她用形状各异的叶子制成的精美书签。记得有一次，我和陈老师在山坡上散步，她低头捡起了一片宽大的绿叶。我忍不住问道："陈老师，您喜欢绿叶？"陈老师笑了笑，反问我："你喜欢吗？""我不喜欢，我爱花！"

对于我的回答，陈老师不置可否，却讲了一个感人的故事："一个小女孩患了重病，觉得自己将不久于人世，她望着窗外的常春藤说：'藤上最后一片叶子落下时，我就要离开人世了！'人们都为她伤心难过。这件事被一个年迈多病的老画家知道了，他在一个风雨交加的夜晚，抱病画了一片晶莹碧绿的叶子，把它牢牢地扎在青藤上。而小女孩从此坚强地活了下来。"听完陈老师的动情讲述，我似懂非懂地点点头。

后来，我离开山村到外地读书。有一天回到家中，父亲说陈老师已经随着知青返城了。临走时，她托父亲送给我一个笔记本。我小心翼翼地翻开，只见里面夹着一片用绿叶制成的书签。叶子之下，整齐地写着一段话："花的事业是尊贵的，果实的事业是甜美的，让我们做叶的事业吧！因为叶的事业是谦逊的。"我顿时大悟陈老师喜欢绿叶的真正原因。

如今，我从教已有二十多个春秋，每每站在讲台上，陈老师的身影和那片绿叶都仿佛在我眼前叠现。多少次的寻找，多少次的期待，我彷徨过，痛苦过，绝望过，但是我却愈加的平和、淡定，因为我知道，其实我真正寻找的是一种向往、一种精神、一种理想，而这正是恩师所期待的！

（资料来源　王爱武：《心中的那一片绿叶》，《班主任》，2012 年第 1 期。）

每一个小学班主任都在做着"叶的事业"，这是一项谦逊的事业，也是一项崇高的事业，更是一项复杂的事业。要做好这项事业，就需要我们先了解这项事业。

本章主要围绕小学班主任工作的职责与任务、小学班主任工作的内容和特点、小学班主任要具备的素质以及小学班主任素质培养和提高的途径与方法进行阐述。现在，假如你要担任小学班主任工作，通过这些问题的学习，你就能够对这份工作有一份初步的了解，这是你生成班主任工作智慧的前提和基础。

第一节 小学班主任工作的职责与任务

小学班主任是受学校委托，依据学校的教育要求和班级的教育目标，全面负责和主持小学一个班级各项具体工作的教师。小学班主任除了要承担一般小学教师的工作职责和任务之外，还要有许多特殊的职责和任务。

2009年，教育部颁布的《中小学班主任工作规定》中要求："班主任是中小学日常思想道德教育和学生管理工作的主要实施者，是中小学生的引领者，班主任要努力成为中小学生的人生导师。"那么，小学班主任工作的主要职责与任务是什么呢?

一、小学班主任工作的职责

1. 班主任是班级各项工作的管理者

班级是指为了实现一定的教育目的，由学校将年龄和知识水平基本相同或相近的、有共同学习任务的同一年级学生编成有固定人数的学生群体，它是学校的基本教育单位。班级是学生在校生活和活动的主要组织形成，同时，由于小学阶段独特的年龄特征，也使得班级成为小学生心灵意义上的"家园"，对小学生的德、智、体、美等方面的健康发展有着不可估量的影响。一个良好的班级对小学生各方面的健康、和谐发展所产生的积极影响是持久而深远的，甚至会影响小学生的一生；反之，一个不良的班级对小学生成长所产生的消极影响也是巨大的、破坏性的，而且是不可挽回的。班主任是由学校委托，全面负责和主持班级各项具体工作的教师，因此，班主任是班级的直接管理者和第一责任人。这意味着，班主任要遵循一定的原则，采取科学的方法，有效地协调班级的各种影响因素，对班级各项工作进行规划、组织、指导和控制，保证班级各项工作规范、有序运行。大量事实证明，班主任对班级科学、有效地管理，可以增强班级对小学生的吸引力，强化班级对小学生成长的教育功能。

2. 班主任是促进小学生全面发展的教育者

小学时期是个体成长历程中的重要时期。一方面，小学生不仅要增长知识，强健身体，发展智力，更要养成良好的道德行为习惯，形成高尚的道德品质，树立远大的革命理想，并且为形成科学的世界观、人生观和价值观打下良好的基础。另一方面，小学生具有很强的可塑性，很容易接受来自外界环境中各种因素尤其是权威人物的影响。由于职业角色的特殊性，小学班主任是小学生最尊重、最信任、最依赖的人，因此，小学班主任毋庸置疑地会成为小学生成长环境中的权威人物，亦可以称为重要他人，他们自身的言谈举止、学识修养、人格品行、教育理念和能力等都会对小学生产生最具体、最深刻、最强烈的影响，并且这种影响还会延伸到小学生发展的方方面面。正如苏联著名教育家加里宁所言，班主任的世界观、品行、生活、对每一现象的态度，都这样或那样地影响着全体学生……可以大胆地说，如果班主任很有威信，那么这个班主任的影响就会在某些学生身上永远留下痕迹。因此，班主任是促进小学生全面发展的教育者。这意味着，小学班主任要充分利用自己的角色优势，全面了解班级内每一个学生的思想、心理、学习以及生活状况，按照德、智、体、美全面发展的教育要求，结合本校、本班实际，随时随地抓住机会创造条件，对小学生进行有针对性的教育和指导，从而对班级内每个学生的全面发展起到促进和推动作用。

3. 班主任是影响小学生成长的多种教育因素的协调者

在小学生的成长过程中，除了班级、班主任之外，还存在着多种影响其发展的教育因素，譬如，各科任课教师、其他教职员工、学生家长、学生所在社区等。协调、把握好这些因素，处理好彼此之间错综复杂的关系，使这些因素共同成为促进小学生健康成长的教育合力，避免或防止某些因素之间的冲突或矛盾，无疑是小学班主任的重要职责。《小学班主任暂行规定》中也已经明确指出，班主任在协调本班任课教师的教育工作以及沟通学校与家庭、学校与社会之间的联系中，起着重要的作用。因此，班主任是影响小学生成长的多种教育因素的协调者。这意味着，小学班主任要经常与任课教师、其他教职员工联系、沟通，取得共识，寻求支持，确保学生各科学习积极性和学习质量的提高；还要主动与学生家长、学生所在社区取得联系，赢得社会上各种教育因素的支持，充分发挥社会的教育力量，努力形成教育合力。

4. 班主任是促使班级发展为班集体的培育者

一个班级，仅仅是一个学生群体，还不能称为班集体。一个班级，只有成为一个班集体，其对学生的健康成长才会产生巨大的作用。正如马卡连柯所说："团结了集体，教育了集体，集体本身就成为了一种教育力量。"大量的事实也充分证明，班集体对形成小学生的集体意识，提高小学生的社会化水平以及社会适应能力，促进小学生个性健康活泼的发展等方面发挥着重要的作用。一个班集体，是一个有着明确的班级奋斗目标、健全的班级领导集体、严格的班级纪律、健康的班级舆论和班风的学生集体，任何一个班级，都不可能自发成为这样一个班集体，而是需要通过以班主任为核心的各种教育力量的共同努力，才能逐步达到的最高水平。因此，作为班级的直接管理者，班主任必然同时是促使班级发展为班集体的培育者。这意味着，把一个班级培育成一个班集体，是对全班每一个学生的发展全面负责，这应该是小学班主任的一个基本职责，同时，也是班主任工作智慧的体现。

二、小学班主任工作的任务

《小学班主任暂行规定》中明确指出："班主任工作的基本任务是在学校校长的领导下，按照德、智、体、美全面发展的要求，开展班级工作，培养良好的班集体，全面关心、教育和管理学生，使他们的身心得到全面健康的发展，长大能够成为有理想、有道德、有文化、有纪律的社会主义公民。”具体来说，小学班主任工作任务主要有以下几项。

1. 对小学生进行思想品德教育，培养他们具有良好的道德品质

这是小学班主任工作中的一项重要任务，也是首要任务。对小学生进行思想品德教育是指班主任要组织适合小学生品德成长的价值环境，以促使小学生在道德、思想、政治等方面不断建构和提升。小学生的年龄特征决定了小学阶段是进行思想品德教育的最佳时期，也可以称为关键时期。对小学生进行思想品德教育的内容可以有很多，其中有两点要特别重视：一是培育诸如正直、诚实、谦逊、朴素等基本道德品质的教育以及培养学生文明行为习惯的行为规范教育；二是以集体主义、爱国主义、初步的民主法制观念为核心的公民道德教育以及一切有关国家政治生活常识的教育。小学生品德的形成与发展有其固有的规律，班主任应该遵循小学生品德发展的一般规律，从班级实际出发，采取恰当的途径，有目的、有计划、有针对性地开展思想品德教育，并且要将思想品德教育渗透到班级教育和管理的整个过程，这样，才能促使小学生的品德向健康的方向发展。

2. 对小学生进行文化学习指导，培养他们具有良好的学习能力

这是目前班主任工作中的一项主要任务。学习是小学生生活中的重要内容，指导、帮助、督促小学生学好学校开设的各科文化知识，达到课程标准的要求，是班主任必须完成的工作任务。对小学生进行文化学习指导是指小学班主任要依据小学生的心理发展特点，创设一定的情境，使小学生养成爱学习、会学习、勤学习、能学习的良好学习品质。爱学习就是班主任要帮助小学生明确学习目标，激发学习兴趣，端正学习动机和学习态度；会学习就是要指导小学生的学习方法，教给小学生必要的知识和学习技巧，养成良好的学习习惯，善于学习；勤学习就是培养小学生刻苦学习的精神，磨炼小学生的学习意志，使其面对困难不退缩，不抱怨，而是知难而上；能学习就是培养小学生独立思考、独立解决问题的学习能力，以适应学习化社会的要求。

3. 关心学生的生活，开展身心健康教育

健康不仅是学习的基础，健康还可以使小学生快乐地学习，并且能够提升小学生的学习效果。因此，小学班主任工作的重要任务之一就是全面关心小学生的生活，促进小学生的身心健康发展。2008 年，教育部颁发的《中小学健康教育指导纲要》中要求，“中小学健康教育内容包括五个领域：健康行为和生活方式、疾病预防、心理健康、生长发育与青春期保健、安全应急与避险。”小学班主任应该以此作为对小学生开展身心健康教育的出发点，注重培养小学生的良好卫生习惯，鼓励小学生积极锻炼身体，增强小学生的安全意识，并引导学生正确认识自我，形成健全的人格和良好的个性品质。在此基础上，丰富小学生的身心健康知识，提高小学生的身心健

康意识，增强身心健康的自我教育能力。开展身心健康教育要面向班级内的全体学生，并且要关注小学生的个体差异，尊重学生，立足教育，重在指导。

4. 对小学生进行审美教育

对小学生进行审美教育就是小学班主任要组织、开展以培养小学生认识美、欣赏美、表现美、创造美的能力为目标的教育。良好的审美教育，可以培养小学生正确的审美观，提高小学生追求人生的情趣以及理想境界的意识和能力，并促使小学生努力追求高品位的生活和人生境界。这不仅是小学生个体幸福生活的需要，也是当代教育追求的终极目标。因此，小学班主任要利用多种形式向小学生充分展示生活、自然、社会、艺术、科学等方面美的元素，引导学生感受美、欣赏美；同时，组织健康的审美活动，向小学生传授必要的审美知识，以提升他们鉴赏美的能力；最后，也是最重要的一点，小学班主任要鼓励小学生大胆地以不同的形式表现美，展现出美的外表、美的环境、美的生活，在此基础上，尝试创造美。

5. 对小学生开展劳动教育

对小学生开展劳动教育就是小学班主任要采取适宜的形式向小学生传授必要的劳动知识与技能，以培养小学生正确的劳动观念、良好的劳动习惯的教育。必要的劳动教育是促进小学生全面发展的需要，尤其是促进小学生品德健康发展的需要。劳动教育不仅可以端正小学生的劳动态度，使小学生懂得遵守劳动纪律，形成朴素的劳动观念，还可以培养小学生对劳动者的感情，懂得尊重身边以及社会上的劳动者，树立珍惜一切劳动产品的意识，并且，可以使小学生具有初步的劳动能力以及养成必要的劳动品格。小学班主任应当在协助上好小学劳动课的同时，组织学生开展一些自我服务性劳动，或者组织学生参加一定的社会公益劳动和简单的生产劳动。这些对小学生尤其是当代小学生的健康成长起着重要的作用。

第二节　小学班主任工作的内容和特点

小学班主任是对小学生进行德、智、体、美、劳全面发展教育的主要实施者，是小学生健康成长的引领者，他们通过组织、建设和管理班级对全体学生进行教育。下面把小学班主任工作的内容和特点分述如下。

一、小学班主任工作的内容

1. 组织和建设班级

组织和建设班级是小学班主任工作的重要内容。组织和建设班级的直接目标是将一个班级转化为班集体。这是一个漫长的过程，在这个过程中，小学班主任必须要开展下面几项工作：了解和研究班级，确立班级目标，建立班级规章制度，建立班级组织机构，形成正确的班级舆论。

2. 管理班级

管理班级就是指小学班主任根据一定的目的和要求，采用一定的手段和措施，对班级各项工作管理的过程。小学班级管理的任务有四项：建设良好的班集体；落实学校管理目标，保障学校各项工作的开展与实施；做好班级常规管理工作；做好班级教育力量的管理工作。

3. 组织班级活动

组织班级活动是指为了实现班级教育目标，在小学班主任的组织和引导下，或在小学班主任的引导下由小学生自己组织，由全体班级学生共同参与，在课堂教学以外时间开展的各种教育活动。小学班级活动的内容十分丰富，主要包括思想品德教育活动、学习活动、文体活动、科技活动、社会公益活动、游戏娱乐活动、生命教育活动、安全教育活动、劳动教育活动。由于小学班级活动对小学生个人的成长以及对班级的组织和建设都具有极其重要的意义，所以组织班级活动是小学班主任工作的一个重要内容。

4. 开展班级教育

开展班级教育是指在小学班主任工作的过程中，在通过面向班级集体开展工作对小学生进行集体教育的同时，还要依据小学生的个别差异，开展有针对性的、差异化的教育工作。主要包括三项内容：小学班级中的个别教育工作；小学班级中非正式群体的教育工作；小学班级偶发事件的处理工作。其中，小学班级中的个别教育工作是指针对个别学生的特点，通过个别接触、个别指导的方式进行的教育活动，包括做好学业与品德发展良好的学生、中间状态的学生和不良学生的教育工作。

5. 小学班级教育力量的协调

小学班主任是班级的教育者，但并不是唯一的教育者。班级所有的任课教师、学生家长、学生所在社区的环境等因素都对班级成员的成长产生一定的教育影响，是促进班级成员成长的教育力量。小学班级教育力量的协调是指小学班主任要主动并善于协调各方面的教育力量，使之形成一种教育合力，共同促进班级成员积极、健康的发展，主要包括小学班主任与任课教师的协调；小学班主任与家长的协调；小学班主任与其他班级教育力量的协调等。

6. 做好少先队工作

小学班级是小学教育教学的基层组织，也是少先队教育的基层组织。每一个小学班主任既是一名班级管理者，也是一名中队辅导员，因此，做好少先队工作是小学班主任工作的一个基本内容。做好少先队工作主要包括做好少先队组织的教育工作；建立和培养少先队组织；组织开展丰富多彩的少先队活动等。

二、小学班主任工作的特点

1. 艰巨性

小学班主任工作具有艰巨性的特点，表现为工作繁重，责任重大。首先，小学班主任工作的艰巨性，是由班主任的职责与任务的多重性决定的。小学班主任既要组织、培养、管理和教育整个班级，又要对班级中全体学生的全面发展负责，还要创造条件使每一个学生的个性生动活泼。哪一方面的忽视抑或缺失，都会给小学生的成长带来影响。其次，小学班主任工作的艰巨性也是由班主任工作的对象决定的。一个班级由几十名小学生组成，他们有着小学阶段儿童独特的心理特点，充分把握这些特点，是小学班主任工作顺利开展的前提。而小学生又各具特点，有着不同的需求和发展空间，了解这些特点，同样是小学班主任工作顺利开展的保证。最后，小学班主任工作的艰巨性也是由小学班主任工作的过程决定的。教育学生和管理班级是一个系统工程，它要求在既定的时间里，通过多种因素的相互作用，达成一个复杂的综合性的任务目标，即把班级内每一个学生培养成全面发展的人。这一过程必定是复杂的，也是艰巨的。

2. 主导性

小学班主任工作具有主导性的特点。首先，从班主任与学校教育的关系看，班级是学校对小学生进行教育的最基层组织单位，班主任是班级的直接组织者、领导者、教育者，全面负责一个班级学生的思想品德、学习生活、身心健康等方面的工作，因此，在学校对班级学生的各种教育中，班主任工作无疑起到主导作用。其次，从班主任与各方面教育力量的关系看，他是协调者。学生的成长有赖于教育者集体的共同努力，只靠班主任单独工作是完成不了的，也是不可能的。班主任必须要协调好家庭、社会和学校对学生的教育要求，形成教育合力。但是，在对各种教育力量的协调中，班主任同样起着主导作用，也就是说，班主任对各种教育力量的协调，是在主动、积极地发挥班主任工作主导性的基础上体现的。最后，从班主任与小学生的关系看，他是引领小学生成长的人生导师。小学生无论是在认知过程、情感过程还是个性心理等方面都不成熟，正处于快速发展阶段，此时，小学生对教师尤其是朝夕相处的班主任有着特殊的亲近感、信任感和依赖感，愿意接受班主任的教诲，因此，在这一阶段影响小学生成长的诸多因素中，班主任是起到主导作用的。

3. 独立性

小学班主任工作还具有独立性特点。这是由班主任工作的重要对象——班级的特征决定的。班级的一个重要特征就是独立性，这是指班级作为学校教育的一个基本单位以及学生的一个基层组织，是以一个相对独立的系统存在于学校教育情境之中的，班级绝大多数的教育工作是独立进行的。这意味着，班级的组织和建设、班级的各项常规管理、班级教育活动的开展以及班级各种教育工作的进行都是由班主任自主决策并且独立进行的。虽然，其他各种教育力量都在起着一定的作用，但是最终的实施者、践行者只能是班主任。因此，班主任工作的一个特点就是独立性，从这个意义上说，班主任工作是一个以班主任的个体劳动为基础的工作。这一点从班主任的工作内容及整个工作过程，都明显地体现出来，并且班主任工作的质量和效果是个人调控的结果，也是个人智慧和成绩的体现。

4. 创造性

小学班主任工作还具有创造性，这首先是由班主任工作过程和工作情境的异常复杂和多变决定的。班主任的工作对象是复杂的，既是学生群体的班级，又是学生个体，还可能是学生家长以及其他因素，由此，班主任的工作现场是多变的，既可以是在校内，也可以是在校外；既可以是在课上，也可以是在课下；既可以是在正式的教育场所，也可以是在非正式的社会场所。这些必然会使班主任工作过程和工作情境异常复杂和多变，班主任要针对不同的工作对象，不同的工作时间、条件、场合，创造性地选择、运用甚至生成有针对性的工作原则、方法、内容、途径，充分发挥班主任的教育机智，才能取得良好的工作效果。其次，这是由小学生的特点决定的。每个小学生的思想和心理特点是千差万别的，而且，每个人都处在不断的发展变化之中，随着年龄的增长，自我意识水平的提升，主观能动性的发展，表现形式也是多种多样，这些都需要班主任付出创造性的劳动，才能达到教育学生的目的。最后，这是由班主任工作内容和途径的复杂性决定的。班主任既要从班级的整体要求出发，又要对每一个体的发展有所帮助；既要有深入了解学生和班级的调查研究工作，又要有学习、劳动、卫生、安全等方面的组织管理工作；既要有常规性的工作内容和途径，又要有偶发性的工作内容和应急性的工作方法；等等。这些，都要求班主任工作要表现出一定的创造性。正因为班主任工作的创造性，决定了班主任工作是一项高尚的事业，每一个有突出贡献的班主任不仅会受到全社会的尊敬，而且会赢得小学生的衷心爱戴并终生不忘。

第三节 小学班主任的素质及其培养和提高

教育部颁发的《关于进一步加强中小学班主任工作的意见》明确指出："班主任岗位是具有较高素质和人格要求的重要专业性岗位"，"在普遍要求全体教师都要努力承担育人工作的情况下，班主任的责任更重，要求更高。"从上述表述中，我们可以感受到，小学班主任工作对小学班主任的素质提出了一定的要求。要想从事小学班主任工作，必须了解这些要求，努力具备小学班主任素质，这是保证今后能够顺利开展小学班主任工作的前提与基础。

相关链接

做个什么样的重要他人

那天，带孩子们参加活动回校途中，一个眼尖的孩子发现路边冬青树叶下吊着一个囊形的东西。连叶子一起摘下来细看，那个囊比一般的枣稍大些，韧性十足，结实得很，被一根黑丝巧妙地系在叶子背面。从小热爱生物的我猜出那是一只虫子的蛹，而且应该是蝴蝶或飞蛾之类的。孩子们和我一样，兴趣十足，叽叽喳喳："我猜是一只美丽的蝴蝶！""我看是一条大青虫！""我说呀，也许是外太空的不明生物！"……

回到学校，我用一个小药盒把它装起来带回了家，心想：过几天等它破茧而出时再给孩子们一份惊喜吧！那只蛹就这样被我丢在一边了。一晃几天过去，一天晚上，我收拾桌子时发现了那个小药盒，赶紧打开，呀，一只蝴蝶爬了出来！它好漂亮，黑色的翅膀闪着天鹅般高贵的光泽，橘色的花纹那么鲜艳！可是，它的翅膀怎么是卷着的？我小心地试图抚平它，可还没完全展开，翅膀就又固执地卷起来。见到亮光的蝴蝶努力想飞起来，可扑闪了几次，最终只能无奈地停下，卷曲的翅膀已无法让它飞翔。空有一对美丽的翅膀，却再也飞不上天空，它该是怎样的不甘！我一阵心痛：当它竭尽全力破茧而出的那一刻，迎接它的不是敞亮的天空，不是鲜艳的花朵，却是一只狭小的、无法逃脱的纸盒，是憋屈而阴森的黑暗。潮湿的翅膀无法展开，飞翔的梦想在那一刻凝固成永远的遗憾。错过了就永远错过了，无法更改，也无法弥补！我的一个疏忽却铸成了这只蝴蝶永远的遗憾！如果可以，蝴蝶该怎样谴责我？

一次偶然，我成了那只蝴蝶生命中的"重要他人"；一次疏忽，我这个重要他人成了摧毁蝴蝶梦想的罪人！在内疚的同时，我也在后怕：如果我摧毁的不是一只蝴蝶，而是一个孩子的梦想呢？

因为工作的关系，小学班主任成为孩子进校后接触最多的人，因此更有可能成为孩子生命中的重要他人，孩子的某些性格和反应模式，会被我们这些重要他人打上深深的烙印。那么，我们是否该经常问问自己，反省自己：当我们的学生踏进校门走上求知之路时，我们是否让他从此爱上了学习？当我们的孩子睁开懵懂的双眼初涉人世时，我们是否让他们感受到世界的美好和温暖？在孩子成长的关键时刻，你，一个班主任将会是怎样的重要他人？

记住作家毕淑敏在《谁是你的重要他人》一文中说过的话吧："我宽恕了我的长辫子老师，并把这段经历讲给其他老师听，希望他们谨慎小心地面对孩子稚弱的心灵。童年时被烙下的负面情感，是难以简单地用时间的橡皮轻易擦去的。"

（资料来源　王志红：《做个什么样的重要他人》，《班主任》，2012 年第 12 期。）

一、小学班主任的素质

小学班主任的素质，是指胜任小学班主任工作所必须具备的思想、品德、知识、能力、个性等基本条件。它既有先天的基础，又有赖于后天的培养。小学班主任工作的成效，在很大程度上取决于小学班主任的素质。《小学班主任暂行规定》中规定了小学班主任的任职条件，实际上就是对小学班主任提出的最基本的素质要求，包括五点：

- 拥护党在社会主义初级阶段的基本路线，坚持四项基本原则；
- 热爱学生，热爱教育事业，热心班主任工作；
- 品行端正，能以身作则，为人师表；
- 教育思想端正，有一定的教育科学知识和一定的教学能力；
- 有一定的组织管理能力和较强的责任心。

总体来说，小学班主任的工作素质，既包括作为一般任课教师应该具备的基本素质，也包括从事小学班主任工作应该具备的特殊素质。具体而言，小学班主任应该具备以下素质。

1. 政治素质

政治素质是指小学班主任在政治方面的基本知识和观念以及在政治方面的信仰态度。小学班主任是小学生全面发展的引路人，必须要坚持正确的政治方向，这是培养社会主义事业建设者和接班人的前提。因此，在小学班主任应该具备的诸多素质中，政治素质起着导向作用，是做好小学班主任工作的首要条件。小学班主任的政治素质中最主要的方面是：坚持正确的政治方向，坚持鲜明的政治观点，拥护中国共产党的领导，拥护四项基本原则，在大是大非面前拥有明辨是非的能力，政治立场坚定。

2. 思想素质

思想素质是指小学班主任应该树立科学的世界观、人生观和价值观，要具有正确的思想意识、民主平等的观念以及辩证唯物主义的思维方式。

首先，小学班主任要加强学习马列主义、毛泽东思想、邓小平理论以及科学发展观，用科学的方法观察世界，辨别落后的、迷信的现象。

其次，小学班主任要对人生的目的和价值有清楚的认识，懂得人生目的是给予而不是索取，能正确处理与他人、与世界之间的各种关系。

再次，小学班主任要以国家、民族乃至人类的共同利益为最高价值取向，以社会主义核心价值体系的基本内容作为自身工作的价值指针，杜绝以自我价值、个人利益来判断一切事物和行为的价值观。

最后，小学班主任要在思想上确立小学生的主体地位，尊重学生的权利，创造机会，提供条件，让学生真正成为发展的主体，而不是对学生的发展过分地指手画脚，甚至包办代替，完全忽视学生的发展欲求。同时，公平、公正待人，不论小学生的学习成绩、身高外貌、家庭背景以及其他种种客观差异因素，平等对待每一个小学生，保证每一个小学生都有发展的权利和机会，保证每一个小学生在班级中都会获得最好的发展。

3. 道德素质

道德素质是指小学班主任在履行班主任职责时所必须遵循的道德规范和行为准则，它是小学班主任工作的灵魂。调查表明，影响班主任尤其是小学班主任工作成效的主要原因不是班主任的学科专业知识的多少，而是对小学生缺乏感情，工作态度敷衍马虎，这正是小学班主任道德素质上的问题。由此说明，小学班主任的道德素质已经成为影响工作成败甚至成为影响小学教育成败的重要因素。小学班主任应该具有以下几方面道德素质：

第一，热爱小学班主任工作，热爱小学生，有专业奉献精神。这是对小学班主任最基本的道德要求。唯有热爱，才会千方百计做好本职工作，才能想学生所想，才会产生一股由衷的奉献精神，才能使班主任工作取得成效。

第二，坚定教育信念，热爱全体学生。班主任的工作对象是全体学生，是要促进全体学生的全面发展。因此，小学班主任要尊重、信任、关爱每一个学生，尤其是有某些缺点和错误的学生，要深入细致、耐心顽强地转化、引导和帮助他们，要坚信通过教育的力量可以使每一个学生在自己原有的基础上都能得到很好的发展和提高。

第三，尊重任课教师，尊重家长，团结合作。小学生的成长是班主任和包括任课教师、学校教职工、学生家长等各种教育力量共同努力的结果，小学班主任必须要善于处理好自身与各种教育力量的关系，包括团结各科任课教师，主动与其他教职工沟通，尊重学生家长并当好家庭教育的参谋等，只有团结一致，才能形成教育合力，促进小学生的不断进步。

第四，严于律己，为人师表。小学班主任要成为学生的楷模，要对自己高标准严要求，言行举止要文明，凡是要求小学生做到的，自己首先要做到。只有言行一致，表里如一，才能对小学生产生积极的影响。

第五，运用符合道德规范的教育手段和教育方法。小学班主任在工作过程中，所采用的一切教育手段和方法都应该以不会给小学生造成无法忍受的精神压力或巨大的心理压力为前提，否则，其教育手段和方法就是不符合道德规范的。唯有运用符合道德规范的教育方法，才会培养出真正有道德素养的学生。

4. 知识素质

知识素质是指小学班主任要具备合理的文化知识结构，这是影响班主任威信的重要因素之一。苏联教育家马卡连柯说过："假如你的工作、学问、成绩都相当出色，那你尽管放心，学生会站在你这一边，绝不会背叛你……相反地，不论你多么亲切，你的话多么动听，态度多么和蔼，不论你在日常生活和休息的时候多么可爱，但是假如你的工作一事无成，总是失败，假如处处都可以看出你不懂业务，假如你做出的成绩都是废品和一场空，那么除了蔑视之外，你永远不配得到什么。”基于此，班主任要具备相当丰厚的知识素质。

第一，精通所教学科的专业知识。一个好的小学班主任，首先是一名优秀的小学任课教师。他应该对自己所教学科的知识结构了如指掌，对基本概念、原理、公式等的现状、历史、发展趋势、与邻近学科的关系能够全面把握，对课程标准有透彻的理解。

第二，扎实的教育学、心理学知识。小学生心理学、小学教育学的相关知识可以使小学班主任依据小学生的心理特点正确运用教育原则和教育方法，用科学的态度和思维方式面对工作中的问题，而不是仅仅从个体的直观经验出发，避免了工作的盲目性和被动性。马卡连柯曾经说：“我非常尊重教育理论，离开了教育理论，我是不能工作的。”

第三，班主任工作精深的专业知识。这是小学班主任工作的专门知识，它包括小学班主任工作理念、小学班主任工作职责和任务、内容与方法以及小学班级管理方面的知识等。这些知识可以加强小学班主任工作的主动性和科学性，少走弯路，少犯错误。

第四，相关的法律知识。比如《教育法》《儿童权利公约》等法律知识。当出现一些法律纠纷，班主任可以运用自身的法律知识，为这些事件的处理提供法律依据，为维护学校的正常教育教学秩序提供保障。

第五，广博的文化知识。这意味着对小学班主任提出了更高的要求，他要广泛涉猎其他学科知识，比如自然科学、社会科学等方面的知识，才能与当代小学生良好地沟通，也才能顺应小学生的主体要求，尊重小学生多方面的兴趣，开展各项班级工作。

5. 能力素质

小学班主任还要具备良好的能力素质，这也是直接影响班主任工作效果和班主任威信的重要因素。

首先，小学班主任要具备一定的组织能力和管理能力。要善于组织开展各项班级工作，并且根据情况的变化迅速作出反应，采取措施，协调各方面的教育力量，使得班级工作规范有序地进行。

其次，班主任要具有交往能力和谈话沟通能力。要善于与小学生、学生家长、各科任课教师、学校领导及其他教职工、社会有关人士进行联系和协作，要掌握一定的语言表达及沟通技巧，使自己的语言具有说服力、感染力，能打动别人的心弦，引起情绪的共鸣，从而很好地协调各种教育因素，把工作做好。

再次，要具有创造能力。班主任工作不应该是千篇一律的，而应该是丰富多彩和形式多样的，这需要小学班主任在开展工作时思路开阔，要独辟蹊径，甚至标新立异，切忌墨守成规。唯有创造性地开展班主任工作，才会使得班主任工作有独特的收获，也才会有利于小学生发展成为时代所需要的具有创造性的人才。

最后，要具有其他的特殊能力。比如设计黑板报的能力、书写和绘画能力、体育运动能力、表演能力、主题班会和少先队活动设计能力等。

6. 心理素质

小学班主任的心理素质不仅标志着班主任队伍的水平，同时还直接影响到小学生的心理素质，班主任良好的心理素质对小学生的心理会产生积极的影响，反之，会产生消极甚至破坏性的影响。因此，具备良好的素质是做好小学班主任工作的必要条件。

首先，小学班主任要具有良好的个性心理品质。比如勤奋、求实、热情、诚恳、宽宏、耐心、幽默、童心以及观察敏锐、记忆敏捷、思想深刻、想象丰富、情绪稳定、意志坚定、兴趣广泛、性格开朗等。

其次，小学班主任要有良好的自我意识。包括悦纳自我，正确的认知和评价自我，并且不断地发展自我。悦纳自我意味着对自己工作的认可与喜欢，正确的认知和评价自我可以使班主任有效地调节自己的工作态度和工作方式，扬长避短，提升班主任工作的实效，并最终促使班主任实现自我的不断发展。

7. 身体素质

小学班主任工作是一项繁重而艰巨的工作，这个劳动过程，负荷很重，不仅体力消耗相当大，而且要承受一定的精神压力，所以脑力消耗也相当大。可以说，小学班主任工作既劳心又劳力，而且这种辛劳是持续性的，这就对班主任的身体素质提出了一定的要求。小学班主任要具备良好的身体素质，身体健康，体魄强健，精力旺盛，否则，就会感到力不从心，影响小学班主任才能的发挥，进而影响班主任的工作效果。

小学班主任工作要求班主任要具备以上素质。一个优秀的小学班主任还要以此为基点，不断提高自身的素质，以出色地完成小学班主任工作。

二、小学班主任素质的培养和提高

1. 小学班主任素质培养和提高的必要性

(1)小学班主任素质的培养和提高是小学班主任特殊工作任务的需要。

小学班主任工作的主要任务是通过培育良好的班集体来促进班级学生在德、智、体、美、劳的全面发展。要做好这份工作，小学班主任就必须不断学习教育科学知识、研究教育科学理论、把握教育过程中的规律，才能使小学班主任工作顺利展开。

(2)小学班主任素质的培养和提高也是小学生独特的心理特点的需要。

小学生好奇心强，求知欲旺盛，对很多知识领域有着浓厚的兴趣，小学班主任唯有不断地研究小学生的心理特点、行为特点，才能满足小学生的发展需求，促进其健康发展。

(3)小学班主任素质的培养和提高也是当今班主任队伍完善的需要。

现实中的班主任存在着这样或那样的问题，如有的班主任热情很高，思维开阔，感情世界与学生比较接近，但是管理经验不足，工作方法简单；有的班主任工作兢兢业业，有丰富的班级管理经验，但是观念陈旧，方法过时，跟不上当代小学生的思想变化；有的班主任急于做出成绩，缺乏必要的耐心，受挫后容易一蹶不振等。这些问题，都会阻碍班主任工作的效果，也降低了班主任队伍的整体水平。因此，培养和提高小学班主任的素质，建设一支高素质的小学班主任队伍是非常必要的。

2. 小学班主任素质培养和提高的途径和方法

(1)教育行政部门和学校都应该制订小学班主任培训计划，定期、有组织地开展小学班主任岗位的系统培训。

(2)教师教育机构应当制订并承担小学班主任培训任务，利用寒暑假对小学班主任开展集中培训。

(3)高等师范院校教育硕士专业学位教育中应该设立小学班主任工作培养方向，使得小学班主任有一个提升学历的机会。

(4)小学班主任开展自我反思，在反思中获得发展。反思的内容可以是教育观念、教育行为、班主任角色、教育方法、教育效果等，反思的途径包括自我反思、与同行交流以及请教专家学者等。通过这样的反思，不断矫正自己工作中的偏差，同样可以实现班主任自身素质的提高。

(5)通过开展教育研究，实现自身素质的提高。小学班主任可以根据自己的实际，尝试开展教育研究，比如调查研究、个案研究、实验研究等，研究的过程既是揭示班主任工作规律的过程，更是班主任自身素质提高的过程。

相关链接

中小学班主任工作规定

第一章 总 则

第一条 为进一步推进未成年人思想道德建设，加强中小学班主任工作，充分发挥班主任在教育学生中的重要作用，制定本规定。

第二条 班主任是中小学日常思想道德教育和学生管理工作的主要实施者，是中小学生健康成长的引领者，班主任要努力成为中小学生的人生导师。

班主任是中小学的重要岗位，从事班主任工作是中小学教师的重要职责。教师担任班主任期间应将班主任工作作为主业。

第三条 加强班主任队伍建设是坚持育人为本、德育为先的重要体现。政府有关部门和学校应为班主任开展工作创造有利条件，保障其享有的待遇与权利。

第二章　配备与选聘

第四条　中小学每个班级应当配备一名班主任。

第五条　班主任由学校从班级任课教师中选聘。聘期由学校确定，担任一个班级的班主任时间一般应连续1学年以上。

第六条　教师初次担任班主任应接受岗前培训，符合选聘条件后学校方可聘用。

第七条　选聘班主任应当在教师任职条件的基础上突出考查以下条件：

(一)作风正派，心理健康，为人师表；

(二)热爱学生，善于与学生、学生家长及其他任课教师沟通；

(三)爱岗敬业，具有较强的教育引导和组织管理能力。

第三章　职责与任务

第八条　全面了解班级内每一个学生，深入分析学生思想、心理、学习、生活状况。关心爱护全体学生，平等对待每一个学生，尊重学生人格。采取多种方式与学生沟通，有针对性地进行思想道德教育，促进学生德智体美全面发展。

第九条　认真做好班级的日常管理工作，维护班级良好秩序，培养学生的规则意识、责任意识和集体荣誉感，营造民主和谐、团结互助、健康向上的集体氛围。指导班委会和团队工作。

第十条　组织、指导开展班会、团队会(日)、文体娱乐、社会实践、春(秋)游等形式多样的班级活动，注重调动学生的积极性和主动性，并做好安全防护工作。

第十一条　组织做好学生的综合素质评价工作，指导学生认真记载成长记录，实事求是地评定学生操行，向学校提出奖惩建议。

第十二条　经常与任课教师和其他教职员工沟通，主动与学生家长、学生所在社区联系，努力形成教育合力。

第四章　待遇与权利

第十三条　学校在教育管理工作中应充分发挥班主任的骨干作用，注重听取班主任意见。

第十四条　班主任工作量按当地教师标准课时工作量的一半计入教师基本工作量。各地要合理安排班主任的课时工作量，确保班主任做好班级管理工作。

第十五条　班主任津贴纳入绩效工资管理。在绩效工资分配中要向班主任倾斜。对于班主任承担超课时工作量的，以超课时补贴发放班主任津贴。

第十六条　班主任在日常教育教学管理中，有采取适当方式对学生进行批评教育的权利。

第五章　培养与培训

第十七条　教育行政部门和学校应制订班主任培养培训规划，有组织地开展班主任岗位培训。

第十八条　教师教育机构应承担班主任培训任务，教育硕士专业学位教育中应设立中小学班主任工作培养方向。

第六章 考核与奖惩

第十九条 教育行政部门建立科学的班主任工作评价体系和奖惩制度。对长期从事班主任工作或在班主任岗位上做出突出贡献的教师定期予以表彰奖励。选拔学校管理干部应优先考虑长期从事班主任工作的优秀班主任。

第二十条 学校建立班主任工作档案，定期组织对班主任的考核工作。考核结果作为教师聘任、奖励和职务晋升的重要依据。对不能履行班主任职责的，应调离班主任岗位。

第七章 附 则

第二十一条 各地可根据本规定，结合当地实际情况，制订中小学班主任工作的具体实施办法。

第二十二条 本规定自发布之日起施行。

相关链接

教育部关于进一步加强中小学班主任工作的意见

教基〔2006〕13号

为深入贯彻落实《中共中央 国务院关于进一步加强和改进未成年人思想道德建设的若干意见》，充分发挥中小学班主任教师在学校教育工作中的骨干作用，促进学生德智体美全面发展，现就进一步加强中小学班主任工作提出意见。

一、充分认识加强中小学班主任工作的重要意义

中小学班主任是中小学教师队伍的重要组成部分，是班级工作的组织者、班集体建设的指导者、中小学生健康成长的引领者，是中小学思想道德教育的骨干，是沟通家长和社区的桥梁，是实施素质教育的重要力量。中小学班主任工作是学校教育中极其重要的育人工作，既是一门科学，也是一门艺术。在普遍要求全体教师都要努力承担育人工作的情况下，班主任的责任更重，要求更高。做班主任和授课一样都是中小学的主业，班主任队伍建设与任课教师队伍建设同等重要。加强中小学班主任工作，对于贯彻党的教育方针，全面推进素质教育，把加强和改进未成年人思想道德建设的各项任务落在实处，具有十分重要的意义。

长期以来，各地教育行政部门和中小学校重视班主任队伍建设，发挥班主任独特的教育作用，积累了丰富的经验，形成了有效的工作机制。广大中小学班主任兢兢业业、教书育人、无私奉献，做了大量教育和管理工作，为促进中小学生的健康成长做出了重要贡献。但是必须看到，中小学班主任工作面临许多新问题、新挑战。经济社会的深刻变化，教育改革的不断深化，中小学生成长的新情况、新特点，对中小学班主任工作提出了更高的要求，迫切需要制定更加有效的政策，保障和鼓励中小学教师愿意做班主任，努力做好班主任工作；迫切需要采取更加有力的措施，保障和鼓励班主任有更多的时间和精力了解学生、分析学生学习、

生活成长情况，以真挚的爱心和科学的方法教育、引导、帮助学生成长、进步。

二、进一步明确中小学班主任的工作职责

中小学班主任与学生接触较多，沟通便利，影响深刻，肩负着育人的重要职责。要做好中小学生的教育引导工作。认真落实学校德育工作的要求，积极主动地与其他任课教师一道，利用各种机会开展思想道德教育，引导学生明辨是非、善恶、美丑，从身边的小事做起，逐步树立社会主义荣辱观，确立远大志向，增强爱国情感，明确学习目的，端正生活态度，养成良好的行为习惯。

要做好班级的管理工作。加强班级的日常管理，维护班级良好的教学和生活秩序。坚持正面教育为主，对学生的点滴进步及时给予表扬鼓励，对有缺点错误的学生要晓之以理、动之以情，进行耐心诚恳的批评教育。做好学生的综合素质评价工作，科学公正地评价学生的操行，向学校提出奖惩建议。努力营造互助友爱、民主和谐、健康向上的集体氛围，形成有特色的充满活力的班级和团(队)文化。加强安全教育，增强学生的自护意识和能力。

要组织好班集体活动。指导班委会、少先队中队、团支部开展工作，担任好少先队中队辅导员，组织开展丰富多彩的团队活动；积极组织开展班集体的社会实践活动、课外兴趣小组、社团活动和各种文体活动，充分发挥学生的积极性和主动性，培养学生的组织纪律观念和集体荣誉感。

要关注每一位学生的全面发展。教育学生明确学习目的，端正学习态度，掌握正确的学习方法，养成良好的学习习惯，增强创新意识和学习能力。了解和熟悉每一位学生的特点和潜能，善于分析和把握每一位学生的思想、学习、身体、心理的发展状况，科学、综合地看待学生的全面发展，及时发现并妥善处理可能出现不良后果的问题。注意倾听学生的声音，关注他们的烦恼，满足他们的合理需求，有针对性地进行教育和引导，为每一位学生的全面发展创造公平的发展机会。

班主任是学校教育第一线的骨干力量，是学校教育工作最基层的组织者和协调者。履行好班主任的职责，必须树立正确的教育理念，遵循中小学生身心发展的规律，运用科学的教育方法，善于利用各种教育资源。班主任不仅应该努力协调好各任课教师，做好班级的管理和建设工作、学生的教育和引导工作，积极支持少先队、共青团、班委会开展班级活动，还应该成为沟通学校、家庭、社会的纽带，及时了解学生在家庭和社区的表现，引导家长和社区配合学校共同做好学生的教育工作。

三、认真做好中小学班主任的选聘和培训工作

做好班主任的选聘和培训，是加强班主任工作的基础。班主任岗位是具有较高素质和人格要求的重要专业性岗位，应由取得教师资格、思想道德素质好、业务水平高、身心健康、乐于奉献的教师担任。每个班必须配备班主任。中小学班主任一般应由学校从任课教师中选聘，聘期由学校确定。

中小学班主任要忠诚党的教育事业，热爱学生，善于做学生的思想工作，具

有符合素质教育要求的教育观和较强的教育教学和组织能力，掌握教育学、心理学的基本知识和方法，熟悉相关法律法规；品德高尚，为人师表，具有团结协作精神和较强的人际沟通能力。

各级教育行政部门应将中小学班主任培训纳入教师全员培训计划，学校也应制订班主任培训计划，有组织地开展岗前和岗位培训，定期交流班主任工作经验，组织班主任进行社会考察，提高班主任的政治素质、业务素质、心理素质和工作及研究能力。教师教育机构要承担班主任的培训任务。教育硕士学位教育中应开设中小学班主任工作方面研修，并优先招收在职优秀班主任。班主任培训所需经费在教师培训专项经费中列支。

班主任教师应把班主任工作作为主业，敬业爱岗，不断提高工作水平，力求工作实效。广大中小学教师要把担任班主任工作作为教书育人应尽的职责，积极主动承担这一光荣任务。

四、切实为中小学班主任工作提供保障

制定和完善促进班主任工作的政策措施，是加强班主任工作的基本保障。各地教育行政部门和中小学校要从基础教育全面贯彻落实树立科学发展观的战略高度，从全面推进素质教育的全局高度，落实“学校教育、育人为本，德智体美、德育为先”的要求，关心班主任教师的学习、工作和生活，促进他们的成长发展，充分发挥他们的作用。

要提高中小学班主任的地位和待遇。班主任工作是中小学教育中特殊重要的岗位，中小学校要在教师中营造以从事班主任工作为荣的氛围。要将班主任工作记入工作量，并提高班主任工作量的权重。各地要根据实际，努力改善班主任的待遇，完善津贴发放办法。要适当安排班主任的教学任务，使他们既能上好课又能做好班主任工作。

要完善班主任的奖励制度。各地教育行政部门和中小学校要将优秀班主任的表彰奖励纳入教师、教育工作者的表彰奖励体系之中，定期表彰优秀班主任。要树立一批班主任先进典型，宣传他们的先进事迹，充分肯定他们在学校教育中的贡献。中小学校应积极推荐优秀班主任加入党组织，优秀班主任应列入学校党政后备干部培养范围。在努力完善班主任奖励制度的同时，要加强对重视班主任工作学校的典型经验宣传，通过宣传和奖励，鼓励广大中小学校普遍重视和加强班主任队伍建设，充分发挥班主任在学校教育工作中的重要作用，使班主任工作成为广大学校教师踊跃担当的光荣而重要的岗位。

要加强班主任队伍的管理。学校领导要经常研究班主任工作，了解班主任的工作表现，规范班主任的行为。学校应建立班主任工作档案，定期考核班主任工作，考核结果作为班主任和教师聘任、奖励、职务晋升的重要依据。对不能履行班主任职责的，应调离班主任岗位。

要为班主任开展工作创造必要的条件。各地教育行政部门和中小学校应当为班主任开展工作提供支持，制定相关政策和制度，切实维护班主任教师的合法权益，减轻他们过重的精神压力和工作压力，保障他们的身心健康。要及时了解他们在工作和生活中遇到的困难和问题，为他们排忧解难。

高等院校应该在思想政治教育专业中招收有班主任工作经历的老师，开设专门课程，为学生毕业以后从事班主任工作提供必要的理论和技能的训练。各级各类教科研机构应该加强班主任工作的理论研究，列入重点科研课题，组织专家，提供经费，保障条件，积极探索班主任工作的规律，不断丰富新时期班主任工作的理念和思路。

各地教育行政部门可根据本意见，结合实际，会同有关部门制订加强中小学班主任工作的具体实施意见或细则。

相关链接

小学班主任工作暂行规定(试行)

国家教育委员会

第一章　班主任的地位、作用及其基本任务

一、班级是学校进行教育教学活动的基本单位。班主任是班集体的组织者和指导者，是学校贯彻国家的教育方针，促进学生全面健康成长的骨干力量。他对学校教育教学计划和其他各项管理的实施，协调本班任课教师的教育工作和沟通学校与家庭、社会教育之间的联系，起着重要的作用。

二、班主任工作的基本任务是在学校校长的领导下，按照德、智、体、美全面发展的要求，开展班级工作，培养良好的班集体，全面关心、教育和管理学生，使他们的身心得到全面健康的发展，长大能够成为有理想、有道德、有文化、有纪律的社会主义公民。

第二章　班主任的职责

三、按照《小学德育纲要》，联系本班的实际，进行思想品德教育，着重培养学生良好的道德品质、学习习惯、劳动习惯和文明行为习惯。

四、经常与任课教师取得联系，了解学生的学习情况，协同对学生进行学习目的教育，激发学习兴趣，培养刻苦学习的意志，教会学习方法，学好功课，并掌握学生的课业负担量。

五、关心学生的身体健康。教育学生坚持体育锻炼，注意保护视力，培养良好的卫生习惯。

六、指导班委会和少先队工作。培养团结友爱、积极向上的班集体。做好学生的个别工作。

七、指导学生参加劳动实践。关心学生的课余生活，支持并组织学生开展各种有益的课外活动。

八、搞好班级的经常性管理工作。对学生进行常规训练，做好学生的品德评定和学籍管理工作。

九、经常与家长保持联系，互通情况，取得家长的支持与配合，指导家长正确教育子女，注意争取社会力量教育学生。

第三章 班主任工作的原则和方法

十、面向全体学生，全面了解学生的思想品德、学习、健康、劳动和生活，对学生全面负责。

十一、正面教育，启发诱导。对学生要采取说服教育的方法，调动各种积极因素，充分发挥榜样的作用。力戒简单粗暴，严禁体罚和变相体罚学生。

十二、热爱、尊重学生，严格要求学生。要尊重学生的人格和自尊心，做学生的知心朋友，调动学生的主动性、积极性。要对学生进行严格的管理和教育，把培养学生正确的道德认识同行为训练结合起来。对有缺点错误的学生，要满腔热情地耐心帮助。

十三、从实际出发，根据小学生的心理特点、思想实际、个性差异以及社会、家庭的影响，提出不同的教育要求，有的放矢地施行教育。

十四、以身作则、言传身教。严格要求自己，增强道德修养，起表率作用。

十五、集体教育同个别教育相结合。要通过开展集体活动，建立正确的集体舆论，培养集体荣誉感、自豪感，形成良好的班风，充分发挥集体教育的作用，同时，要注意培养学生的良好个性品质。

第四章 班主任的任职条件和任免

十六、班主任由学校校长任免。学校校长要按条件选聘班主任。对于不履行班主任职责、玩忽职守，或因其他原因不适宜做班主任工作的，应免去其班主任职务。

十七、班主任的基本条件是：

1. 拥护党在社会主义初级阶段的基本路线，坚持四项基本原则；
2. 热爱学生，热爱教育事业，热心班主任工作；
3. 品行端正，能以身作则，为人师表；
4. 教育思想端正，有一定的教育科学知识和一定的教学能力；
5. 有一定的组织管理能力，和较强的责任心。

第五章 班主任的待遇和奖励

十八、班主任任职期间，享受班主任津贴。各地可根据财力实际情况，对国家原规定的津贴标准适当提高。民办教师享受与公办教师同等的班主任津贴。所需费用，可由乡人民政府列入教育事业费附加中计征，也可由各地通过其他方法筹措。

十九、建立班主任表彰制度。各地对在工作中做出显著成绩的优秀班主任，要进行表彰和奖励，并作为考核晋级的依据。国家教委对成绩优异有突出贡献的班主任授予荣誉称号。

第六章 班主任工作的领导与管理

二十、班主任工作由校长负责领导。学校要把班主任工作放在重要位置上，定期召开班主任会议，了解情况，听取意见，组织交流经验，研究、指导工作。学校领导要关心班主任的工作和学习，注意调整他们的工作负担。

二十一、班主任工作应有计划，有总结。学校校长要定期考查班主任工作，并记入业务档案。

二十二、教育行政部门应加强对班主任工作的管理和指导，有计划地开展培训，帮助学校组织班主任学习教育理论，交流工作经验，不断提高业务能力。

教育科研部门应开展对班主任工作的研究活动，使班主任在教育科学理论的指导下，遵循规律开展工作。

本章小结

小学班主任工作的职责具体体现在四个方面：(1)班主任是班级各项工作的管理者。(2)班主任是促进小学生全面发展的教育者。(3)班主任是影响小学生成长的多种教育因素的协调者。(4)班主任是促使班级发展为班集体的培育者。

小学班主任工作的任务有五项：(1)对小学生进行思想品德教育，培养他们具有良好的道德品质。(2)对小学生进行文化学习指导，培养他们具有良好的学习能力。(3)关心学生的生活，开展身心健康教育。(4) 对小学生进行审美教育。(5)对小学生开展劳动教育。

小学班主任工作的内容包括：组织和建设班级、管理班级、组织班级活动、开展班级教育。

小学班主任工作的特点：艰巨性、主导性、独立性、创造性。

小学班主任的素质，是指胜任小学班主任工作所必须具备的思想、品德、知识、能力、个性等方面的基本条件。小学班主任应该具备以下素质：政治素质、思想素质、道德素质、知识素质、能力素质、心理素质、身体素质。

小学班主任素质培养和提高的必要性表现在：一是小学班主任特殊工作任务的需要；二是小学生独特的心理特点的需要。小学班主任培养和提高的途径和方法包括五个方面。

关键术语

职责　任务　内容　特点　素质　提升

思考题

1. 小学班主任工作的职责和任务是什么？
2. 小学班主任工作的内容有哪些？
3. 联系小学班主任工作实际，说明小学班主任工作需要具备的素质。
4. 联系小学班主任工作实际，说明小学班主任工作的特点。

实训练习

到附近一所小学观摩，了解小学班主任实际工作的内容，并与小学班主任座谈，倾听他们的工作体会。

拓展阅读

1. 阅读国内近十年来正式出版的专门研究小学班主任工作的书籍和刊物，非常有益于大家对小学班主任工作进行充分的认识与反思。

2. 阅读教育学书籍、教育理论刊物中专门研究小学班主任工作的相关篇章或栏目，这些内容对于深入了解小学班主任工作具有较高的参考价值。

第二章　小学班主任工作的对象
——小学生的发展特点

学习目标 ▶

1. 了解小学生的生理发展特点。
2. 掌握小学生的心理发展特点。
3. 把握当代小学生的时代特点。

导入案例

一项"特殊"的作业

一天中午，我在一楼大厅巡视时，遇到一个一年级的男孩，正拿着一条红领巾来回摇着。见到我，他立刻乐颠颠地过来说："老师好！"

我"嗯"了声，点了下头，便走开了。男孩子却紧跑两步，站在我前面，挡住了我的去路。

"副校长好！"男孩大声说。

他的脸通红通红的，长嘘出了一口气后，声音明显地小了很多：

"副校长，您能帮我系下红领巾吗？"

我一愣，旋即笑着回答"可以呀"，边说边从他手里接过红领巾，认真地折了几下，帮他系起来。

男孩的呼吸明显地加快，我笑着问："你是哪个班的？""二班！""你怎么认得我？""那天升旗讲话时，我就记住了您！"说着话，他的呼吸顺畅多了。

这时，我已经为他系好了红领巾。他咧开嘴笑了，奶声奶气地说："谢谢副校长！"便一溜烟跑掉了。我也很快就忘了这件事。

没想到，下午下课后，在二楼的楼梯拐角处，我又与他"不期而遇"。他礼貌地向我问好，然后，再次请我帮忙系下红领巾。

我又一次帮他系好红领巾。孩子满意地笑了，他的眼里突然闪过一道不易察觉的亮光。与此同时，我看到了旁边孩子投来的羡慕的目光。

也许孩子刚上一年级，根本不会系红领巾；也许他喜欢我，才故意留住我帮他系红领巾；也许是他为了赢得同伴那目光……一时间，各种想法一齐涌上我的心头……

放学了，一年级的林老师对我说："今天，我们班的竹是不是让你系红领巾了？"我点点头："是有个孩子让我系红领巾了，但我不清楚他的名字。"我反问道："你怎么知道？"林老师道出了原委。

竹是个与别人一说话就脸红的孩子，平素在课堂上从不举手发言。为了锻炼他的表达能力，林老师给他布置了一项"特殊"作业。让他在一天时间内，找到学校里他最喜欢的老师帮他系两次红领巾，如果他能够顺利完成作业，老师就奖励他两朵"表达星"小红花。竹，果然向老师交了份满意的答卷。

我如梦初醒，既佩服林老师的好创意，也佩服竹自我改进的决心，更欣慰于自己在不经意间帮孩子完成了一项作业，而这次"特殊"的作业带给孩子的影响可能是久远的，甚至是一生！

（资料来源　曹凤茹：《一项"特殊"的作业》，《班主任》，2012年第8期。）

小学阶段是个体生命历程中的一个重要阶段，在这一阶段，小学生有着自己独特的身心发展特征，这正是小学生身心发展的必然规律。一个优秀的小学教育工作者，正如案例中的林老师，应该是在遵循这些规律的基础上，履行自己的工作职责。只有这样，他的工作才会为人称道，也只有这样，他才会有一种职业幸福的体验。

遵循规律的前提是了解规律。因此，本章主要围绕小学班主任工作的对象——小学生的发展特点进行阐述，正所谓“知己知彼，百战不殆”。通过这些问题的学习，会对我们未来开展小学班主任工作提供科学的依据。

小学生的发展特点，是指在小学阶段小学生所表现出来的一般的、典型的、本质的特点。它包括三个方面：生理发展特点、心理发展特点以及当代小学生的时代特点。

第一节　小学生的生理发展特点

小学生正处于身体迅速发展的重要时期，在这一时期，会表现出一些明显的生理发展特点。小学班主任要根据这些特点，做好小学生的身体保健工作。

一、小学生的生理发展特点

小学生的生理发展特点主要包括身体外形的发展特点、体内机能的发育特点和神经系统的发育特点。

1. 小学生身体外形的发展特点

(1)小学生的体格发育在平稳增长的基础上，出现快速增长的现象。以身高、体重的生长为例，6～10 岁，身高平均每年增长 4～5 厘米，体重平均每年增长 2～3.5 千克，体格发育基本上是平稳的。10 岁之后，小学生的体格发育呈现快速增长的特点。此时男生的身高一般每年可增长 7～9 厘米，女生一般每年可增长 5～7 厘米；体重每年可增长 4～5 千克。

(2)乳牙脱落，恒牙萌出。小学阶段是儿童的替牙期，6 岁左右，小学生有恒牙萌出，然后乳牙按一定顺序脱落，逐一由恒牙接替，到了 12～13 岁左右，乳牙全部被恒牙替代。替牙期是龋齿的高发期，应该特别注意口腔卫生。

(3)10 岁以后，随着青春期早期的到来，小学生身体形态发育出现明显的性别特征。

2. 小学生体内机能的发育特点

(1)新陈代谢旺盛。小学生正处在长出身体的时期，需要从外界摄取更多的营养物质，才能保障身体的正常生长。

(2)心率减慢，呼吸力量增强。小学生的心率为 80～85 次/分，明显低于学前儿童时的 90 次/分；小学生的肺活量也明显增加，抵御各种呼吸道传染病的能力大大增强。

(3)骨骼逐渐骨化，肌肉力量尚弱。小学生骨骼的弹性大而硬度小，所以小学生一般不易发生骨折，但是错误的坐姿、站姿、行走姿势或者背的书包过重，容易使骨骼发生变形；小学生肌肉的力量和耐力都比成人差，容易出现疲劳，或者出现肌肉损伤。因此，应该减少小学生劳动或锻炼的负荷，书写、绘画时间也不应该太长。

(4)小学生心肌纤维较细，因此心脏功能较差。不能做过分剧烈的运动和过分紧张、繁重的劳动，以免因心脏的过度疲劳对其发育造成巨大的伤害。

3. 小学生神经系统的发育特点

(1)小学生大脑的重量随着年龄的增长而增加。6～7 岁时，大脑重量为 1280 千克，12 岁时，大脑重量为 1400 千克，达到了成人的平均脑重量。

(2)小学生脑神经细胞的机能进一步复杂化，但是大脑皮质神经兴奋和抑制过程不平衡，兴奋占优势，灵活性高，神经细胞工作能力较差，容易疲劳，但是也容易恢复。因此，小学生连续学习或活动的时间不要太长，要注意休息或者变换活动方式。同时，小学生需要有充足的睡眠，研究表明，6～7 岁的小学生需要 11 小时/天，10 岁左右为 10 小时/天，12 岁为 9 小时/天。

二、小学生的身体保健

由小学生生理发展特点可以看出，小学阶段是身体生长发育的重要时期。在这一时期，身体发展也容易出现一些问题，比如近视眼、龋齿、营养不良、脊柱弯曲、肥胖、体能低下等。为了增强小学生的体质，2007 年《中共中央国务院关于加强青少年体育增强青少年体质的意见》提出要在短时间内，使我国青少年的耐力、力量、速度等体能素质得到明显提高，使营养不良、近视、肥胖的发生率明显减少，使我国青少年普遍达到国家体质健康的基本要求。这一目标的达成，需要教育者制订系统科学的身体保健计划，付出坚持不懈的努力，在这个过程当中，小学班主任无疑是一个重要的角色。

做好小学生的身体保健，小学班主任应该注意以下几点。

1. 关心、爱护小学生，避免过度疲劳

小学生各方面的生理机能还比较脆弱，容易造成损伤，因此，不要让小学生学习、劳动、锻炼的负荷太重，比如完成各科家庭作业的时间不要太长，给小学生布置的劳动任务不要太多，体育锻炼时间和强度要适宜等。

2. 指导小学生养成良好的学习和生活习惯，避免对身体造成伤害

良好的学习习惯包括正确的书写姿势，注意用眼卫生等；良好的生活习惯包括正确的坐、立、走的姿势以及良好的卫生习惯等。

3. 关注小学生的营养、睡眠状况

要了解小学生的日常饮食情况，包括小学生的个人饮食偏好和家庭的饮食习惯，

避免身体发育所需营养摄入不足或过剩导致营养失调而诱发各种疾病。同时，关心小学生的睡眠状况，包括睡眠质量和睡眠时间，确保小学生享有高质量的、充足的睡眠。

4. 督促小学生经常进行体育锻炼

小学班主任要对学生进行有针对性的指导，根据不同小学生的体质状况，提出适合其自身的体育锻炼建议或方案，包括体育锻炼的种类、时间、强度等。同时督促学生认真执行，并建立可操作性的检查和评价措施，促使小学生的体育锻炼计划落到实处，同时，可以争取家长的配合，共同为小学生的健康发展助力护航。

相关链接

中共中央国务院关于加强青少年体育增强青少年体质的意见

增强青少年体质、促进青少年健康成长，是关系国家和民族未来的大事。以迎接2008年北京奥运会为契机，进一步加强青少年体育、增强青少年体质，对于全面落实科学发展观，深入贯彻党的教育方针，大力推进素质教育，培养中国特色社会主义事业的合格建设者和接班人，具有重要意义。为此，提出如下意见。

一、高度重视青少年体育工作

1. 广大青少年身心健康、体魄强健、意志坚强、充满活力，是一个民族旺盛生命力的体现，是社会文明进步的标志，是国家综合实力的重要方面。党中央、国务院历来高度重视青少年的健康成长。改革开放以来，我国青少年体育事业蓬勃发展，学校体育工作取得很大成绩，青少年营养水平和形态发育水平不断提高，极大地提升了全民健康素质。但是，必须清醒地看到，一方面由于片面追求升学率的影响，社会和学校存在重智育、轻体育的倾向，学生课业负担过重，休息和锻炼时间严重不足；另一方面由于体育设施和条件不足，学生体育课和体育活动难以保证。近期体质健康监测表明，青少年耐力、力量、速度等体能指标持续下降，视力不良率居高不下，城市超重和肥胖青少年的比例明显增加，部分农村青少年营养状况亟待改善。这些问题如不切实加以解决，将严重影响青少年的健康成长，乃至影响国家和民族的未来。

2. 青少年时期是身心健康和各项身体素质发展的关键时期。青少年的体质健康水平不仅关系个人健康成长和幸福生活，而且关系整个民族健康素质，关系我国人才培养的质量。体育锻炼和体育运动，是加强爱国主义和集体主义教育、磨炼坚强意志、培养良好品德的重要途径，是促进青少年全面发展的重要方式，对青少年思想品德、智力发育、审美素养的形成都有不可替代的重要作用。各地和各级各类学校必须全面贯彻党的教育方针，高度重视青少年体育工作，使广大青少年在增长知识、培养品德的同时，锻炼和发展身体的各项素质和能力，成长为中国特色社会主义事业的合格建设者和接班人。

3. 当前和今后一个时期，加强青少年体育工作的总体要求是：认真落实健康第一的指导思想，把增强学生体质作为学校教育的基本目标之一，建立健全学校体育工作机制，充分保证学校体育课和学生体育活动，广泛开展群众性青少年体育活动和竞赛，加强体育卫生设施和师资队伍建设，全面完善学校、社区、家庭相结合的青少年体育网络，培养青少年良好的体育锻炼习惯和健康的生活方式，形成青少年热爱体育、崇尚运动、健康向上的良好风气和全社会珍视健康、重视体育的浓厚氛围。通过5年左右的时间，使我国青少年普遍达到国家体质健康的基本要求，耐力、力量、速度等体能素质明显提高，营养不良、肥胖和近视的发生率明显下降。通过全党全社会的共同努力，坚持不懈地推动青少年体育运动的发展，不断提高青少年乃至全民族的健康素质。

二、认真落实加强青少年体育、增强青少年体质的各项措施

4. 全面实施《国家学生体质健康标准》，把健康素质作为评价学生全面健康发展的重要指标。加快建立符合素质教育要求的考试评价制度，发挥其对增强青少年体质的积极导向作用。全面组织实施初中毕业升学体育考试，并逐步加大体育成绩在学生综合素质评价和中考成绩中的分量；积极推行在高中阶段学校毕业学业考试中增加体育考试的做法。普遍推行《国家学生体质健康标准》测试报告书制度、公告制度和新生入学体质健康测试制度。认真贯彻《学校体育工作条例》，建立和完善学校体育工作规章制度。

5. 广泛开展"全国亿万学生阳光体育运动"。鼓励学生走向操场、走进大自然、走到阳光下，形成青少年体育锻炼的热潮。要根据学生的年龄、性别和体质状况，积极探索适应青少年特点的体育教学与活动形式，指导学生开展有计划、有目的、有规律的体育锻炼，努力改善学生的身体形态和机能，提高运动能力，达到体质健康标准。对达到合格等级的学生颁发"阳光体育证章"，优秀等级的颁发"阳光体育奖章"，增强学生参加体育锻炼的荣誉感和自觉性。

6. 切实减轻学生过重的课业负担。各级各类学校要进一步端正办学思想，加强素质教育，努力促进青少年学生生动活泼、积极主动地发展。中小学要切实纠正片面追求升学率的倾向，减轻学生过重的课业负担。深入推进基础教育课程改革，提高课堂教学的质量和效率，使学生有更多的时间参加体育锻炼。

7. 确保学生每天锻炼一小时。中小学要认真执行国家课程标准，保质保量上好体育课，其中小学1—2年级每周4课时，小学3—6年级和初中每周3课时，高中每周2课时；没有体育课的当天，学校必须在下午课后组织学生进行一小时集体体育锻炼并将其列入教学计划；全面实行大课间体育活动制度，每天上午统一安排25—30分钟的大课间体育活动，认真组织学生做好广播体操、开展集体体育活动；寄宿制学校要坚持每天出早操。高等学校要加强体育课程管理，把课外体育活动纳入学校日常教学计划，使每个学生每周至少参加三次课外体育锻炼。各级教育行政部门要提出每天锻炼一小时的具体要求并抓好落实。因地制宜地组

织广大农村学生开展体育锻炼。有针对性地指导和支持残疾青少年的体育锻炼活动。要切实加强体育教师队伍建设，按照开设体育课和开展课外体育活动的需要，配齐配强体育教师。

8. 举办多层次多形式的学生体育运动会，积极开展竞技性和群众性体育活动。各级政府要定期组织综合性或专项性的学生体育运动会。学校每年要召开春、秋季运动会，因地制宜地经常开展以班级为单位的学生体育活动和竞赛，做到人人有体育项目、班班有体育活动、校校有体育特色。进一步办好体育传统项目学校和高等学校高水平运动队，充分发挥其对群众性体育的示范带动作用。完善高等学校和高中阶段学生军训制度，丰富军训内容，开展“少年军校”活动，发挥学生军训在增强体质、磨炼意志等方面的作用。注重发展学生的体育运动兴趣和特长，使每个学生都能掌握两项以上体育运动技能。

9. 帮助青少年掌握科学用眼知识和方法，降低青少年近视率。中小学教师和家长都要关注学生的用眼状况，坚持每天上下午组织学生做眼保健操，及时纠正不正确的阅读、写字姿势，控制近距离用眼时间。学校每学期要对学生视力状况进行两次监测。各级政府要进一步改善农村学校的办学条件，确保照明、课桌椅达到基本标准，改善学生用眼卫生条件。

10. 确保青少年休息睡眠时间，加强对卫生、保健、营养等方面的指导和保障。制订并落实科学规范的学生作息制度，保证小学生每天睡眠10小时，初中学生9小时，高中学生8小时。积极开展疾病预防、科学营养、卫生安全、禁毒控烟等青少年健康教育，并保证必要的健康教育时间。建立和完善学生健康体检制度，使青少年学生每年都能进行一次健康检查。建立和完善青少年营养干预机制，对城乡青少年及其家庭加强营养指导；通过财政资助、勤工俭学、社会捐助等方式提高农村寄宿制学校家庭经济困难学生伙食补贴标准，保证必要的营养需要。建立青少年营养状况监测机制，加强青少年食品卫生专项监督检查。根据新时期青少年青春期特征和成长过程中的心理特点，有针对性地加强心理健康教育，逐步建立健全青少年心理健康教育、指导和服务网络。

11. 加强学校体育设施建设。各级政府要认真落实《公共文化体育设施条例》，统筹协调、因地制宜，加强学校体育设施特别是体育场地建设。城市和社区的建设规划要充分考虑青少年体育锻炼设施的需要，为他们提供基本的设施和条件。公共体育设施建设要与学校体育设施建设统筹考虑、综合利用。把“农民体育健身工程”与农村中小学体育设施建设结合起来，改善农村学校体育条件。公共体育场馆和运动设施应免费或优惠向周边学校和学生开放，学校体育场馆在课余和节假日应向学生开放。

12. 加强体育安全管理，指导青少年科学锻炼。学校要对体育教师进行安全知识和技能培训，对学生加强安全意识教育。加强体育场馆、设施的维护管理，确保安全运行。完善学校体育和青少年校外体育活动的安全管理制度，明确安全责任，完善安全措施。针对青少年的特点，加强对大型体育活动的管理，做好应急预案，防止发生群体性安全事件。所有学校都要建立校园意外伤害事件的应急管理机制。建立和完善青少年意外伤害保险制度，推行由政府购买意外伤害校方责任险的办法，具体实施细则由财政部、保监会、教育部研究制订。要加强体育科学研究，积极开发适应青少年特点的锻炼项目和健身方法，加强社会体育指导员队伍建设，为青少年体育锻炼提供科学指导。

三、加强领导，齐抓共管，形成全社会支持青少年体育工作的合力

13. 各级党委和政府要把加强青少年体育工作摆上重要议事日程，纳入经济社会发展规划。加大对体育事业尤其是中小学体育设施的投入，正确评价学校的教育质量，为学校实施素质教育、促进学生全面发展创造良好条件。建立在党委和政府领导下，教育、体育、卫生部门和共青团组织等共同参加的联席会议制度，统筹协调解决青少年体育工作中的重要问题。

14. 各级政府和教育部门要加强对学校体育的督导检查。建立对学校体育的专项督导制度，实行督导结果公告制度。健全学生体质健康监测制度，定期监测并公告学生体质健康状况。加大体育工作和学生体质健康状况在教育督导、评估指标体系中的权重，并作为评价地方和学校工作的重要依据。对成绩突出的地方、部门、学校和个人进行表彰奖励。对青少年体质健康水平持续下降的地区和学校，实行合格性评估和评优评先一票否决。

15. 制订国家学校体育卫生条件基本标准，加大执法监督力度。通过制订国家学校体育卫生条件基本标准，进一步明确国家对各级各类学校体育场地、器材设施、卫生条件和师资的基本要求。各级政府要认真贯彻执行义务教育法和学校体育卫生工作法律法规，并加强督促检查。对学校体育卫生基本条件不达标的，要限期整改。

16. 充分发挥共青团、少先队、妇联组织的优势和特色，开展多种形式的课外体育锻炼活动。青少年活动中心、少年宫、妇女儿童中心和其他校外教育机构要把开展青少年体育活动作为重要职能。积极倡导和鼓励创建青少年体育俱乐部和青少年户外体育活动营地。通过开展丰富多彩的校外体育活动和团、队活动，充实课外生活，努力把更多的青少年吸引到健康向上的体育活动中来。

17. 切实加强对学校卫生的监督与指导。学校卫生是国家公共卫生服务体系建设的重点。要把城乡中小学生作为城镇居民基本医疗保险试点和新型农村合作医疗的重点覆盖人群。各级疾病预防控制机构和相关卫生医疗机构要明确专人负责指导和协助学校的卫生工作，按照国家有关规定为行政区域内学校提供预防保健等公共卫生服务，定期对学校的食品卫生、饮用水、传染病防治等开展卫生监督、监测，依法进行免疫预防接种，所需费用纳入公共卫生经费支付范围。中小学

要依据《学校卫生工作条例》规定，设立卫生室，配备校医或专(兼)职保健教师，在卫生部门指导下开展学校卫生工作。各级教育行政部门要会同卫生行政部门建立巡查制度，加强行政区域内的学校卫生管理。

18. 加强家庭和社区的青少年体育活动，形成学校、家庭和社区的合力。家庭教育对加强青少年体育、增强青少年体质起关键作用。要在广大家长中倡导健康第一的理念，树立正确的教育观、成才观，注重从小培养青少年良好的体育锻炼习惯、饮食卫生习惯和文明健康的生活方式，鼓励家长和孩子共同参加体育锻炼。学校、社区要和家庭加强沟通与合作，组织开展多种多样的青少年体育活动，促进家庭、社会形成科学正确的教育观念和方式。

19. 进一步完善加强青少年体育的政策保障措施。中央设立专项资金，实施“全国亿万学生阳光体育运动”器材支持项目，帮助义务教育阶段中西部农村学校配备体育活动器材。在农村寄宿制学校建设工程、初中校舍改造工程和卫生新校园建设工程中，切实加大对学校食堂、饮用水设施、厕所、体育场地的改造力度。把义务教育阶段学生健康体检的费用纳入义务教育经费保障机制，其他学生由省级政府制订统一的费用标准和解决办法。学校要切实保证体育卫生工作的正常开展，所需经费从公用经费中提取和安排。

20. 努力营造重视青少年体育的舆论环境。大力宣传和普及科学的教育观、人才观、健康观，加大对群众性学生体育活动的宣传报道，形成鼓励青少年积极参加体育锻炼的社会氛围。要以迎接奥运会、举办奥运会为契机，开展丰富多彩的“迎奥运、讲文明、树新风”活动，使北京奥运会成为广大青少年积极参与、推动全民健身运动迈上新台阶的奥运会，让广大青少年以实际行动与奥运同行，充分展示新时期青少年健康向上的精神风貌。

(资料来源　新华网：2007年5月7日。)

第二节　小学生的心理发展特点

一、小学生的认知发展特点

1. 小学生感知与观察的发展特点

(1)小学生感知的发展特点。

一是小学生的感觉尤其是视觉和听觉的发展，主要包括：10岁以前小学生的视觉敏度在不断提高，10岁时视觉调节能力的范围最大，10岁以后，缓慢下降。此时的眼睛保健非常重要，同时，随着年级的升高，小学生开始表现出对颜色的偏好，小学生最喜欢的颜色是红、黄、绿；小学生的语音听觉在一年级末达到成人的水平，纯音听觉正处在发展中，即使到了小学高年级也没达到高峰，因此，小学阶段对小学生听觉器官的保护和听力的训练非常有必要。二是小学生知觉的发展，主要表现为：左右方位知觉发展较晚，一年级的小学生对左右方位的辨别需要和具体事物相联系，9 岁以后，小学生才能够概括地、灵活地识别左右方位。同时，小学生的时间知觉发展迟缓，他们最先掌握的时间单位是与他们的生活经验关系密切的较为具体的时间单位，那些与他们的生活相距甚远的时间概念，常常不能够理解。因此，小学班主任在与小学生进行语言交流时要考虑到这一点。

(2)小学生观察的发展特点。

一是在观察的目的性上，一年级小学生观察的目的性很差，他们不会独立给自己提出观察的任务，需要由班主任提出任务，即使这样，由于自身抵抗干扰的能力较低，导致集中注意观察规定任务的时间很短，需要班主任不断地督促和提醒。三年级到五年级小学生有所改善，但无显著差异。二是在观察的精确性上，一年级小学生观察事物笼统、片面，只能说出事物的个别部分或颜色等个别属性，且观察的错误较多；三年级小学生观察的精确性明显提高，能够觉察到事物之间细微的差异；五年级小学生略优于三年级。三是在观察的顺序性上，一年级小学生观察事物凌乱，毫无顺序可言，常常东看一眼，西看一眼；中高年级小学生观察的顺序有较大发展，一般能从头观察到尾，且能边看、边想、边说。但是从总体上来说，五年级和三年级小学生差异不显著。四是在观察的深刻性上，一年级小学生难以从事物表面的、无意义的特征揭示事物本质的、有意义的特征，还不能看清事物之间的关系；三年级小学生观察的深刻性有较大提高；五年级学生有更显著发展。

2. 小学生注意的发展特点

(1)小学生注意发展的总体趋势是从无意注意占优势逐渐发展到有意注意占优势。

一年级小学生的注意取决于事物的直观性和形象性，生动的、新颖的、能激起他们愉快情绪体验的事物，就能引起他们的注意，因此也导致他们容易出现注意的分散现象；中高年级小学生主动维持自己注意的能力明显增强，但是还没有达到完善的程度。

(2)小学生注意的各种品质都随着年级的升高得到了很大的发展。

以注意的稳定性为例，研究表明，在一般情况下，7～10 岁的小学生可持续注意 20 分钟左右，10～12 岁可维持 25 分钟左右，12 岁以上可维持 30 分钟左右。因此，设计新颖、组织严密、形式多样、过程有趣的班级活动，小学生完全可以维持 40 分钟的注意。

3. 小学生记忆的发展特点

小学阶段是小学生记忆发生深刻变化的时期，主要表现在两个方面：记忆在量方面的变化和在质方面的变化。

(1)记忆在量方面发生了变化。

一是小学生的记忆容量随着年龄的增长而增加，尤其是在 7～9 岁，研究表明，这个时间段是小学生记忆容量迅速发展的时期。二是小学生记忆保持的时间随着年龄的增长而延长，研究表明，在 8 岁、10 岁、12 岁小学生记忆保持时间有较大幅度的增长。

(2)记忆在质的方面发生了变化。

在记忆的态度方面，从无意识记占主导地位发展为有意识记逐渐占主导地位，不过，整个小学阶段，小学生的无意识记一直起着重要作用。在记忆的方法方面，从死记硬背的机械识记占重要地位发展为理解的、意义识记逐渐占重要地位。在记忆的内容方面，从善于记忆具体的事物、事实、形象逐渐发展到具有初步的抽象记忆能力。

此外，小学生记忆力的发展还表现为记忆策略的发展，小学生逐渐熟练、灵活地运用复述策略，在外部因素的引领下能够开始尝试组织策略、精加工策略等。

4. 小学生想象的发展特点

(1)想象的目的性、有意性在增强。

一年级的小学生在想象时常常偏离想象的目的和主题，根据自身的经验做自由联想，甚至东拉西扯；四年级以后，小学生可以围绕一个主题，有系统、有条理地展开想象。

(2)想象的创造成分在增多。

一年级小学生以再造想象为主，其想象的形象具有复制性和模仿性，想象的内容往往是客观事物的简单重现；三年级以上的小学生，再造想象中的创造成分在增加，同时能够独立地进行创造想象。

(3)想象现实性的发展。

一年级小学生的想象常常不符合现实事物，或者不能确切地反映现实事物，不符合现实的逻辑性；三年级以后，小学生的想象更趋于现实性，想象的形象能够比较真实地表现现实事物，想象的内容趋于现实。同时，小学生的幻想也正处在由空想占主要地位逐渐向理想占主要地位的发展过程中。

5. 小学生思维的发展特点

(1)小学生思维发展的基本特点。

基本特点表现为具体形象思维和抽象逻辑思维两种思维形式的交错发展。由以具体形象思维为主要形式过渡到以抽象逻辑思维为主要形式，但是，即使到了小学高年级，小学生的思维仍然带有很大的具体性。

(2)小学阶段存在思维发展的一个关键年龄。

一般认为，这个关键年龄出现在小学四年级(10～11 岁)。

(3)小学生思维发展不平衡。

整个小学阶段，小学生的抽象逻辑思维水平在不断提高，思维中抽象的成分日渐增多，这是发展的一般趋势。但在不同知识领域、不同内容中表现出不平衡性。比如对于小学生熟悉的领域与内容，可以离开具体事物进行抽象逻辑思维，但是对于陌生的领域和内容，在思维时就需要有具体事物的支持，否则就会感到很困难。

二、小学生的个性和社会性的发展特点

小学生的个性和社会性发展主要包括情感与意志、自我意识、人际关系等方面的发展。

1. 小学生情感与意志的发展

(1)小学生的情感发展特点。

小学生情感内容不断丰富，情感体验逐渐深刻，情感的稳定性和可控性不断增强，情感的表现手段也更为丰富，对他人表情的识别和情感的理解与判断能力得到很大发展等，同时，由于小学生的升学压力相对较小，尚未面临就业以及其他生活压力，因此总体来看，小学生的基本情绪状态是平静而愉快的。不过，小学生对于情绪的调控能力还是比较低的，需要班主任采取有效的措施给与必要的帮助。另外，小学生的高级情感，比如道德感、理智感、美感也正处在不断的发展过程中，班主任要重视小学生高级情感的培养。

(2)小学生意志的发展特点。

其一，意志行动的自觉性和独立性逐渐增强，受暗示性和独断性在减弱。但是整个小学阶段，小学生意志的自觉性和独立性还比较低下，处在不断的发展中，还离不开班主任的监督。其二，自制力显著提高。随着年龄的增长，小学生的自制力逐步提高，其发展变化趋势为：一至三年级迅速发展，三至四年级发展平稳，四至五年级又处于迅速发展时期，五至六再度处于平稳发展时期。同时，小学生容易受到各种内外诱因的干扰，虽然随着年级的升高，他们抵抗干扰的能力在增强，但是整个小学阶段，小学生抗外部诱因的能力都强于抗内部诱因的能力。其三，意志行动的坚持性迅速发展。其中一至三年级发展最为迅速，三年级之后有一个发展缓慢的阶段，到了五年级，又进入了一个迅速发展的阶段，年级间的差异非常显著。其四，意志的果断性还比较低，常常表现出优柔寡断或者草率冒失的特征，需要班主任引导小学生明辨是非，当机立断。

2. 小学生自我意识的发展

(1)小学生自我意识的发展总趋势。

小学生自我意识的发展总趋势是向上的，随着年级的升高由低水平向高水平发展，但发展速度在各年级是不相等的，呈现出一至三年级上升、三至五年级平稳、五至六年级又加速发展的状况。

(2)小学生自我评价的发展。

自我评价是自我意识的主要成分，小学生自我评价的发展特点可以反映其自我

意识的发展特点。研究表明，小学生的自我评价发展表现出三个方面的特点，一是从顺从、依赖别人的评价发展为独立地进行自我评价；二是从笼统、片面、具体地评价发展为全面、较为深刻和初步抽象的评价；三是从对外显行为的评价逐渐转向对内心品质进行评价，并且自我评价的稳定性、客观性在增强。

(3)小学生自尊的发展。

在自尊方面，小学生的自尊进一步分化。一年级的小学生就产生了学业成就的自尊、社会交往的自尊以及身体的自尊。随着年级的升高，各种自尊进一步细化，学业成就的自尊分化为不同学科的学业成就自尊，社会交往的自尊分化为师生关系的自尊、同伴关系的自尊和家庭人际关系的自尊，身体的自尊分化为外貌长相和运动能力的自尊等。

3. 小学生人际关系的发展

(1)小学生亲子关系的特点。

小学生亲子关系发展出现了两种变化。一种是随着年龄的增长，亲子之间交往时间明显减少；另一种是父母对小学生的控制力量在减弱。这意味着，小学生从对父母完全的服从、依赖逐渐走向独立，不过需要父母在一定距离里给与监督和指导。此时的亲子关系需要班主任的科学引导。

(2)小学生师生关系的特点。

师生关系是小学生人际关系中的最重要成分，小学生师生关系发展的特点主要表现在小学生对教师尤其是小学班主任的态度方面。一年级的小学生对教师尤其是班主任充满了敬畏与崇拜，在小学生的心中，他们是绝对的权威人物，因此表现出无条件地服从，此时的师生关系简单、美好。三年级以后，小学生对教师尤其是班主任的态度开始发生变化，教师尤其是班主任的权威地位受到挑战。此时，班主任处理问题是否公正，是影响小学生对其态度的首要因素，同时，是否善良、精神面貌等特征也影响着师生关系，师生关系变得较为复杂。

相关链接

别哭，让老师抱抱

开学第一周我值勤，我站在校门口迎接孩子们，忽然，一阵孩子的哭闹声夹杂着成人的呵斥声传到我耳朵里。寻声望去，一个孩子正赖在地上不肯进校园，满脸的眼泪鼻涕，孩子妈妈满头大汗地站在旁边，无计可施。凭经验，这肯定是才入学的一年级新生，每年的这个时候，总有些不适应小学生活的孩子不愿上学，在校门口耍赖。

当了十几年班主任和五年的大队辅导员，我自诩在"哄"孩子方面还是挺有办法的。我信心满满地走过去，首先询问了情况，知道孩子小名叫阳阳，是一年级(5)班的新生。正如我猜想的那样，阳阳早上先是赖床，然后不吃早饭，接着哭闹、抗议，目的就是不想来上学。妈妈红着眼睛说："老师，我实在拿她没办法了。"我对家长说："您先去上班吧，这儿交给我了。"她似乎有点怀疑："老师，我女儿很犟的。""哦，没事，您就放心吧。"孩子妈妈一步三回头地走了。

我走上前去，说："小朋友，我知道你叫什么名字，还知道你在哪个班级。你看，你们班里有个小朋友过来了，他正在笑你呢！"孩子赖在地上继续哭，好像没听见我的话。

"哭成小花猫了，多难看啊！学校多好啊，有很多小朋友，老师和小朋友都很喜欢你哦！"孩子还是赖着不动。

"是不是妈妈不对啊，她早上批评你了？告诉老师，老师帮你评评理。"孩子依然使劲哭。

看来这招是没用了，换一招。我假装严肃地说："阳阳，现在你已经是一年级的小学生了，要遵守学校纪律。等会儿铃响了，你不进教室就是迟到，迟到了你们班会扣分的，那就拿不到小红旗了。"孩子还是不理会我。

怎么办？"呀！有只小虫子爬过来了，快起来。"我故意大声叫道。她看了看，又放声大哭起来。

此时另外两位值周老师和五六名值周生也围过来，对她进行批评教育。一位男教师还装作生气的样子大声说："再这样，等下就让你站到主席台上，在全校小朋友面前丢脸。"无奈，孩子哭声依旧。

我们彻底没招儿了，只好试着强行拖她进去，可孩子憋着一股蛮劲儿，死死抓着栏杆，我们担心拉伤了她的小手，最终还是败下阵来。

正在我们手足无措的时候，孩子的班主任周老师赶过来了，只见她快速来到孩子身边，掏出纸巾擦干孩子的眼泪，然后伸出双臂，说："来，别哭，让老师抱抱。"奇迹发生了，孩子顺从地站起来，扑到她怀里。周老师抱起孩子便往教室走去。

这一刻，我深感汗颜。在教育孩子时，我们总喜欢高高在上，对孩子进行说教和灌输，空谈大道理，强行要求学生应该怎么样，不该怎么样，孩子又怎么会接受呢？这样的说教又怎么会有效果呢？当所有的语言都那么苍白无力时，是否该想想，学生到底需要什么？周老师的这一抱，起到了语言无法代替的效果，迎合了孩子对爱的需求，孩子一定觉得老师没有嫌弃她，是喜欢她、爱她的……

接下来值周的几天，我没见到阳阳赖学了。

（资料来源　祝晓军：《别哭，让老师抱抱》，《班主任》，2012 年第 12 期。）

(3)小学生同伴关系发展特点。

这主要表现在小学生择友的特点上，总体上说，小学生在班级中选择朋友，表现出明显的同质性和趋上性的特点。择友的同质性，是指小学生倾向于选择与自己在兴趣、性格、精力等方面有相同或相似特征的人做朋友；择友的趋上性，是指小学生倾向于选择学习成绩好或者品行得到社会赞赏的人做朋友。尤其是得到班主任赞扬的小学生，容易成为同学敬慕的对象。这种现象随着年级的增长而愈发凸显出来，并且在小学五六年级时达到高峰。另外，小学生对朋友的选择还具有鲜明的性别特点。研究表明，小学生普遍倾向于选择相同性别的同伴，这种现象在小学期间随着年级的增长还呈现出上升的趋势，到五年级达到高峰。另外，小学生还有两点有趣的现象：一是女生喜欢选择女生的比率高于男生喜欢选择男生的比率；二是男生选择女生的比率略高于女生选择男生的比率。一些男生，尤其是一二年级男生，会采取故意制造事端的方式与女生接触，表明了男生比女生有更高的交往兴趣。

4. 小学生个性的发展特点

(1)小学生需要的发展特点。

其一，小学生的需要并非单一的，而是多重的。小学生具有强烈的活动的需要、认识的需要、交往的需要和学业成就的需要。其中，活动的需要包括对游戏活动和对运动活动的需要，认识需要包括掌握读、写、算、画、唱等技能和获取新知识的需要，交往需要包括与教师的交往需要和与同伴的交往需要，成就需要主要表现在学业成就范围内，包括对不同学科的学业成就需要。其二，小学生的需要还是动态的、发展的，各类需要层次的强度趋向是在不断发展的，总体趋势是由低向高发展。因此，班主任应该给与正确的教育，把小学生的需要推向更高的层次。其三，小学生的需要还是复杂的，存在明显个体差异的，既有合理的需要，又有不合理的需要。班主任要了解每个小学生的需要，做好个别工作，同时，还要细心甄别，满足小学生合理需要的同时，抑制其不合理需要。

(2)小学生兴趣的发展特点。

其一，由直接兴趣向间接兴趣转化，从对活动的外部形式感兴趣过渡到对内容感兴趣，从对活动过程感兴趣过渡到对活动结果感兴趣。其二，兴趣的广度逐步扩大，从对校内活动的兴趣扩展到对校外活动的兴趣，从对普通玩具的兴趣扩大到对科技制作活动的兴趣等，但是小学生还不能产生中心兴趣，难以围绕中心兴趣延展兴趣的广度，因此，小学生兴趣广度发展的主要特征是兴趣的分散。其三，兴趣的稳定性有所增强，一年级小学生的兴趣极具情境性，往往是受到外界因素的引发，来得快，去得也快。三年级以后，小学生已形成的兴趣可以维持很久。其四，兴趣的效能性有一定程度的提高。一年级儿童以消极兴趣为主，对感兴趣的事物较少采取主动、积极的行为，三年级以后，常常表现出积极兴趣，能够对感兴趣的事物进行实际操作、探究，甚至有所发明和创造。因此，班主任要针对小学生兴趣效能性的特点，给与科学的指导。

(3)小学生能力的发展特点。

其一，小学生在能力类型上存在着明显的个体差异，这种差异提醒班主任在教育活动中要注意观察每个小学生的特别能力倾向，并给与适当的引导和关怀。其二，小学生的能力发展水平也存在差异。这个特点提醒班主任要有效地分辨出班级内能力的高中低分布，有针对性地进行培养和教育。

(4)小学生气质的发展特点。

其一，由于气质的天赋性和稳定性，小学生表现出明显的气质差异，班主任尊重这些差异，针对不同的气质类型采取不同的教育策略。其二，小学生的气质也具有一定的可塑性，班主任在因材施教的基础上创造条件使小学生展现气质类型中的优点，遮蔽气质中的缺点，以使学生的气质逐渐得到完善。

(5)小学生性格的发展特点。

其一，小学阶段是小学生性格发展的重要时期，在这一阶段，小学生的性格逐渐发展，但是发展的速度是不均衡的。一到四年级发展比较缓慢，四到六年级发展较快，是性格发展的关键期。其二，小学生在性格的态度特征、理智特征、情绪特征、意志特征上表现出十分明显的个体差异。其三，小学生的性格具有很强的可塑性，学校、家庭、社会等因素对小学生性格的发展都起着重要的作用，其中，学校的班风、同伴、小学教师尤其是小学班主任的性格是塑造小学生性格的关键因素。

(6)小学生品德的发展特点。

其一，小学生道德观念的形成是从现实中大量的道德情境中抽象出来的，也就是说，最初的道德观念来自于感性经验，然后逐渐形成抽象的、本质的和一般的道德观念。因此，这一时期，班主任善于依据道德规则对小学生的行为做出及时的道德判断是非常必要的。其二，小学生的道德行为随着道德观念的获得而得到相应的发展，良好的道德行为习惯逐渐养成，但是还不巩固，容易变化。采取必要的教育措施，固化小学生的道德行为，使之形成稳定的道德行为习惯是班主任必须要面对的问题。同时，小学生道德行为习惯的发展呈现出低年级和高年级高，中年级低的“马鞍型”状况，这种情况表明，低年级小学生的道德行为一般是在教师和家长等外部因素的要求下或者对榜样效仿的情况下出现的，即外部调节，此时，外力的监督调节起着决定作用。到了中年级，由于独立性的发展，小学生不那么容易接受外力的控制了，甚至开始试图摆脱外部控制与约束，而内心的自觉性尚未形成，于是，就会出现原先的道德行为不再出现，道德行为习惯水平下降的情况。高年级的小学生，内在的道德行为的调节力量逐渐形成，小学生逐渐把外在的道德要求转化为内在的道德需要，于是，小学生道德行为的表现大多是源于内心自觉，即内在控制，因此，高年级小学生道德行为习惯水平逐渐上升。

相关链接

老师，我怕打扰您

姬祥是全年级出了名的“学困生”，门门功课不及格，老师都对他一筹莫展。一天早读课，我来到教室，看到学生都在认真地高声诵读，心里十分高兴，转了一圈后就在姬祥旁边坐了下来(他的同桌因病请假)，翻开课本开始准备备课。

过了一会儿，我突然感到有点奇怪：姬祥离我这么近，我怎么一点也听不见他读书的声音呢?

我扭头一看，他正用双手举着课本，嘴一张一合地“读”着，却没发出半点声音。我不禁火冒三丈：原来你就是这样早读的，怪不得老是学不好呢，就这样糊弄人啊!

我马上厉声说道：“你怎么读书的?怎么听不见你的声音啊?大声读出来!不出声怎么行啊?”他吓了一跳，有些惊慌地看了我一眼，轻轻说了一句话。我没听清，便接着喊道：“我没听清，你要大声说出来!”

他又重复了一遍刚才的话，这次我听清了：“老师，我怕打扰您!”我脸上的怒气顿时凝固了，时间好像在那一瞬间被冻结了，空气仿佛也停止了流动。我有些茫然无措，不知道怎样面对那双清澈的眼睛。

原来，在他无声的“朗读”中饱含着这样深切的爱：不要打扰老师，老师在忙，让老师好好看书。在日常生活中，姬祥很少得到表扬，表现自己的机会也不多，但他却用一颗几乎“卑微”的心感触着这个世界，给身边的人带去爱和体谅。

我不禁深深地内疚起来：自己刚才到底都做了什么?我伤害了一颗多么纯真的心?想到这儿，我用手轻轻地抚摸了一下姬祥的头发，俯下身子轻轻在他耳边说了一句：“谢谢你!你不会打扰老师的，老师最想听到的就是你响亮的读书声。”

听了我的话，他咧开大嘴笑了，原本暗淡怯懦的眼睛也突然明亮起来。那节早读课，他那响亮的读书声一直萦绕在我的耳边……

(资料来源 马纯茂：《老师，我怕打扰您》，《班主任》，2013 年第 5 期。)

第三节 当代小学生的时代特点

一、探究当代小学生时代特点的必要性

1. 当代小学生时代特点的客观存在决定着小学班主任要探究小学生的时代特征

转型期的社会特征无疑会对小学生的发展带来一定的影响，从而催生小学生的时代特征。中国的社会体制正处在一个由传统、封闭的社会形态向现代、开放的社会形态转型的阶段，在这一时期，中国的政治、经济、社会、文化环境都发生了或正在发生着天翻地覆的变化，生活中的不确定性因素在急剧增加，这一切势必给社会中每一个个体的价值观、行为方式甚至职业、家庭都带来前所未有的冲击。而社会环境的这种变迁，必然会通过各种途径和方式波及小学生，对其思想、个性、感情产生着潜移默化的影响，使得小学生产生不同于历史上其他时期的独特的时代特征。德国教育家第斯多惠曾经这样说，学生的发展水平是教育的出发点。因此，当

代小学生时代特点的客观存在，决定着小学班主任要探究小学生的时代特征。

2. 小学班主任工作的特点决定着小学班主任要探究小学生的时代特征

艰巨性是小学班主任工作的一个重要特点，它意味着小学班主任工作的复杂性，而复杂性的主要标志是小学班主任工作对象的复杂，小学生是一个复杂的群体，他们正处在一个身心各方面都快速发展变化时期，既有许多固有的年龄特征，又有鲜明的时代特征。而要做好小学班主任工作，把握小学生的所有特征是前提，是基础，是必要条件。但是，这不是一件简单的事情，因此，小学班主任的工作是艰巨而崇高的。所以说，小学班主任工作的特点，决定着必然要探究小学生的时代特征。唯有把握了小学生的时代特征，小学班主任工作才不会落后于时代的步伐，才会找到一种更适合于当代小学生的教育策略，更好地促进小学生的发展，真正成为小学生的人生导师。

二、当代小学生的时代特点

1. 情绪上表现为焦虑感明显增加

当今社会竞争压力的增大，使人们对教育的重视达到了前所未有的程度。从遍地开花的小学生辅导机构到五花八门的“占坑班”的出现，从家长对名校的追逐到小学生课余时间的奔波，显示出小学生在学习、升学方面的压力在增加。这些必须面对的压力无疑会对小学生幼小的心灵产生巨大的影响，许多小学生变得敏感，产生了一定程度的焦虑情绪，当然，适度的焦虑对小学生的生活会产生积极影响，因为它会促使小学生居安思危，发奋努力，而不会安于现状，止步不前，但是，如果这种情绪已经明显干扰了小学生正常而有效的学习、生活，那么就应该另当别论了。据近期的一项研究表明，中国小学生尤其是中高年级小学生，在敏感、焦虑等消极情绪的表现方面存在着令人担忧的问题。另一项近期的实证研究也表明，当前小学生由于学习压力容易导致情绪低落、对事情不感兴趣、厌倦生活等心理健康问题。可见，焦虑情绪已经是小学生的一个不容小觑的时代特征了。

2. 意志上表现为简单和软弱或者执拗

当今的小学生，绝大多数是独生子女，家长的教育理念、教养方式以及亲子关系均不同于以前的多子女家庭，特殊的成长环境使得小学生缺少了应有的磨炼，意志品质的发展受到了影响甚至阻碍。小学生行动自觉但不独立，积极进取但简单软弱，遇到困难容易退缩，甚至动摇、放弃，有时又一意孤行，倔强执拗。这种特点会使小学生的挫败感增强，不利于小学生的身心健康发展。

3. 人际交往上表现为自我中心和功利心态明显

一方面，作为独生子女的小学生，在其早期的成长环境中，由于家长过分保护，同伴交往机会以及交往经验减少，往往导致人际交往中的自我中心倾向明显，表现为说话办事不讲策略，仅仅在意自己的感受，而不太考虑别人的境遇，更难以站在别人的角度思考问题，很少对别人的优点表示由衷的欣赏与钦佩，喜欢指责、挑剔别人的不足等。另一方面，市场经济的冲击使得人们的社会价值观念发生了转变，一些传统的规范在人们心中渐行渐远甚至已经消逝，追逐利益，获取实惠的心态逐渐滋生。这也使小学生受到不同程度的影响，在人际交往中表现出崇尚实利的功利心态。当然，适度的对个人利益的认识与经济意识的萌发，在现实环境中对小学生的成长有一定的积极意义，但是如果过于严重，就是一种唯利是图的不良心态，这是应该加以关注的。

4. 个性上表现为自主意识显著增强

中国基础教育的改革，以全面推进素质教育为主要标志。让每一个学生在每一个方面都能在其原有的基础上得到最大的发展是素质教育所大力弘扬的教育理念，于是，尊重学生的个性、鼓励学生的自主意识成为社会、学校的重要价值和策略取向。在这种氛围的刺激下，小学生敢于自主、自由的思考，有机会大胆表露自己的思想，受到鼓励的机会也更多。因此，当代小学生普遍具有点子多、脑瓜灵活、不甘寂寞、争相出头等特点，这是小学生自主意识显现的标志。而伴随着素质教育的深入展开，小学生的自主意识随之迅速地发展起来。

5. 品性上表现出求新求异、开放和活跃的特征

一方面，当今时代，社会生产力快速发展，人们的生活水平得到了极大的提高，物质生活非常充裕，开始追求生活的品质、生活的质量，人们的生活方式、内容逐渐变得丰富，生活空间和范围逐渐变得多元，这使得身在其中的小学生产生了全新的认识与体验，促使小学生的思想越来越开放。另一方面，随着计算机及其网络信息技术的广泛普及，小学生正在逐渐成为互联网世界中的“生力军”。一项统计表明，截至 2009 年 6 月 30 日，中国网民规模达到 3.38 亿人，其中小学生有 1 亿多人。网络为小学生开启了一扇通往广袤世界的大门，吸纳新观念，接受新事物，无疑会产生新思想。在上述两个方面的共同影响下，小学生求新求异，追求开放、活跃的品性逐渐生成，并且在生活、学习过程中充分地表现出来，许多小学班主任深有感触地说，现在的小学生真是与以前大不一样了。

综上，小学生表现出鲜明的时代特征，这是当今开放社会的反映，也是小学教育工作者尤其是小学班主任必须要面对的重要课题，小学生的时代特征不容小觑。

相关链接

请给童真一份包容

一年级某班美术课，老师让大家练习画小猪。小朱一边听老师讲，一边模仿老师画完了小猪。看着自己画的胖嘟嘟的小猪，他觉得既欢喜又有点得意。这时候，他一抬头，看见 Z 老师正在巡视，忍不住想表达一下对老师的喜欢，于是在

自己画的“小猪”后面添上了满意的新构思，写了这样几个字：“=Z老师”。Z老师看到学生竟把自己等同于一只猪，勃然大怒，立刻找班主任告状。班主任也觉得小朱对老师极不尊重，立即找来家长“兴师问罪”。家长虽然怀疑孩子表达的真意不是侮辱老师，但面对老师的盛怒，也只得连声道歉。最终，小朱在家长的指导下，竟完成了500字的深刻检讨，事件才算告一段落。

一次偶然的机会，我遇见了小朱，忍不住和他聊起来，才得知他从小就十分喜欢小猪，虽然小猪有点儿贪吃，但从不挑食，样子也不失可爱。我虽然能理解他当时“画蛇添足”的行为，但是仍想听听他内心的想法。

“为什么要把Z老师比作一只小猪呢?”

“Z老师对我们很好，我觉得她就像小猪一样善良可爱!”

“嗯，我也觉得小猪挺可爱。”

“那为什么班主任和Z老师会这么讨厌小猪呢?”小朱一脸迷茫。

这是一个学生的童真遭遇成人的固有观念的故事。

“猪”在一般人眼中代表懒惰、愚昧，但在孩子眼中未必是。学生处在成长期，一些举动是令人啼笑皆非的。如果教师对这些学生缺乏理解，小题大做，就会损害学生的自尊心和自信心。面对天真的孩子，我们要摒弃传统的“懒猪”“笨猪”观念，要以博大的胸怀包容孩子的行为，引导孩子健康成长。教师只有放下架子，放低姿态，建立平等的师生关系，才能走进孩子的内心世界。只有当孩子感觉你是一个忠实的倾听者，一个平等的好朋友，他们才愿意和你敞开心扉地坦诚交流。如果老师愿意站在孩子的立场来换位思考，那只“小猪”也就不会那么令人生厌了。

（资料来源　周剑芳：《请给童真一份包容》，《班主任》，2014年第12期。）

本章小结

小学生的生理发展特点包括：(1)小学生身体外形的发展特点，表现为小学生的体格发育在平稳增长的基础上，出现快速增长的现象；乳牙脱落，恒牙萌出；10岁以后，随着青春期的到来，小学生身体形态发育出现明显的性别特征。(2)小学生体内机能的发育特点，表现为新陈代谢旺盛；心率减慢，呼吸力量增强；骨骼逐渐骨化，肌肉力量尚弱。(3)小学生神经系统的发育特点，表现为小学生大脑的重量随着年龄的增长而增加；小学生脑神经细胞的机能进一步复杂化，但是大脑皮质神经兴奋和抑制过程不平衡。

做好小学生的身体保健，小学班主任应该注意以下几点：(1)关心、爱护小学生，避免过度疲劳。(2)指导小学生养成良好的学习和生活习惯，避免对身体造成伤害。(3) 关注小学生的营养、睡眠状况。(4) 督促小学生经常进行体育锻炼。

小学生的心理发展特点包括：(1)小学生的认知发展特点，主要表现在感知与观察、注意、记忆、想象、思维等方面。(2)小学生的个性和社会性的发展特点，主要包括情感与意志、自我意识、人际关系、个性等方面的发展。

探究当代小学生时代特点的必要性有两点：首先，转型期的社会特征无疑会对小学生的发展带来一定的影响，从而催生小学生的时代特征。其次，小学班主任工作的特点，决定着小学班主任要探究小学生的时代特征。

当代小学生的时代特点表现为：情绪上焦虑感明显增加；意志上简单和软弱或者执拗；人际交往上自我中心和功利心态明显；个性上自主意识显著增强；品性上求新求异，开放和活跃。

关键术语

生理发展 身体保健 认知特点 感知与观察注意 记忆 想象思维 情感与意志 自我意识 人际关系 个性

思考题

1. 小学生的发展特点是什么？
2. 小学生的生理发展特点有哪些？
3. 小学生的认知发展特点有哪些？
4. 小学生的个性与社会性发展特点有哪些？
5. 联系小学班主任工作实际，说明如何做好小学生的身体保健？
6. 联系小学班主任工作实际，说明小学生心理发展特点给我们哪些启示？
7. 当代小学生的时代特点有哪些？

实训练习

到附近几所小学观摩，观察小学生的生活、学习、游戏，分析他们的发展特点；并与小学班主任交流，倾听他们对当代小学生发展特点的看法。

拓展阅读

1. 阅读国内近十年来正式出版的专门研究小学生心理的书籍和刊物，非常有益于大家对小学生的发展特点进行充分了解。

2. 阅读教育学书籍、教育理论刊物中专门研究小学生心理的相关篇章或栏目，这些内容对于深入了解小学生发展特点具有较高的参考价值。

第三章　小学班主任工作的理念与原则

学习目标▶

1. 理解小学班主任工作理念，并且在此基础上树立正确的小学班主任工作理念。

2. 理解小学班主任工作原则，并且学会运用小学班主任工作原则指导工作。

导入案例

请你陪我吃饭，好吗

由于校舍加固改造，我们暂时到离学校较远的景山外语学校上课。这样一来，大部分孩子中午都不能回家吃饭，只能在学校就餐。孩子们很少有机会在一起用餐，刚开始时都很兴奋，饭也吃得格外带劲儿。但是经过几天的观察，我发现杨洋餐盒里的饭菜却几乎丝毫未动。

“杨洋，你怎么剩了这么多的饭菜，你今天不舒服吗？”我故意问道。

“老师，我不想吃学校的饭，吃不下去。”他小声地告诉我。

见此情况，我也没有多说什么，只是心里开始着急了，因为我们要在这里待两三个月，要是每天中午都这样，孩子的营养肯定保证不了。于是我拨通了杨洋妈妈的电话，他妈妈听后也十分着急。原来杨洋最喜欢吃面条，平时在家几乎顿顿吃，对于饭菜也十分挑剔，稍不合口味儿便连碗筷都不动。

了解到以上情况，意识到：对待杨洋不能强攻，只能智取。

第二天，等孩子们都拿完餐之后，我问道：“同学们，这几天老师不太舒服，没什么胃口，想找个人陪我一起吃饭，你们谁愿意帮我这个忙呢？”话音刚落，孩子们便纷纷大喊：“老师，我我……”我发现杨洋也高高举起了手，兴奋地站了起来。我环视一周，说道：“我要找个个头高一点的男生，长得高说明他的食欲一定很好，可以陪我多吃一点。”我把目光定格在杨洋身上：“杨洋，请你陪我吃饭吧！看你长那大个儿，我相信你一定能调动起老师的食欲！”“我，我……”他见我真的叫到他，又想打退堂鼓。于是，我走上前伸出手邀请道：“请你陪我吃饭，好吗？”他只好乖乖跟我下来了。

果然，他很挑食，菜一根一根地夹，米一粒一粒地吃。见他如此，我没动筷子，他注意到后便问我：“老师，您怎么不吃呀？”

“我这几天有点厌食，吃不下，真不知怎么办才好？”

“嗯，那怎么办？”他自言自语道。过了一会儿，他忽然说道：“老师，您平时最喜欢吃什么呀？”

“面条呀，可是每天中午都没有。”我装作很失望的样子。

“真的吗？”他立马来了精神，“我也是。”

“可是饭总得吃呀，要不然下午会没力，影响工作的。”我说。

“老师，我有一个好办法，平时在家吃饭时我常用。您可以把眼前的饭菜想象成你最愿吃的美味，大口大口地吃下去，这样就没那么难吃了。”

“能行吗？”我装作怀疑的样子问道。

“真的能行，不信，我吃给您看。”说完，他把筷子换成了小勺子，大口大口地吃了起来。

见他开始吃了，我假装犹豫地说道：“要不，我也试试？”

于是我也吃了起来，见我吃了几口，他问我：“怎么样，老师，这个办法好用吧？”

“你别说，这招还真挺灵的。”我夸到。

“那咱们比赛吃饭，看谁能都吃了，好不好？”他竟然开始向我挑战了。

“没问题，我可不能输给你，要不然我这个老师可太没面子了。”我故意激他。就这样，他终于破天荒地把饭菜全部吃掉了。

用完餐之后，我对全班学生说：“同学们，我今天吃得可真饱，杨洋这劝饭的功夫实在了得，你看我连晚饭都吃不下了。”孩子们听后哈哈大笑。杨洋一听我夸他，兴奋劲儿又来了，问道：“老师，明天我还可以陪您吃饭吗？”“当然，我发现今后吃饭我是少不了你了。”他听我这样说，一副很有成就感的样子，高高兴兴地回到了座位上。我心中窃喜，看来帮助他改掉挑食的毛病，我迈出了成功的第一步……

（资料来源　马占进：《请你陪我吃饭，好吗》，《班主任》，2012 年第 3 期。）

每一个小学班主任在工作中都可能遇到上述案例中杨洋这样挑食的学生，但是，并非每一个班主任都能如案例中的老师这样有效地解决问题。案例中老师“对待杨洋不能强攻，只能智取”的思考，显示出老师正确的班主任工作理念。这正是其有效地对学生施加教育影响的前提。

“捧着一颗心来，不带半根草去”这是伟大的人民教育家陶行知所秉持的教育理念，为此，他为中国人民的教育事业奋斗了终生。小学班主任工作也要树立正确的理念，有了正确的理念，又能遵循一定的原则，才能在这个平凡又复杂的岗位上孜孜不倦地工作，出色地完成本职工作。本章将对小学班主任工作的理念以及小学班主任工作的原则两个大问题做出探讨。

第一节　小学班主任工作的理念

小学班主任工作的理念，就是指小学班主任对班级、对学生的基本看法和观点，包括对班级管理的目标、途径与方法，小学生在班级管理中的地位与作用，小学生的发展目标等方面的认识。要做好小学班主任工作，就必须确立正确的理念。一般来说，小学班主任必须树立以下基本理念。

一、以人为本的理念

以人为本的理念，就是指小学班主任必须把班级内的小学生看成是生动活泼的人、发展的人、有尊严的人，必须关注每一个小学生，关注他们在班级集体中的情绪生活和情感体验、道德生活和人格养成，班级管理以及一切班级工作，一定要以学生的发展为本，服从、服务于每一位学生的健康发展。

首先，确立以人为本的理念，要求小学班主任要把小学生看成是一个个有尊严的人。这意味着，班主任要时刻提醒自己，小学生是人，并且是有尊严的人，他们和成年人一样，有自己独立的思考、观点，也应该和成年人一样享有表达自己思想的权利，并且应该得到尊重。对于班级的建设与管理，甚至对于班主任，小学生会有自己的看法，小学班主任应该允许并且搭建平台让小学生有表达建议或意见的机会，而不应该越俎代庖，代替小学生作出决定或者选择，抑或压抑、禁止小学生个人思想的表达。即使小学生表达不当，甚至偏颇，小学班主任也要维护学生的尊严，正如苏霍姆林斯基所言："在影响学生的内心世界时，不应挫伤他们心灵最敏感的一个角落——人的自尊心。"

其次，确立以人为本的理念，要求小学班主任要把小学生看成是独特的个体。"人心不同，犹如其面"，由于遗传素质、早期生活环境、家庭条件以及生活经历的不同，每个小学生在需要、兴趣、动机、能力、气质、性格等方面各不相同，形成了个人独特的内心世界。恩格斯曾经说，世界上没有两片完全相同的树叶。引申到教育中来，可以说，世界上没有两个完全相同的小学生，每个小学生都是独一无二的个体。小学班主任应该接纳、珍视小学生的独特性，把这种独特性看作一种财富去开发，借此培养具有独特个性的人。因为，班级管理的目的不是要让所有同学的发展整齐划一，失去特色，而是让所有同学彰显个性，在其原有的基础上都得到最大的、自由的发展。

最后，确立以人为本的理念，要求小学班主任要把小学生看成是发展中的人。每个小学生蕴藏着巨大的发展潜能，只要教育得法，每个小学生都可以获得成功，因此，小学班主任要对每一个学生的发展心存期待，充满信心，应该一视同仁，而不应该差别对待，偏爱那些对班级有这样那样明显贡献的学生，漠视、敌视或放弃那些对班级暂时产生了不利影响的学生。同时，小学生作为发展中的人，意味着从不成熟在走向成熟，在这个过程中，问题甚至错误的出现在所难免。从教育的角度来说，班主任工作的价值正在于此。因此，小学班主任的责任在于引导、纠正，而不是简单地打分、做评判，甚至指责、嘲讽、惩罚和谩骂。

二、以小学生为主体的理念

以小学生为主体的理念，就是指小学班主任必须把小学生当作班级的主体，在班级管理、班级活动的组织以及其他班级日常工作过程中，充分调动并发挥小学生的主体作用，让小学生自己教育自己，自己管理自己，做班级的小主人。

首先，确立以小学生为主体的理念，小学班主任就要深入了解小学生的需要，并以此作为向学生提出教育要求的一个现实依据。苏霍姆林斯基说："不了解孩子——不了解他们的智力发展，他们的思维、兴趣、爱好、才能、禀赋、倾向——就谈不上教育。"小学班主任要想管理班级，教育学生，就必须先了解学生，了解他们真正的实际需要。一些小学班主任有许多好的教育措施，之所以没能收到预期的教育效果，关键在于仅仅是从班主任自身的工作角度出发提出教育要求，没有考虑这些要求是否符合小学生自身的需要。确立以学生为主体的理念，可以避免这一现象的出现。因为这种理念会使小学班主任时刻清晰地意识到，教育的出发点不是社会的要求以及外界的期盼，而是学生的内心需要，一种教育要求，如若不能考虑学生的需要，就不会唤起学生的积极性，其收效自然是不大的。当然，小学班主任要懂得了解学生的需要，把学生的需要作为提出教育要求的一个重要依据，但并不是唯一的依据。

其次，确立以小学生为主体的理念，要求小学班主任要有服务意识。把精心培育每一个学生、全心全意为班级中的每一个学生服务看作班主任工作的宗旨。这就意味着，小学班主任要转变传统的班主任角色观，班主任首位的职业角色不是管理者，而是服务者；也要转变传统的教育观，班主任对学生不是控制、训导、约束、惩罚，而是规范、建议、引领、激励。更要转变传统的学生观，学生不是被动的接受管理者，而应该是发展的主人。在此基础上，小学班主任要认真履行班主任工作的职责，自觉提高自身的工作素质，在工作中体现高尚的职业道德。并且，尊重学生的兴趣、爱好、能力，发掘并利用蕴藏在每一名小学生身上的聪明才智，促使学生形成个体发展所需要的个性品质和优势强项。同时，还要注重培养学生的主体意识。长期以来，中国的基础教育已经形成了学生被动接受教育的局面，班主任多采用通知、命令甚至压服的方式来教育学生，学生也习惯一切听命于班主任的安排，事事服从于班主任的决定，这正是学生主体意识缺乏的表现。主体意识不是自发形成的，而是需要班主任有意识地培养。因此，小学班主任必须要采取科学的方法，让学生明确自己在班级中的主体地位，帮助学生实现从被动到主动的转变。

最后，确立以小学生为主体的理念，就要求小学班主任在工作过程中，采取民主的班级管理风格，大胆放手，让学生自己处理自己的事。班级工作的开展，当然不能没有班主任的精心组织与正确引导，但是，如果仅仅是班主任一个人在努力，学生没有发动起来，这就是小学班主任工作理念的滞后。魏书生在总结自己班主任工作成功的经验时是这样说的：学生能做的事，组长不做，组长能做的事普通班干部不做，普通班干部能做的事班长不做，班长能做的事班主任不做。这正是其班主任工作中民主意识的体现，更是其以学生为主体理念的体现。让学生自己处理自己的事情，意味着对学生的一种信任和鼓舞，给学生提供了一个展示自己才智的时间和空间，在这个过程中，成为具有自信、自重、自尊、自强、自主精神的自我发展的主人。更重要的是，可以培养学生的自我教育能力，实现"教是为了不教"的终极教育目标。苏霍姆林斯基说过："能促使自我教育的教育，才是真正的教育。"这也正是班主任工作真谛的展现。

相关链接

允许孩子走走"弯路"

很多年前，学校组织秋游，要求各班学生自带炊具野餐。四年级两位班主任的做法迥然不同：一位班主任列出了详细的安排表，具体到每一个学生需要带的东西，诸如油、盐、酱、醋、锅、碗、瓢、盆，样样分工到人，十分精细；另一位班主任则只是告诉学生明天要野炊，并让学生自己讨论需要做哪些准备，自己进行分工落实。

等到秋游时，第一个班级因为分工有序，很快便搭起锅灶，生起火做起饭来。而第二个班级等到开始野炊时，才发现有的小组没有锅铲，有的小组忘带砧板，还有的小组忘带调味品，最后，几个小组只能互相调剂，甚至到其他班借用，好一阵手忙脚乱。从效果来看，当然第一个班井井有条，第二个班似乎无可取之处。但是从教育的角度说，其实第二个班主任的做法更有意义——还有什么比现场的"遗憾"体验更深刻呢？表面上看，第二个班级孩子走了"弯路"，但这条"弯路"上的风景，也许更美。

到了第二年，还是这两个班级的学生和老师，还是同样的秋游任务，两位班主任方法照旧。因为有了上一年的经验教训，第二个班级的孩子在分工时，真正考虑到了每一个环节，因为他们知道，如果现在考虑不到，野炊时就要遇到麻烦。而第一个班级还是由班主任进行具体分工。哪个班级的孩子得到的收获更大？答案不言而喻。班主任允许孩子走一走"弯路"，得到的远比预期的多。

（资料来源　张晓华：《允许孩子走走"弯路"》，《班主任》，2013年第5期。）

三、全面发展的理念

全面发展的理念包括两层含义，一是对群体来说，保证班级全体学生的发展；二是对个体来说，保证每个学生的全面发展。

首先，全面发展的理念，要求小学班主任工作的着眼点必须面向全体学生。面向全体学生，努力实现教育公平，是素质教育的重要内容，在全面贯彻素质教育的今天，能够面向全体学生，就是在大力推进素质教育，就是在努力实现教育公平。因此，面向全体学生，强化了小学班主任工作的时代价值。面向全体学生，要求小学班主任必须尊重每个学生在班级中接受教育的权利，为每个学生提供发展的公平机会和平等条件；要照顾到每一个学生，班主任的眼中不能只有优等生，也不能只盯住有这样或那样问题的学生，而要关心每一个学生，让全体学生得到发展和提高是社会对小学班主任工作提出的基本要求。

其次，全面发展的理念，要求小学班主任要促进每一个学生的全面发展。小学阶段是为个体的一生发展奠定基础的关键时期，实现小学生的全面发展是小学教育的重要培养目标，因此，促进学生的全面发展是小学班主任工作的风向标，也是衡量其工作成败的重要指标。促进学生的全面发展，首先要明确德、智、体、美、劳是人的全面发展的重要内容，要在班级教育活动中把这几个方面有机统一，相互渗透。同时，在日常的工作中，不能只盯着学生某一方面的发展，而是要重视学生的综合发展，不能只盯着学生单一能力的养成，而是要关注学生多种能力的有机结合，不只是培养学生的智力因素，还要重视培养学生的非智力因素。只有这样，才能全方位地提高学生的综合素质，才是真正做到了促进学生的全面发展。

最后，全面发展的理念，要求小学班主任设立全面发展的班级建设目标。班级目标是班级建设所要达到的预期结果和具体标准，是班主任期望班级所发生的变化。传统的班级建设目标的设立，小学班主任主要强调学生的考试成绩或智力发展，这样的班级建设目标是建立在学生片面发展的理念基础上的，和全面发展的理念背道而驰，应该摒弃它，以全面发展的班级建设目标取而代之。当然，全面发展的教育目标不等于每个人都均衡地发展。于个体而言，既要促进其全面发展，也要允许其有某一方面的发展优势；于群体而言，既要实现他们全面和谐地共同发展，也要允许群体中个体之间发展存在差异。因此，全面发展的教育目标，实际上是使每个学生在其原有的基础上获得最大可能的全面发展。

四、可持续发展的理念

可持续发展的理念，是指小学班主任要用发展的眼光看问题，对学生的教育要为他们今后的发展考虑，使之有发展的后劲，为其一生蓬勃旺盛的可持续发展培育或储备必要的动力源泉、身心素质和基本能力。

首先，要看到小学生是在不断成长变化的，不能因一时一事给学生下定论，贴标签。尤其是对犯了错误的学生，不能以偏概全认为“孺子不可教”“朽木不可雕”。大量研究表明，童年经验会在人的心理留下深刻的烙印。从这个意义上来说，小学班主任掌握着学生未来的命运。因此，要用发展的眼光看待眼前的问题，坚信每个学生都是可造之才。正如古代思想家孟子所言：“人皆可为尧舜。”

其次，要着眼于培养和发掘小学生潜能的教育。这就要求，小学班主任要注重小学生学习动机的激发以及良好学习习惯的养成，要注重对学生广泛兴趣的培养以及良好品格的培育，要考虑学生的接受能力以及身心发展的规律。抛弃只注重分数甚至唯分至上的功利主义，不要给学生增加过重的负担，更不要让学生成为发展的奴隶。唯有这样，小学生的潜能才会得到持续、稳定、健康的发展，才不会阻碍其今后的发展。

最后，培养小学生的各种能力，为后续的发展奠基。小学班主任不仅要着眼于小学生在学校期间的发展，更要着眼于其未来的发展。而各种能力的养成，无疑是小学生未来持续发展的根基。因此，小学班主任要在平时的生活、学习活动中，积极创造条件，发展学生的基本能力，以保证学生有未来持续发展的可能。

五、与学生一起成长的理念

2006年6月，《教育部关于进一步加强中小学班主任工作的意见》明确指出："班主任岗位是具有较高素质和人格要求的重要专业性岗位"。这就表明了班主任工作是一种不可替代的专业性职业。随之，班主任工作对班主任素质在不断提出更高、更新的要求。适应这种要求，选择适宜的途径不断提升自己的专业素养是每一个班主任必须面对的现实问题。除了参加培训、外出进修、自我学习这些常规途径之外，班主任应该清醒地意识到，完成工作、履行职责的过程，其实就是一个促使自己专业成长的路径。因此，与学生一起成长的理念，是指小学班主任不要把工作过程仅仅看作是促使小学生发展的过程，而应该看到，这个过程同样也是促使自身专业成长的过程。

确立与学生一起成长的理念，要求小学班主任在工作之余不断自我反思，以自己日常班级工作作为思考的对象，对自己的教育理念、教育行为、教育效果以及这个过程中所蕴含或展现的班主任素养进行考查，从而实现自身的专业成长。这种成长既包括职业道德方面从一般的道德要求成长为专业精神，也包括专业知识与能力方面从单一型成长为复合型，还包括在劳动形态方面从经验型成长为创造型。同时，班主任工作之中的反思其实就是一个自我教育的过程，这个自我教育的过程会形成一个良性循环，实现班主任与小学生共同的成长。正如康德所说："只有人能教育人，换言之，即是自身受过教育的人才能教育人。"

相关链接

那一沓零钱

又到了收饭费的日子。一大早，我就坐在教室里收钱。

轮到李宝时，只见他兴冲冲地捏着一个纸包快步走了过来，说："张老师，给，正好！"我边写下他的名字边头也没抬地说："打开。"几秒钟后，我看到的是一沓崭新的一元钱。我皱着眉头，用略带责怪的语气说："怎么都是零钱啊？待会儿我再数吧！下一个！"就这样，我一个个收了下去。大部分学生交的都是整十整百的钱，我手头的钱很快找完了。面对着又一个需要找零的学生时，我不由自主地把手伸向了那一沓崭新的一元钱。

我一下子明白李宝为什么交来这么多零钱了。上个月收饭费时，由于我没提前准备零钱，当时没法找零，只好先欠着学生的钱，过了好几天才还完。没想到李宝却把这件事看在眼里，记在心上了。

我能够想象得出，为了准备这些零钱，他费了多少心思！当他把这些零钱用纸包好的一瞬间，他肯定会想：老师一定会表扬我！没想到，我给他的除了一副冷冰冰的嘴脸，就是一串冷冰冰的动作。我不禁为自己刚才的举动悔恨不已，我肯定伤害了一颗善良的心灵，我必须弥补自己对他造成的伤害。

很快，钱收完了。因为有了李宝的一沓零钱，这次我没有任何欠账。

我站起身，对学生说："请刚才拿到老师找的零钱的同学，将钱拿出来看一看。知道吗？这些钱都来自一名同学——李宝。在此，请允许我代表大家，向李宝同学表示感谢，感谢他心中想着大家，心中想着集体！"我话音刚落，学生们情不自禁地为李宝鼓起了掌。

我接着说："刚才，李宝交来这么多零钱，我数都没数就收下了，是因为我非常信任他。他用平时的一举一动，不止一次地告诉我，他是个值得信任的好孩子。"这时，我偷眼向李宝望去，他的眼圈竟然红了。多么单纯的孩子！老师为自己的错误找了这么蹩脚的借口，他居然用自己的善良与宽容照单全收，还对我报以感激的目光。我不敢再看他第二眼！

万幸的是，这件事没有给这个孩子造成伤害，还生动地教育了全体学生。想想都后怕，如果我没有幡然醒悟，及时进行补救，他会多么委屈，多么难过！以后他还会这样傻傻地为别人着想吗？

时隔多年，但我至今记忆犹新。它警示我，作为教师，要深入思考学生行为背后的真相，不能因为粗心而伤害学生。

（资料来源　张颖：《那一沓零钱》，《班主任》，2014年第8期。）

第二节　小学班主任工作的原则

小学班主任工作原则，是根据小学阶段学校教育的培养目标，结合小学生身心发展特点，反映教育规律而制订的指导小学班主任工作的基本原则。一般来说，若是小学班主任工作能够符合这些基本原则，其工作效果越好，反之，如果脱离这些基本原则，其工作可能就越失败。小学班主任工作原则较多，主要包括以下几个。

一、正面教育原则

正面教育原则是指小学班主任在教育学生时，要以正面的事实、道理、榜样等对小学生进行启发和引导。

正面教育原则是由小学教育的功能特性所决定的。为个人的发展以及为社会的发展奠定良好的基础是小学教育的功能特性，只有通过正面教育才能达成这一功能特性的实现。同时，正面教育原则也是由当代小学生的年龄特点决定的。当代小学生思维活跃，见多识广，但是，身心发展还不成熟，知识经验严重缺乏，辨别是非的能力较差，受暗示性强，喜欢模仿。如果班主任利用环境中一些典型的人物事迹为学生树立学习的榜样，让他们明白应该做什么，应该怎样做，小学生就易于接受良好的影响，并且会积极主动地效仿，从而逐渐学会分辨是非善恶，自觉接受教育。尤其是在引导小学生学习正确的思想道德行为时，更应该遵循正面教育原则。

贯彻正面教育原则，小学班主任必须把握住以下两点：首先，摆事实，讲道理，正面示范。小学班主任要善于依据小学生的年龄特征和个性特点，有针对性地选取典型事例，给学生提供正面示范，并采用灵活多样的方式进行引导，帮助他们提高认识，分辨是非。其次，坚持表扬为主，培养小学生的自尊心，启发自觉。在日常教育中，要善于发现小学生的优点，并给予及时的肯定与鼓励。这样，不仅给学生指出了正确的方向，而且能够培养学生的自尊心。大量的事实表明，自尊心是激励个体积极向上、追求进步的内部动力。因此，小学生自尊心的建立，正是内心自觉的形成，也是促使学生发展的教育力量。

相关链接

让淘气的孩子有事干

小何是班里有名的淘气包，每天都有学生反映他的问题，其实也无非是上课爱说话、下课爱折腾之类的小事，倒没什么严重错误。虽然我不止一次地对他动之以情，晓之以理，但效果甚微。

中午小饭桌时间，全班学生都在抓紧时间布置优秀语文小报展板和教室文化墙，有的忙着涂小鸟(文化墙的一种装饰画)，有的忙着张贴同学们写的精美的语文小报……只有小何到处添乱，摸摸这个同学的水彩笔，动动那张刚贴上去的语文小报，所到之处令大家怨声载道。在犯了众怒之后，他又蹭到我面前："老师，今天有什么作业?""你看全班都忙成什么样子了，你就只想着自己的作业，眼中有没有班集体啊？我看你早晚要变成作业控!"我不耐烦地回答他。

说着说着，我突然意识到，这可能就是我对小何教育不成功的症结所在。一直以来，我的眼里只有小何的缺点而忽略了他的优点。其实，他每次都能按时完成作业，并且错误较少，改错也总是最快最积极的。因为办事利索，他的时间常常绰绰有余，却不知用来干什么，只好找人说话或折腾点什么事了。

想到这里，我知道该怎么办了："来，小何，老师给你布置个任务。你把同学们涂好色的小鸟沿整体轮廓裁下来，裁完之后再把小鸟粘贴到我们的文化墙上去。你做事麻利，心灵手巧，不干则已，一干肯定会一鸣惊人的!"还未干活就先听到我的夸奖，小何一扫刚才挨批评的不开心，乐滋滋地干活去了。在往墙上贴小鸟时，为了让小鸟呈现出飞翔的姿态，他又是粘又是折的，费尽心思，忙得不亦乐乎。

看着小何专注地为班级做事的样子，我仿佛看到了一扇教育之门正在我的面前缓缓开启。“让淘气孩子有事干”，帮助他们把精力用到正地方，正是一把打开这扇门的金钥匙。

（资料来源　徐筠：《让淘气的孩子有事干》，《班主任》，2014 年第 12 期。）

二、公平公正原则

公平公正原则是指，小学班主任在工作过程中，不论学生的家庭出身、学习成绩、外貌长相等因素，公正、平等、合理地对待班级中的每一名学生。

这条原则的提出首先是由小学班主任的职业道德素养决定的。热爱全体学生，是当代社会对小学班主任职业道德素养提出的最基本的要求，也是一种“天然”的要求。热爱全体学生的重要体现之一就是对全体学生一视同仁，处理问题公平公正。如果班主任在工作过程中对全体学生不能做到态度公正，而是有所偏爱，这就背离了小学班主任最基本的职业道德素养。而且，还会导致师生关系的对立、紧张，从而给班主任工作带来不应有的困难。其次，公平公正原则也是树立小学班主任威信的需要。所谓班主任威信是指班主任以自己的学士、才能、人格魅力，对学生所拥有的一种感召力和影响力。班主任威信对小学生所产生的影响是强大而持久的。因此，树立班主任威信是实现班主任工作目标的必然要求。小学班主任威信的建立取决于许多因素，其中最重要的一个因素是班主任处理问题是否公正。许多研究表明，小学生所热切期待班主任应该具有的品质就是公平公正，而小学生所普遍厌弃的正是偏爱、不公正这样的品质。因此，如果小学生感到班主任是公平公正的，而不是有所偏袒的，在小学生的心目中，这个班主任就自然具有了威信。这种威信会吸引着小学生积极主动地接受班主任的教育，积极主动地参与班级管理，这是小学班主任工作取得成效的重要保障。最后，公平公正原则也是培养小学生良好品格的需要。小学生正处于品格形成的关键时期，小学教师尤其是小学班主任的品格特征对小学生影响极大。教育家乌申斯基说过一句名言：“只有品格才能作用于品格形成和发展，只有性格才能养成性格。”因此，作为小学生心中的重要人物，班主任的性格具有更重要的作用。如果小学班主任处事公平公正，这种品格会对学生起到榜样示范作用，有利于学生养成公正、无私、善良、正直的美好品行，并能够激励他们对真、善、美的追求，从而形成健全的品格。反之，小学生会心生困惑、怀疑，自私、狭隘这些不良品质也会随之滋生，这就阻碍了其身心健康发展。

贯彻公平公正原则，要求小学班主任要做到这样几点：首先，不断加强专业学习，提升自己的职业道德素养。小学班主任要系统地学习教育基础理论以及最新的教育科学理念，不断强化自己的职业道德意识，还要向那些有着高尚职业道德操守的先进班主任同行们学习，这样有助于自身形成高尚的师德品质。那么，在现实生活中，小学班主任就会自然地把公平公正当作自己最基本的价值观念和行为准则。即使在身边遇到一些不公平不公正的事情发生，也不会随波逐流，而是会坚守自己良好的师德品质。其次，坚定内在的教育信念，抵制不良因素的干扰和诱惑。当今社会，一些不良因素在冲击着学校教育，尤其是小学班主任工作容易受到一些功利因素的干扰甚至诱惑。这种情况下，小学班主任就必须坚定自己的内在信心，树立起科学的世界观和人生观，并以此为依托，把坚持公平公正作为自己崇高的职业信念和教育理想，把学生的利益、把教育事业的整体利益放在第一位，而把个人的得失放在第二位。

三、知行统一原则

知行统一原则是指在小学班主任工作中，尤其是对小学生进行思想道德教育过程中，不仅要使学生形成正确的道德观念，提高学生道德认知水平，而且要引导学生敢于实践、努力实践，养成良好的行为习惯，做到言行一致。

这条原则的依据之一是小学生品德形成和发展的一般规律。小学生品德的形成是一个长期的、复杂的过程。其中，道德认知是小学生品德形成的前提，只有道德认知水平提高了，才能建立起良好的行为系统。同时，稳定的习惯化的道德行为是品德已经形成的标志和外部表现，因为，个体品德的最终体现是道德行为，而小学生的道德认知转化为道德行为是通过实践的途径实现的。因此，小学班主任要把道德理论与道德实践统一起来，既要对小学生晓之以理，又要导之以行，只有这样，才能把小学生培养成为知行统一、言行一致的合格人才。这条原则的依据之二是小学阶段的年龄特征。从小学生身心发展的特征来看，单纯的道德知识的灌输，并不是进行教育的最好方法。因为这种单纯的说教带有强制性，学生没有思考、选择的余地，对这些道德知识也不能理解，只能是死记硬背，不能调动学生主体内在的积极性，也就不能在生活中做出恰当的道德行为来，所以，单纯的灌输并不能使小学生形成良好的品德。同样，单纯的道德行为的机械训练，也不是进行道德教育的最好方法，因为它会抹杀小学生在道德上的意志自由和自觉自主，只能造就表面的道德或习惯化的外显道德，而非真正的道德，这就是失去了道德教育的真正意义。因此，道德教育必须要知行兼顾，知行并重，言行结合。

贯彻这条原则，应该注意以下几点：首先，明确规范，讲清道理。小学生年龄小，对一些基本的道德行为规范要求尚不能明确，道德认识水平较低。所以，小学班主任应针对小学生的认知特点，向他们讲解道德规范的意义及具体要求，也可以利用小学生可接受的典型事例，让他们从中得到启发，这样，帮助他们逐步提高行为的自觉性和主动性。其次，加强行为实践锻炼，促成由知到行的转化。要加强小学生的行为实践锻炼，组织他们在实践中锻炼、形成良好的行为习惯。除了对他们进行诸如讲礼貌、守纪律、爱卫生、自己的事情自己做等基本行为规范的训练之外，尤其要注重引导小学生积极参加集体活动、公益劳动和社会服务，以培养其社会责任感和良好的行为习惯。

四、因材施教原则

因材施教原则是指小学班主任在工作中要充分了解和研究教育对象，从小学生的实际出发，根据其年龄特征和个性特点有针对性地进行教育。这条原则首先是根据小学生身心发展的规律和特点制订的。

心理学研究表明，小学生身心发展具有一定的规律性，在其心理发展的不同年龄阶段都会表现出一般的、典型的、稳定的心理特征，也称为心理发展的年龄特征。同时，由于遗传素质、客观环境的不同，小学生的身心发展又存在着个别差异。因此，班主任工作要适应学生的年龄特征和个别差异，因材施教。这条原则是根据我国的教育目的制订的，使所有学生的个性都得到充分发展，是我国教育目的的重要内涵。而要达成这一目标，小学班主任工作就不能搞一刀切，而必须因材施教。

贯彻这条原则，应该注意以下两点：首先，深入了解小学生。小学生既有发展的共性，又有发展的个性。既要了解小学生发展的年龄特征，即小学生身心发展的共性，又要了解每个小学生的发展特点和内心世界，即小学生的个性特点。这是教育的基础和前提。俄国教育家乌申斯基曾经说过：“如果教育家希望从一些方面去教育人，那么就必须从一切方面去了解人。”其次，根据小学生的特点有计划地进行教育。一方面，要根据小学生的共性，有目的、有计划、有组织地进行教育；另一方面，要根据小学生的个人特点譬如知识水平、接受能力、学习态度、兴趣爱好、智力水平、身体状况、个性特点等有的放矢、创造性地进行教育。人民教育家陶行知曾做过一个比喻，松树和牡丹所需的肥料不同，若互换使用则对双方都不好，由此可见因材施教的重要性。

相关链接

小小便条显奇效

那年开学，班级举行优秀习作朗读比赛。学生们竞相展示自己的风采，可是李敏手握一篇获得满分的作文，无论同学们如何鼓掌都不敢上台。如何让这个优秀但又过于腼腆的学生战胜自己呢？我随手写下了一张便条：“才女，再美的珍珠埋在土里，也不会有人知道它的价值。老师相信你，不仅文采美，音色更甜。”我把纸条不动声色地放到她的手里。结果，那次朗诵比赛她获得了第一名。比赛结束后，她在作业本上写下了“老师，真的很感激您”几个真诚的字。于是，我发现了与学生沟通的法宝——写便条。

写便条一要实事求是，既看到学生的优点，也诚恳地提出要求和希望。王帅平时书写潦草，那天的作业却写得一笔一画，非常认真，我及时写了一张便条：“今天，你写作业的态度真牛，我要号召同学们向你学习，可要继续努力啊！坚持到底，就是胜利。”寥寥数语，他的脸上绽放出快乐的笑容，以后，他的书写更加认真，进步很大。

二不要过于笼统、抽象，并且要灵活捕捉时机。有位女生偏爱读《纯语 BOY》之类的图书，我向她推荐赵丽宏的《为你打开一扇门》，并在便条上写道：“你聪明伶俐，思维敏捷，如果多读些有益的课外书，定会让你更优秀。美好的未来在向你招手。”

三要注重对学生进行引导。王云龙擅长绘画，上数学课时画了一条非常逼真的龙。数学老师怒气冲冲地向我告状，于是我在给王云龙的便条上写道：“你是一个心灵手巧的学生。你的画真棒！但只有摆正读书和绘画的位置，才是老师所期望的。我相信你一定能做到，老师期待你的成功！”李玉坤因为成绩不好，破罐子破摔，我写道：“坤，冰冻三尺，非一日之寒，只要你有信心，有毅力，一定会取得进步。”单亲家庭孩子林峰用排斥的态度对待班级同学，我写道：“坎坷的经历铸就你刚强的性格，运动场上的你把这一特点表现得淋漓尽致，但特殊的环境又使你孤独内向。到同学中来吧，你的成绩会更加辉煌！”

在我的班里，收到老师的便条成为学生的一种期待，有的学生一周收不到便偷偷问我：“老师，我这些日子表现不够好吗？”可见，写一张中肯的便条，如同进行了一次深入细致的思想工作。学生们不仅高兴地看到了自己的成绩，也充分认识了自己的不足，扬长避短，激励自己朝着正确的方向发展。

小小便条架起了我与学生心与心沟通的桥梁。这些年，我靠着简单而又充满真情的便条与孩子们交流，其乐融融。

（资料来源　张媛：《小小便条显奇效》，《班主任》，2012 年第 8 期。）

五、尊重学生与严格要求相结合原则

这条原则是指小学班主任在教育过程中，既要真诚地关心、尊重和信任学生，又要对学生提出严格要求。

尊重学生与严格要求学生表面上看起来似乎是矛盾的，其实二者是一致的。尊重学生是教育的前提，但尊重学生并不意味着放松对学生的要求，相反，严格要求学生，正是真正体现了对学生高度的尊重。正如苏联教育家马卡连柯所说：“在我们的辩证法里，这两者是一个东西：对我们所不尊重的人，不可能提出更多的要求。当我们对一个人提出更多要求的时候，在这种要求里也就包含着我们对这个人的尊重。”所以，尊重学生与严格要求学生相结合的原则是符合教育自身的规律的。

贯彻这条原则，小学班主任要注意以下几点。首先，尊重学生，严禁简单、粗暴地对待学生。做到这一点的前提是班主任对学生要充满热爱。没有热爱，就没有尊重，没有热爱，就会有侮辱学生人格、践踏学生人权的行为，因此，班主任对小学生要心怀真挚的爱。苏霍姆林斯基这样说：“一个好老师意味着什么？首先意味着他是这样的人，他热爱孩子，感到跟孩子交往是一种乐趣，相信每个孩子都能成为一个好人，善于跟他们交朋友，关心孩子的快乐和悲伤，了解孩子的心灵，时刻都不忘记自己也曾经是个孩子。”其次，要严格要求学生。尊重学生并不意味着让学生自行其是，放任自流，必须与严格要求相结合。当然，严格并非是苛刻，因此，对严格要求本身也要有所要求。其一，它是合理的，符合小学生的年龄特征，切合教育实际；其二，它是适度的，小学生通过努力能够达到的那个高度。

相关链接

她是来求助而不是来找批评的

早晨刚到校，背包还没放下，小萤就追着我跑到办公室来了。

“老师，我语文书忘带了。”她略显不安地站在办公室门口说。

我一听便气不打一处来：“你怎么回事？书不带来上什么课？为什么没带？”

孩子不作声，头低垂着。

“你看看你像什么话，一天到晚丢三落四的，前几天作业本忘带，今天书又忘带，明天还不知道会忘带什么呢！”

孩子紧张地绞着手，依然一声不吭。

“下次记着，要是再忘记带，我就打电话让你家长送。一个女孩子也这么马虎！”

我越说越生气，越说越激动，转身对早一步来的同事老李说道：“你看看，现在的孩子是怎么了……”

话还没说完，老李抬起头来对我说：“我看，她是来求助的，不是来找批评的。”

一句话，让我一下子愣在了那儿。

是的，正如老李说的，孩子来找我，并不是送上门来让我批评的，而是来求得我的帮助的。

不觉又转身看看孩子，她仍然尴尬地站在原地，动也没动，似乎正等着我接着抱怨呢。

不由暗自反省。孩子仅仅是忘了带课本而已，而我却这样一味地抱怨，给孩子施加心理压力。在经受这样的对待后，今后在遇到类似的情况，她还会主动来请求我的帮助吗？那么，我又凭什么能够得到孩子的认可，走进她的内心，让自己的教育发挥应有的作用呢？

想到此，我迅速找出一本备用的课本，略带尴尬地递给孩子，轻声对她说道：“嗯，当老师刚才什么都没说好吗？以后遇到问题还像今天一样及时告诉老师，行吗？”

接过课本后，孩子抿着嘴笑了。深深向我鞠了个躬，说了声“谢谢老师”，便一溜烟儿高兴地跑了。

（资料来源　庄华涛：《她是来求助而不是找批评的》，《班主任》，2014 年第 8 期。）

六、集体教育原则

集体教育原则是指，小学班主任要着力培养良好的班集体，依靠集体教育学生个人，充分发挥集体在学生教育中的巨大作用。

这条原则的依据之一是，一个良好的班集体本身就具有重大的教育力量。班集体是小学生在经历一段时期的家庭生活之后，进入的最早的社会集体，是小学生学习的重要场所。小学生对班集体会油然而生一种“归属感”，因此，班集体的活动和风气对小学生的行为、认知和个性的发展都会产生重要的影响。一个良好的班集体使小学生感到情绪平和，心情愉悦，自尊自信，能够激励小学生萌生社会责任感，进而规范自己的行为，努力奋发向上，成为一个为集体所认可的优秀的个体。正如马卡连柯所述：“团结了集体，教育了集体，集体自身就成为了一种极大的教育力量了。”集体教育原则的依据之二是，小学生成长的心理需要。社会性是人的根本属性，表现在小学生身上，赢得自己所在班集体的认可和赞许，是他们社会性的重要显现，更是他们的一种强烈的心理需要。因此，一个好的班集体会成为小学生发展自己、提升自己、养成良好品性的宝贵财富。因此，如果小学班主任致力于培养良好的班集体，其实正是在满足小学生的这种心理需求，借此引导学生健康发展。

贯彻集体教育的原则时小学班主任注意：首先，要把学生群体培育成良好的班集体。一个班级仅仅是一个学生群体，还不是一个良好的班集体。因此，小学班主任接手一个班级，首要的任务就应该是致力于培育良好的班集体。也就是说先把集体当作教育的主体，向集体提出要求，把学生群体培养成为良好的班集体。培育了良好的班集体，全班同学就有了共同的奋斗目标，有了健全的规章制度，有了强有力的班干部团体和积极分子队伍，有了健康积极向上的舆论氛围。于是，班集体的教育力量就会随之生成。其次，注意通过集体要求帮助和教育个人。事实证明，通过集体去教育个人，其效果和效率都胜过小学班主任一个一个地去教育学生。在这个过程中，应该充分发挥班主任的主导作用，以实现一个优秀的班集体对全班学生的积极影响。

七、以身作则原则

以身作则原则是指，小学班主任在工作中要严格要求自己，率先垂范，以身立教。

这条原则是我国教育家长期教育实践的经验总结。伟大的教育家孔子就非常注重教师的身教。他说：“其身正，不令而行；其身不正，虽令不从。”凡要求学生做到的，自己要首先做到，用自己的行为示范去影响和感染小学生。以身作则原则也是教育自身的客观规律决定的。班主任对学生的影响不仅是班主任所提出的要求，更重要的是班主任自身的行为，它对学生有着更为深刻和震撼的影响。

贯彻以身作则原则，首先要求班主任言行一致，表里如一。其次要求班主任要不断提升自己的综合水平，既要成为教学能手，又要成为道德楷模，从各个方面成为学生的表率。

相关链接

儿童权利公约

（1989年11月20日联合国大会通过）

序　言

本公约缔约国：

考虑到按照《联合国宪章》所宣布的原则，对人类家庭所有成员的固有尊严及其平等和不移的权利的承认，乃是世界自由、正义与和平的基础，铭记联合国人民在《宪章》中重申对基本人权和人格尊严与价值的信念，并决心促成更广泛自由中的社会进步及更高的生活水平，认识到联合国在《世界人权宣言》和关于人权的两项国际公约中宣布和同意：人人有资格享受这些文书中所载的一切权利和自由，不因种族、肤色、性别、语言、宗教、政治或其他观点、国籍或社会出身、财产、出生或其他身份等而有任何区别，回顾联合国在《世界人权宣言》中宣布：儿童有权享受特别照料和帮助，深信家庭作为社会的基本群体，作为家庭所有成员、特别是儿童生长和幸福的自然环境，应获得必要的保护和帮助，以充分担负起它在社区的责任，认识到为了充分而和谐地发展其个性，儿童应该在家庭环境里，在幸福、爱抚和理解的气氛中成长，考虑到儿童应该做好在社会上独立生活的准备，在《联合国宪章》宣布的理想的精神下，特别是在和平、尊严、宽容、自由、平等和团结的精神下，抚育他们成长，铭记给予儿童特殊照料的需要已在1924年《日内瓦儿童权利宣言》和在1959年11月20日大会通过的《儿童权利宣言》中予以申明，并且在《世界人权宣言》、《公民权利和政治权利国际公约》（特别是第23条和24条）、《经济、社会、文化权利国际公约》（特别是第10条）以及关心儿童福利的各专门机构和国际组织的章程及有关文书中得到确认，铭记如《儿童权利宣言》所示，“儿童因身心尚未成熟，在其出生以前和以后均需要特殊的保护和照料，包括适当的法律上的保护”，回顾颁布了《关于儿童保护和儿童福利、特别是国内和国际寄养和收养办法的社会和法律原则宣言》、《联合国少年司法最低限度标准规则》（北京规则）以及《在非常状态下和武装冲突中保护妇女和儿童宣言》，认识到世界各国都有生活在极端困难情况下的儿童，这些儿童需要给予特别的照顾，适当考虑每一民族的传统及文化价值对儿童的保护及和谐发展的重要性，认识国际合作对于改善每一个国家、特别是发展中国家儿童的生活条件的重要性，兹协议如下：

第一部分

第 1 条

为本公约之目的，儿童系指 18 岁以下的任何人，除非对其适用之法律规定成年年龄低于 18 岁。

第 2 条

1. 缔约国应尊重本公约所载列的权利，并确保其管辖范围内的每一个儿童均享受此种权利，不因儿童或其父母或法定监护人的种族、肤色、性别、语言、宗教、政治或其他观点、民族、族裔或社会出身、财产、伤残、出生或其他身份而有任何歧视。

2. 缔约国应采取一切适当措施确保儿童得到保护，不应该基于儿童父母、法定监护人或家庭成员的身份、活动、所表达的观点或信仰而受到一切形式的歧视或惩罚。

第 3 条

1. 涉及儿童的一切行为，不论是由公立或私立社会福利机构、法院、行政当局或立法机构执行，均应以儿童的最大利益为一种首要考虑。

2. 缔约国应承担确保儿童享有其幸福所必需的保护和照顾，考虑其父母、法定监护人或任何对其负有法律责任的个人的权利和义务，并为此采取一切适当的立法和行政措施。

3. 缔约国应确保负责照料或保护儿童的机构、服务部门及设施符合主管当局规定的标准，尤其是安全、卫生、工作人员数目和资格以及有效监督等方面的标准。

第 4 条

缔约国应采取一切适当的立法、行政和其他措施以实现本公约所允许的权利。关于经济、社会及文化权利，缔约国应根据其现有资源所允许的最大限度并视需要在国际合作范围内采取此类措施。

第 5 条

缔约国应尊重父母的责任、权利和义务，在个别地区尊重当地习俗认定的家族或社区成员、法定监护人或其他对儿童负有法律责任的人以符合儿童不同阶段接受能力的方式适当指导和帮助儿童先例本公约所允许的权利。

第 6 条

1. 缔约国承认每个儿童享有固有的生命权。

2. 缔约国应最大限度地确保儿童的生存与发展。

第 7 条

1. 儿童出生后应立即登记，并有自出生之日起获得姓名的权利，有获得国籍的权利，以及尽可能知道谁是其父母并受其父母照料的权利。

2. 缔约国应确保这些权利按照本国法律及其根据有关国际文书在这一领域所做承诺予以实施，尤应注意不如此儿童即无国籍。

第 8 条

1. 缔约国承担尊重儿童维护其身份包括法律所承认的国籍、姓名及家庭关系而不受非法干扰的权利。

2. 如有儿童被部分或全部非法剥夺其身份者，缔约国应提供适当协助和保护，以便迅速重新确立其身份。

第 9 条

1. 缔约国应确保不违背儿童父母的意愿使儿童与父母分离，除非主管当局按照适当的法律和程序，经法院审查，判定这样的分离符合儿童的最大利益而确有必要。在诸如由于父母的虐待或忽视，或因父母分居而必须确定儿童居住地点的特殊情况下，这种裁决可能有必要。

2. 凡按本条第 1 款进行诉讼，均应给予所有有关方面以参加诉讼并阐明自己意见的机会。

3. 缔约国应尊重与父母一方或双方分离的儿童同父母经常保持个人关系及直接交往的权利，但违反儿童最大利益者除外。

4. 如果这种分离是因缔约国对父母一方或双方或对儿童所采取的任何行动，诸如拘留、监禁、流放、驱逐或死亡(包括该人在该国拘禁中因任何原因而死亡)所致，该缔约国应按请求将该家庭所缺成员下落的基本情况告知父母、儿童或视具体情况告知家庭其他成员，除非提供这类情况会有损儿童的福利，缔约国还应确保有关人员不致因提出这类请求而承受不利后果。

第 10 条

1. 按照第 9 条第 1 款所规定的缔约国的义务，对于儿童或其父母要求进入或离开一缔约国以便与家人团聚的申请，缔约国应以积极的人道主义态度迅速予以办理。缔约国还应确保申请人及其家庭成员不致因提出这类请求而承受不利后果。

2. 父母居住在不同国家的儿童，除特殊情况以外，应有权同父母双方经常保持个人关系和直接联系。为此目的，按照第 9 条第 1 款所规定的缔约国的义务，缔约国应尊重儿童及其父母离开，包括其本国在内的，任何国家和进入自己国家的权利。离开任何国家的权利只应受法律所规定并为保护国家安全、公共秩序、公共卫生或道德，或他人的权利和自由所必需且与本公约所承认的其他权利不相抵触的限制。

第 11 条

1. 缔约国应采取措施制止非法将儿童转移国外和不使其返回本国的行为。

2. 为此目的，缔约国应致力缔结双边或多边协定或加入现有协定。

第 12 条

1. 缔约国应确保能够形成自己看法的儿童有权对影响儿童的一切事项自由发表自己的意见，对儿童的意见应按照其年龄和成熟程度给以适当的重视。

2. 为此目的，儿童应特别享有机会在影响到儿童的任何司法和行政诉讼中阐述见解，以符合国家法律的诉讼规则的方式，直接或通过代表或适当机构陈述意见。

第 13 条

1. 儿童应有自由发表言论的权利，此项权利应包括通过口头、书面或印刷、艺术形式或儿童所选择的任何其他媒介，不论国界，寻求、接受和仁慈各种信息和思想的自由。

2. 此项权利的行使可受某些制约，但这些制约仅限于法律所规定并有必要：

(a)尊重他人的权利和名誉；或

(b)保护国家安全或公共秩序或公共卫生或道德。

第 14 条

1. 缔约国应尊重儿童享有思想、信仰和宗教自由的权利。

2. 缔约国应尊重父母，适当的时候尊重法定监护人的权利和义务，以符合儿童不同阶段接受能力的规律指导儿童行使其权利。

3. 表明个人宗教或信仰的自由，仅受法律所描述的限制并为保护公共安全、秩序、卫生或道德或他人之基本权利和自由所必需的这类限制约束。

第 15 条

1. 缔约国认识到儿童享有结社自由及和平集会自由的权利。

2. 对此项权利的行使不得加以限制，除非符合法律所规定并在民主社会中为国家安全或公共安全、公共秩序、保护公共卫生或道德或保护他们的权利和自由所必需。

第 16 条

1. 儿童的隐私、家庭、住宅或通信不受任意或非法干涉，其荣誉和名誉不受非法攻击。

2. 儿童有权享受法律保护，以免受这类干涉或攻击。

第 17 条

缔约国认识到大众传播媒介的重要作用，并应确保儿童能够从不同的国家和国际渠道获得信息和资料，尤其是旨在促进其社会、精神和道德福利和身心健康的信息和资料。为此目的，缔约国应：

(a)鼓励大众传播媒介本着第 29 条的精神传播在社会和文化方面有益于儿童的信息和资料；

(b)鼓励在交流和传播来自不同文化、国家和国际渠道的这类信息和资料方面进行国际合作；

(c)鼓励儿童读物的制作和发行；

(d)鼓励根据第 13 条和第 18 条的规定制订适当的准则，保护儿童不受损害其福利的信息和资料之类。

第 18 条

1. 缔约国应尽其最大努力，确保父母双方对儿童的养育和发展负有共同责任的原则得到认可。父母或视具体情况而定的法定监护人对儿童的养育和发展负有首要责任。儿童的最大利益将是他们主要关心的事。

2. 为保证和促进本公约所列举的权利，缔约国应在父母和法定监护人履行其抚养儿童的责任方面给予适当协助，并应确保育儿机构、设施和服务的发展。

3. 缔约国应采取一切适当措施确保就业父母的子女有权享受他们有资格得到的托儿服务和设施。

第 19 条

1. 缔约国应采取一切适当的立法、行政、社会和教育措施，保护儿童在受父母、法定监护人或其他任何负责照管儿童的人的照料时，不致受到任何形式的身心摧残、伤害或凌辱，忽视或照料不周，虐待或剥削，包括性侵犯。

2. 这类保护性措施应酌情包括采取有效程序以建立社会方案，向儿童和负责照管儿童的人提供必要的支助，采取其他预防形式，查明、报告、查询、调查、处理和追究前述的虐待儿童事件，以及在适当时候进行司法干预。

第 20 条

1. 暂时或永久脱离家庭环境的儿童，或为其最大利益不得在这种环境中继续生活的儿童，应有权得到国家的特别保护和协助。

2. 缔约国应按照本国法律确保此类儿童得到其他方式的照顾。

3. 这种照顾应该包括寄养、伊斯兰法的"卡法拉"(监护)、收养或者必要时安置在适当的育儿机构中。在考虑解决办法时，应适当注意有必要使儿童的培养教育具有连续性和注意儿童的族裔、宗教、文化和语言背景。

第 21 条

凡承认和(或)允许收养制度的国家应确保以儿童的最大利益为首要考虑并应：

(a)确保只有经主管当局按照适用的法律和程序并根据所有有关可靠的资料，判定鉴于儿童有关父母、亲属和法定监护人方面的情况可允许收养，必要时有关人士可根据已商议的结果对收养表示同意，方可批准儿童的收养；

(b)认识到如果儿童不能安置于寄养或收养家庭，或不能以任何适当的方式在儿童原籍国加以照料，跨国收养可视为照料儿童的一个替代办法。

(c)确保得到跨国收养的儿童享有与本国收养相当的保障和标准；

(d)采取一切适当措施确保跨国收养的安排不致使所牵涉人士获得不正当的财务收益；

(e)在适当时通过制订双边或多边安排或协定推进本条款的目标，并在这一范围内努力确保由主管当局或机构负责安排儿童在另一国收养的事宜。

第22条

1. 缔约国应采取适当措施，确保申请难民身份的儿童或按照适用的国际法或国家法及程序可视为难民的儿童，不论有无父母或其他任何人的陪同，均可得到适当的保护和人道主义援助，以享有本公约和该有关国家为其缔约国的其他国际人权或人道主义文书所规定的可适用权利。

2. 为此目的，缔约国应对联合国和与联合国合作的其他主管的政府间组织或非政府组织所做的任何努力提供其认为适当的合作，以保护和援助这类儿童，并为只身的难民儿童追寻其父母或其家庭成员，以获得必要的消息使其与家庭团聚。在寻找不到父母或其他家庭成员的情况下，也应使该儿童获得与其他由于任何原因而永久或暂时脱离家庭环境的儿童按照本公约的规定所得到的同样保护。

第23条

1. 缔约国认识到身心有残疾的儿童应能在确保其尊严、促进其自立、有利于其积极参与社会生活条件下享有充实而适当的生活。

2. 缔约国认识到残疾儿童有接受特别照顾的权利，应鼓励并确保在现有资源范围内，与正常儿童和其照料者的接触，依据申请，斟酌儿童及其父母或其他照料人的情况，提供援助。

3. 鉴于残疾儿童的特殊需要，考虑到儿童的父母或其他照料人的经济情况，在可能时应免费提供按照本条第2款给予的援助，这些援助的目的应是确保残疾儿童能有效地获得和接受教育、培训、保健、康复服务，就业准备和娱乐机会，其方式应有助于该儿童尽可能充分地参与社会，实现个人包括其文化和精神方面的发展。

4. 缔约国应本着国际合作精神，在预防保健以及残疾儿童的医疗、心理治疗和功能治疗领域促进交换适当资料，包括散发和获得有关康复教育方法和职业服务方面的资料，以期使缔约国能够在这些领域提高其能力和技术并扩大其经验。在这方面，应特别考虑到发展中国家的需要。

第24条

1. 缔约国认识到儿童有权享有可达到的最高标准和健康，并享有医疗和康复设施。缔约国应努力确保没有任何儿童被剥夺获得这种保健服务的权利。

2. 缔约国应致力充分实现这一权利，特别是应采取适当措施，以

(a)降低婴幼儿死亡率；

(b)确保向所有儿童提供必要的医疗援助和保健，强调发展初级保健；

(c)消除疾病和营养不良现象，包括在初级保健范围内利用现有可得的技术和提供充足的营养食品和清洁饮水，要考虑到环境污染的危害；

(d)确保母亲得到适当的产前和产后保健；

(e)确保向社会各阶层，特别是向父母和儿童介绍有关儿童卫生保健和营养、母乳喂养的益处、个人卫生和环境卫生及防止意外事故的基本知识，使他们得到这方面的教育并帮助他们应用这种基本知识；

(f)开展预防保健、对父母的指导及计划生育的教育和服务。

3. 缔约国应致力采取一切有效和适当的措施，废除对儿童身心健康有害的传统习俗。

4. 缔约国承担促进和鼓励国际合作，以期逐步充分实现本条所确认的权利。在这方面，应特别考虑到发展中国家的需要。

第 25 条

缔约国认识到在有关当局为照料、保护或治疗儿童身心健康的目的下受到安置的儿童，有权获得对给予的治疗以及与所受安置有关的所有其他情况进行定期审查。

第 26 条

1. 缔约国应认识到每个儿童有权受益于社会保障，包括社会保险，并应根据其国内法律采取必要措施充分实现这一权利。

2. 视情况，福利的提供应是免费的，并要考虑儿童及有赡养儿童义务的人的资源和环境，以及与儿童本人或代其提出的福利申请有关的其他因素。

第 27 条

1. 缔约国认识到每一个儿童均有权享有足以促进其生理、心理、精神、道德和社会发展的生活水平。

2. 父母或其他负责照顾儿童的人负有首要责任在其能力和经济条件许可范围内确保儿童发展所需的生活条件。

3. 缔约国按照本国条件并在其能力范围内，采取适当措施帮助父母或其他负责照顾儿童的人实现此项权利，并在需要时提供物质援助和资助方案，特别是在营养、衣着和住房方面。

4. 缔约国应采取一切适当措施，向在本国境内或境外儿童的父母或其他对儿童负有经济责任的人追索儿童的赡养费。特别是对儿童负有经济责任的人居住在与儿童不同的国家的情况时，缔约国应促进加入国际协定或缔约此类协定以及作出其他适当安排。

第 28 条

1. 缔约国认识到儿童有受教育的权利，在机会均等的基础上逐步实现此项权利，缔约国尤应：

(a)尽力实现全面的义务免费小学教育；

(b)鼓励发展不同形式的中学教育，包括普通和职业教育，使所有儿童均能享有和接受这种教育，并采取适当措施，诸如实行免费教育和对有需要的人提供津贴；

(c)根据能力尽可能使所有人享受接受高等教育的机会；

(d)使所有儿童均能得到教育和职业方面的信息和指导；

(e)采取措施鼓励学生按时出勤和降低辍学率。

2. 缔约国应采取一切适当措施，确保学校执行纪律的方式符合儿童的人格尊严及本公约的规定。

3. 缔约国应促进和鼓励有关教育事项方面的国际合作，特别着眼于在全世界消灭愚昧与文盲，并且提供便利获得科技知识和现代教学方法。在这方面，应特别考虑到发展中国家的需要。

第 29 条

1. 缔约国一致认为教育儿童的目的应是：

(a)最充分地发展儿童的个性、才智和身心能力；

(b)培养对人权和基本自由以及《联合国宪章》所载各项原则的尊重；

(c)培养对儿童的父母、其自身的文化认可、语言和价值观、儿童所居国家的民族价值观、其原籍国以及不同于其本国文明的尊重；

(d)培养儿童本着各国人民、族裔、民族和宗教群体以及原为土著居民之间的谅解、和平、宽容、男女平等和友好的精神，在自由社会里过有责任感的生活；

(e)培养对自然环境的尊重。

2. 对本条或第 28 条任何部分的解释均不得干涉个人和团体建立和指导教育机构的自由，但须始终遵守本条第 1 款载列的原则，并遵守在这类机构中实行的教育应符合国家可能规定的最低限度标准的要求。

第 30 条

在那些存有族裔、宗教或语言方面属于少数人或原为土著居民的国家里，不得剥夺属于这种少数人或原为土著居民的儿童与其群体的其他成员共同享有自己的文化、信奉自己的宗教并举行宗教仪式或使用自己的语言的权利。

第 31 条

1. 缔约国认识到儿童有权享有休息和闲暇，从事与儿童年龄相宜的游戏和娱乐活动，以及自由参加文化生活和艺术活动。

2. 缔约国应尊重并促进儿童充分参加文化和艺术生活的权利，并应鼓励提供从事文化、艺术、娱乐和休闲活动的适当和均等的机会。

第 32 条

1. 缔约国认识到儿童有权受到保护，以免受到经济剥削和从事任何可能障碍或影响儿童教育或有害儿童健康或身体、心理、精神、道德或社会发展的工作。

2. 缔约国应采取立法、行政、社会和教育措施确保本条得到执行。为此目的，并鉴于其他国际文书的有关规定，缔约国尤应：

(a)规定受雇的最低年龄；

(b)规定有关工作时间和条件的适当规则；

(c)规定适当的惩罚或其他制裁措施以确保本条得到有效执行。

第 33 条

缔约国应采取一切适当措施，包括立法、行政、社会和教育措施，保护儿童不致非法使用有关国际条约中界定的麻醉药物和精神药物，并防止利用儿童从事非法生产和贩运此类药物。

第 34 条

缔约国承担保护儿童免遭一切形式的色情剥削和性侵犯之害，为此目的，缔约国尤应采取一切适当的国家、双边和多边措施，以防止：

(a)引诱或强迫儿童从事任何非法的性活动；

(b)利用儿童卖淫或从事其他非法的性行为；

(c)利用儿童进行淫秽表演和充当淫秽题材。

第 35 条

缔约国应采取一切适当的国家、双边和多边措施，以防止为任何目的或以任何形式诱拐、买卖或贩运儿童。

第 36 条

缔约国应保护儿童免遭有损儿童福利的任何方面的一切其他形式的剥削之害。

第 37 条

缔约国应确保：

(a)任何儿童不受酷刑或其他形式的残忍、不人道或有辱人格的待遇或处罚。对未满 18 岁人所犯罪不得判以死刑或无释放可能的无期徒刑；

(b)不得非法或任意剥夺任何儿童的自由。对儿童的逮捕、拘留或监禁应符合法律规定并仅应作为最后手段，期限应为最短的适当时间；

(c)所有被剥夺自由的儿童应受到人道待遇，其人格固有尊严应受尊重，并应考虑到用其年龄段所需要的方式加以对待。特别是所有被剥夺自由的儿童应同成人隔开，除非认为反之最有利于儿童，并有权通过信件和探访同家人保持联系，但特殊情况除外；

(d)所有被剥夺自由的儿童均有权迅速获得法律及其他适当援助，并有权向法院或其他独立公正的主管当局就其被剥夺自由一事之合法性提出异议，并有权迅速就任何此类行动得到裁定。

第 38 条

1. 缔约国承担尊重并确保尊重在武装冲突中对其适用的国际人道主义法律中有关儿童的规定。

2. 缔约国应采取一切可行措施确保未满15岁的人不直接参加敌对行动。

3. 缔约国应避免招募任何年龄未满15岁的人加入武装部队。在招募已年满15岁但未满18岁的人时，缔约国应极力首先考虑年龄最大者。

4. 缔约国按照国际人道主义法律规定它们在武装冲突中保护平民人口的义务，应采取一切可行性措施确保保护和照料受武装冲突影响的儿童。

第39条

缔约国应采取一切适当措施，促使遭受下述情况之害的儿童身心得以康复并重返社会：任何形式的忽视、剥削或凌辱虐待；酷刑或任何其他形式的残忍、不人道或有辱人格的待遇或处罚；或武装冲突。此种康复和重返社会应在一种能促进儿童的健康、自尊和尊严的环境中进行。

第40条

1. 缔约国认识到被指称、指控或认为触犯刑法的儿童有权得到符合以下方式的待遇，促进其尊严和价值感并增强其对他人的人权和基本自由的尊重。这种待遇应考虑到其年龄和促进其重返社会并在社会中发挥积极作用的愿望。

2. 为此目的，并鉴于国际文书的有关规定，缔约国尤应确保：

(a)当儿童有意或无意地做出了违犯国家或国际法所尚未禁止的行为时，不应被指控或被认为违犯了刑法；

(b)所有被指称或指控触犯刑法的儿童至少应得到下列保证：

(ⅰ)在依法判定有罪之前应视为无罪；

(ⅱ)迅速直接地被告知其被控罪名，适当时应通过其父母或法定监护人告知，并获得准备和提出辩护所需的法律或其他适当协助；

(ⅲ)要求独立公正的主管当局或司法机构在其得到法律或其他适当协助的情况下，通过依法公正审理迅速作出判决，并且须有其父母或法定监护人在场，除非认为这样做不符合儿童的最大利益，特别要考虑到其年龄或状况；

(ⅳ)不得逼供信，当事人应检查或由其代言人盘问于本人不利的人，在不平等条件下受其委托向证人取证；

(ⅴ)若被判定触犯刑法，有权要求高一级独立公正的主管当局或司法机构依法复查此判决及由此对之采取的任何措施；

(ⅵ)若儿童不懂或不会说所用语言，有权免费得到口译人员的协助；

(ⅶ)其隐私在诉讼的所有阶段均得到充分尊重。

3. 缔约国应致力于促进或建立专门适用于被指称、指控或确认为触犯刑法的儿童的法律、程序、当局和机构，尤应：

(a)规定最低年龄，在此年龄以下的儿童应视为无触犯刑法之能力；

(b)在适当和必要的时候，制订不对此类儿童诉诸司法程序的措施，但须充分尊重人权和法律保障。

4. 应采用多种处理办法，诸如照管、指导和监督令、辅导、察看、寄养、教育和职业培训方案及不交由机构照管的其他办法，以确保处理儿童的方式符合其福利并与其情况和违法行为相称。

第 41 条

本公约的任何规定不应影响有利于实现儿童权利且可能载于下述文件中的任何规定：

(a)缔约国的法律；

(b)对该国有效的国际法。

本章小结

小学班主任第一要树立以人为本的理念。以人为本的理念，就是指小学班主任必须把班级内的小学生看成是生动活泼的人、发展的人、有尊严的人，必须关注每一个小学生，关注他们在班级集体中的情绪生活和情感体验、道德生活和人格养成，班级管理以及一切班级工作，一定要以学生的发展为本，服从、服务于每一位学生的健康发展。第二，小学班主任要树立以小学生为主体的理念。以小学生为主体的理念，就是指小学班主任必须把小学生当作班级的主体，在班级管理、班级活动的组织以及其他班级日常工作过程中，充分调动并发挥小学生的主体作用，让小学生自己教育自己，自己管理自己，做班级的小主人。第三，小学班主任还要树立全面发展的理念。全面发展的理念包括两层含义，一是对群体来说，保证班级全体学生的发展，二是对个体来说，保证每个学生的全面发展。第四，小学班主任要树立可持续发展的理念。可持续发展的理念，是指小学班主任要用发展的眼光看问题，对学生的教育要为他们今后的发展考虑，使之有发展的后劲，为其一生蓬勃旺盛的可持续发展培育或储备必要的动力源泉、身心素质和基本能力。第五，小学班主任也要树立与学生一起成长的理念，与学生一起成长的理念，是指小学班主任不要把工作过程仅仅看作是促使小学生发展的过程，而应该看到，这个过程同样也是促使自身专业成长的过程。

小学班主任工作第一要遵循正面教育原则。正面教育原则是指，小学班主任在教育学生时，要以正面的事实、道理、榜样等对小学生进行启发和引导。第二，小学班主任工作要遵循公平公正原则。公平公正原则是指，小学班主任在工作过程中，不论学生的家庭出身、学习成绩、外貌长相等因素，公正、平等、合理地对待班级中的每一位学生。第三，小学班主任工作要遵循知行统一原则。知行统一原则是指在小学班主任工作中，尤其是对小学生进行思想道德教育过程中，不仅要使学生形成正确的道德观念，提高学生道德认知水平，而且要引导学生敢于实践、努力实践，养成良好的行为习惯，做到言行一致。第四，小学班主任工作要遵循因材施教原则。因材施教原则是指小学班主任在工作中要充分了解和研究教育对象，从小学生的实际出发，根据其年龄特征和个性特点有针对性地进行教育。第五，小学班主任工作要尊重学生与严格要求相结合原则。这条原则是指小学班主任在教育过程中，既要真诚地关心、尊重和信任学生，又要对学生提出严格要求。第六，小学班主任工作要遵循集体教育原则。集体教育原则是指，小学班主任要着力培养良好的班集体，依靠集体教育学生个人，充分发挥集体在学生教育中的巨大作用。第七，小学班主任工作要坚持以身作则原则。以身作则原则是指，小学班主任在工作中要严格要求自己，率先垂范，以身立教。

关键术语

理念　原则　以人为本　以小学生为主体　全面发展　可持续发展　与学生一起成长　正面教育　公平公正　知行统一　因材施教　尊重学生与严格要求相结合　集体教育　以身作则

思考题

1. 名词解释：小学班主任工作理念、小学班主任工作原则。

2. 小学班主任应该树立怎样的理念？怎样才能树立这样的理念？

3. 小学班主任工作应该遵循哪些原则？为什么要遵循这些原则？在实际工作中，怎样贯彻这些原则？

实训练习

到一所小学，现场观摩小学班主任工作的过程并撰写观察记录。在此基础上，分析他们体现了怎样的工作理念以及遵循了怎样的原则。

拓展阅读

1. 阅读国内近十年来正式出版的专门研究小学班主任工作的书籍和刊物。

2. 阅读教育学书籍、教育理论刊物中专门研究小学班主任工作理念与原则的相关篇章或栏目。

第四章　小学班级的组织和建设

学习目标 ▶

1. 掌握了解和研究班级的意义、内容、途径和方法，学会采取恰当的途径和方法了解和研究班级。

2. 明确小学班级的组织和建设内容，逐渐学会组织和建设小学班级。

导入案例

谁是优生，谁是差生

“我们不要他了！”“他总是让咱们班扣分！”……孩子们“义愤填膺”地喊着，一张张小脸涨得通红。

对于宏，全班同学都已经忍无可忍了：升国旗时挠同学的痒痒被扣分，自习课上讲话被扣分，倒垃圾时弄得满地都是被扣分……我们班长期与“文明班级”绝缘，就是因为他一个人被扣的分比班里其他同学加起来都多。

我对他软硬兼施，用尽各种手段，却丝毫不见成效。科任老师抱怨，同学告状……其实我也很想“不要他”，只是说不出口。

这天，值日班委又气喘吁吁地跑来告状：“老师，宏中午不吃饭。”

这孩子连吃饭都不能让我省点心吗？我顿时怒火中烧：“把他给我叫来！”

不一会儿，宏笑嘻嘻地来了，让我一见就厌烦。

我瞪着宏：“你为什么不吃饭？”

“我给晨吃了，她的饭打翻了。”宏依然笑着。

晨是个活泼可爱的小女孩，成绩好，有礼貌，是典型的好学生。

我的愤怒伴随着宏的笑脸如决堤的洪水喷涌而出：“你怎么把她饭打翻了？你就不能安分点儿？你得向晨好好学学，让老师省点儿心！”

“不……不是我打翻的。”宏收起笑容，结结巴巴地说道，眼神中闪过一丝慌乱。

我认定他“做贼心虚”：“不是你还会是谁？走，跟我到班上去。”

来到班里，晨正吃着饭。我走近晨，摸着她粗黑发亮的辫子问道：“你的饭打翻了？”

“是的。”晨边吃边回答。

“谁干的？”

“我自己打翻的。”

闻听此言，我的手一哆嗦，赶紧转身去看宏，笑容终于再次出现在他的脸上。我转回头看看晨：“这饭是宏给你吃的吗？”

“是的。”

“他把饭给了你，那他吃什么？”我的脸开始发烫，是不安、愤怒、激动抑或是其他，说不清道不明。

“我不知道，我没问他。”

这样的回答使我心中泛起阵阵凉意。我直视着晨，很希望在她脸上看到点什么，可是她却面无表情地继续吃着饭。

我突然发现，这两个学生都变得有点陌生：眼前的这个女孩——一个在我心中“完美无缺”的学生，那样心安理得地吃着同学让给她的饭，却根本没想过帮助她的同学还饿着肚子；身后的这个小男孩——一个“无药可救”的学生，把饭给了需要帮助的同学，宁可自己饿着肚子。

从学习和日常行为表现看，晨是优生，宏是差生，这似乎毋庸置疑；可从今天的事来看，在做人上，宏才是优生，而晨却是差生。这一刻，我陷入了深深的自责，原来我从不曾真正了解自己的学生。

我很想说点什么，却不知从何说起，最后只好拉着宏说：“老师请你吃饭！”

（资料来源　周来娣：《谁是优生，谁是差生》，《班主任》，2012 年第 11 期。）

也许，许多班主任都会发出如案例中的“原来我不曾真正了解自己的学生”这样的感慨。感慨之余，我们该如何更好地完善自己的工作呢？

班级是学校教育活动的基本单位，但是，一个班级，还只能算是一个学生群体。经过小学班主任对班级的组织和建设，才会将这样一个学生群体转化为班集体。

小学班级的组织和建设，班主任要完成多项具体工作。但是，了解和研究班级，是小学班级组织和建设的基础。因此，在组织和建设班级之前，每一个班主任都要时刻思考这样的问题：我真正了解自己的班级吗？我真正了解自己班级内的学生吗？只有这样，才能促使自己利用一切时机，主动地去研究班级，了解学生，在真正了解班级的基础上开展班级的组织和建设工作。那么，“我们班长期与‘文明班级’绝缘”的现象才有可能成为历史。

第一节　小学班级组织和建设的基础——了解和研究班级

德国教育家第斯多惠曾经这样说，学生的发展水平是教育的出发点，因此必须在开始教育之前就确定这个出发点。小学班主任工作的开展亦是如此。班级的发展状况是班级组织和建设的出发点，班级的组织和建设是建立在小学班主任对班级发展状况的充分了解基础之上的。因此，组织和建设班级，小学班主任的第一要务是了解和研究班级，这是小学班主任后续工作的基础。

一、了解和研究班级的意义和内容

1. 了解和研究班级的意义

小学班级是班主任工作的阵地，要顺利地开展班级工作，完成学校的教育任务，就必须全面地了解和研究班级，唯此，才能有针对性地开展班级工作。因此，了解和研究班级对小学班主任的工作具有重要意义。具体表现在：

(1)有助于班主任与小学生之间建立良好的师生关系。

良好的师生关系是小学班主任做好班级工作的基础。了解和研究班级的过程，也是师生之间加深了解、增进感情的过程。“知之深，则爱之切”，班主任经常和学生接触，体会学生遇到的问题，分享学生的成就，给予关怀、指导和帮助，师生关系就容易更密切，感情更深厚。同时，每个小学生都渴望得到班主任的特别亲近与关爱，了解和研究学生，会让小学生享受到由于受到班主任的关注而产生的幸福感和满足感。因而，了解和研究学生事实上体现了班主任对小学生的人文关怀，这为做好班级工作创造了有利条件。

(2)有助于班主任各项工作的顺利开展。

了解和研究班级，班主任就可以准确把握班级的整体情况和学生的个人情况，为制订班级工作计划、开展班级管理、组织班级活动提供了客观依据，使得各项班级工作的开展更具针对性，提高了班主任工作的效率。反之，不了解和研究班级，工作中就多了一些盲目，少了一些科学，难以收到好的效果。魏书生曾经这样说：“种庄稼，首先要知道各种作物的生长发育特点，才能适时地施肥浇水，治病要了解每个病人的具体病情，才能对症下药；教师必须了解每个学生的特点，方能选择教育的方法、措施。”

2. 了解和研究班级的内容

(1)了解和研究班级的整体情况。

从整体上了解和研究班级，可以形成对班级的整体性认知，有助于班主任有针对性地面向班级群体开展工作。了解和研究班级整体情况，主要包括三个内容：一是了解和研究班级的基本情况，如班级学生的总人数、性别比例、学生来源状况、年龄结构；二是了解和研究班级的发展情况，如学习成绩优、中、差学生的比例、学生的身体素质和健康状况、学生品德的表现、班级取得的成绩和存在的问题等；三是了解和研究班级的其他情况，如学生生活社区环境、学生家庭条件、学生在校外的表现等。

(2)了解和研究班级中学生的个人情况。

了解和研究班级中学生的个人情况，可以形成对每个学生的具体性认知，有助于班主任有针对性地面向班级个体开展工作。徐特立指出：“教师要了解情况，了解学生个人的情况、学生家庭的情况。”了解学生的个人情况主要包括下面四个方面：一是了解和研究班级中每个小学生的基本情况，如姓名、性别、年龄、健康状况、生活习惯等；二是了解和研究班级中每个小学生的家庭情况，如父母的文化程度、职业、家庭经济状况、居住条件等；三是了解和研究班级中每个小学生的学习和思想品德情况，如集体观念、遵守纪律、文明礼仪以及学习态度、学习成绩等；四是了解和研究班级中每个小学生的个性情况，如能力状况、智力水平、兴趣爱好、情感和意志特征、性格和气质类型等。

3. 了解和研究班级的原则

由于了解和研究班级内容的复杂性，了解和研究班级必定是一个长期的、复杂的过程。并且，在这个过程中，还要遵循一些基本要求，才能够收到良好的效果，这就是了解和研究班级的原则。

(1)全面性原则。

全面性原则就是要求小学班主任要全面地看待班级群体和每个小学生。既要看到班级的优势，又看到班级的不足；既要看到班级学生在校内的表现，又要看到在校外的表现等。

(2)经常性原则。

经常性原则就是要求小学班主任要把了解和研究学生作为自己的常规工作，充分利用一切场合条件，对小学生进行经常性地了解和研究。

(3)发展性原则。

发展性原则就是要求小学班主任要用发展的眼光看待小学生，既要看到他们的过去，也要看到他们的现在，还要预见到他们的未来。

(4)客观性原则。

客观性原则就是要求小学班主任要以一颗全无偏见的真诚之心来了解小学生，而不要被自己既有的情感、态度所左右，也不要道听途说，或相信一面之词，而是要用事实说话。

二、了解和研究班级的途径和方法

了解和研究班级的途径和方法是由了解和研究班级的内容和原则等因素决定的，由于了解和研究班级的内容和原则是多方面的，因此，了解和研究班级的途径和方法也是多样化的。

1. 了解和研究班级的途径

了解和研究班级的途径主要有：参阅文字材料、接触学生本人或接触与学生关系密切的人员等。

(1)参阅文字材料。

可以用来了解和研究班级的文字材料包括：班级学生名单、学生入学档案、学生综合素质评价记录袋、学生体检记录、家校联系手册以及学生的作业、作文、日记、其他作品等。其中，班级学生名单可以使班主任了解班级学生的人数、姓名；学生入学档案可以使班主任了解学生的性别、民族、年龄以及学生的家庭成员、父母职业、文化程度；学生综合素质评价记录袋可以使班主任了解学生以往在德、智、体、美、劳各方面的发展情况；学生体检记录可以使班主任了解小学生的身体素质、健康状况以及既往病史；家校联系手册可以使班主任了解学生家庭与学校的配合情况；学生的作业、作文、日记、其他作品可以使班主任了解学生的学习、思想、个性等方面的情况。

(2)接触班级内的小学生。

首先，小学班主任可以利用与班级内学生相处的时机，全面地了解班级整体情况。比如，在自己所任教学科的教学过程中，通过班级内全体学生的表现，了解班级的整体学习气氛、知识与能力现状等；在班主任参与组织的各种集体活动中，通过活动过程、活动气氛、活动效果以及同学间的交往等因素，了解班级中个人与班级的关系、班级风气、凝聚力以及班级对学生个体的吸引力等方面的特征。其次，小学班主任还可以利用与班级内学生相处的时机，创造条件，深入地了解班级中学生的个人情况。在课堂教学中，直接提问学生问题或参与学生之间的课堂交流，可以了解学生的学习态度与方法、思考问题的能力、语言表达能力以及学生的气质、性格特征；在课间休息时，参与小学生的课间游戏或参与学生的闲聊，可以了解学生的人际关系状况、兴趣爱好、个人特长、闪光点以及学生对一些问题的认知特征；在各种班级活动的组织、开展过程中，多与学生沟通，听取他们的看法或建议等，可以了解学生的人际沟通能力、处理问题的能力以及对自己的和他人的认知、评价倾向，从中判断学生的人格特征。

(3)接触与班级关系密切的人员。

接触与班级关系密切的人员，通过他们，间接地了解和研究班级。首先，可以接触班级的各科任课教师、学生家长、学校领导、其他教职工，听取他们对班级整体及班级内某个学生的看法。其次，接触每个小学生的同桌或关系要好的伙伴、班队干部以及其他对该学生比较了解的人员，听取他们对某个小学生的看法和评价。这样，就可以了解到学生多个侧面的特点，比如，学生在日常生活中的表现特点、在集体活动中的表现特点、在不同的人员面前表现特点的差异性等。这些，有助于班主任全面、准确地了解和研究学生。

2. 了解和研究班级的方法

了解和研究班级的方法，是指小学班主任为了解和研究班级所采取的措施和手段。了解和研究班级的方法有很多，以下主要介绍观察法、谈话法、材料分析法。

(1)观察法。

观察法是指小学班主任在自然情况下，有目的、有计划、有重点地了解和研究班级的方法。它是小学班主任工作中最常用、最基本的一种方法，也是小学班主任工作中简单易行的一种方法。

运用观察法了解和研究班级，小学班主任应该注意这样几个问题：

首先，观察前，要提出观察的主题，确立观察的目的，制订观察的计划，明确观察的对象、范围、时间、地点等具体问题，以保证观察法的科学性。

其次，观察的过程中，要注意以下几点：

• 要与观察对象——小学生，建立良好的关系，消除他们的戒备心理；

• 要保持客观的态度，不把主观推测和客观事实相混淆；

• 要保持观察场所的常态特征，不把人为的因素添加进去；

• 要如实做好观察记录，不遗漏，不挑选；

• 要根据观察现场情况，灵活地对观察计划做出调整；

• 要妥善处理观察过程中的突发事件，把各种干扰因素对观察效果产生的不良影响降到最小；

• 要明确一点：观察不能一蹴而就，要选取不同场合、时间进行长期、系统、持续地观察。

上述几点，是观察材料真实性的重要保障。

最后，要对观察材料进行及时筛选、整理、分析，通过现象分析本质，同时，要做出观察结论，并对观察的全程做出终结性评价。

(2)谈话法。

谈话法是小学班主任有目的、有准备地与小学生以及其他与班级有关的人员进行面对面的交谈，以了解班级情况的一种方法。谈话法也是小学班主任经常采用的方法之一。为了保证收到预期的效果，谈话法的使用应该注意以下几个问题：

第一，谈话对象的选取要广泛，应该是所有与班级有密切关系的人员。

第二，如果是与小学生谈话，要特别注重谈话态度问题。一般来说，小学班主任要做到：亲切、和蔼。亲切意味着，小学班主任要尊重学生，要平等相待，不要让小学生感到紧张；和蔼意味着，小学班主任的态度要诚恳，切忌居高临下，盛气凌人，以免造成对立情绪，妨碍谈话的顺利进行。

第三，谈话之前，小学班主任要做好充分的准备，包括确定好谈话的主题、目的、任务，计划好谈话的过程、时间、地点，选择好谈话的对象、方式、方法等。

第四，在谈话过程中，一方面，把控好谈话的过程，使谈话按照主题有序进行，同时又要耐心倾听，对谈话对象做出恰当的回应，但是不要轻易打断对方的话。另一方面，根据谈话对象的特点以及谈话现场状况，随机应变，采取灵活多样的谈话方式，善于运用启发、追问、暗示、沉默等谈话策略，引导谈话对象说出心里话。

第五，谈话之后，小学班主任要迅速写出谈话记录，并进行归纳、整理、分析，还要写下自己的感悟与思考。

关于谈话法的类型有多种观点。

一种说法是把谈话法分为正式谈话和非正式谈话。二者的区别在于非正式谈话没有特定的形式，地点以及时间也不受限制，所以在非正式谈话中，谈话对象容易敞开心扉，使小学班主任更容易真实地了解班级情况。

另一种说法是，根据谈话时所采用的策略或方式，把谈话法分为五种：开门见山式、委婉含蓄式、侧面点拨式、主题讨论式、临时突击式。开门见山式是小学班主任根据谈话的目的和要求，直言不讳，直奔主题的一种谈话方式，它适用于智力因素和非智力因素都很优秀的个体；委婉含蓄式是指小学班主任在谈话中不直接表达主题，而是把话语表达得委婉含蓄，让对方从中体会揣摩到所蕴含的真正意图，这种方法适用于脾气暴躁、容易冲动、抑或性格内向、孤僻、有自卑心理的个体；侧面点拨式是指小学班主任借用他人他物旁敲侧击，点到为止的一种谈话方式，这种方式适合于自我意识强，心理敏感的个体；主题讨论式是指小学班主任针对事先拟定的主题，组织大家展开讨论，形成结论的一种方法，适用于班级发生了重要的群体性事件的时候；临时突击式是指小学班主任利用刚刚或正在发生的突发事件展开谈话的一种方式，适用于性格倔强、自我防卫心理强的个体。

(3)材料分析法。

材料分析法是指，小学班主任以记载班级相关信息的各种书面材料为依据，对它们进行分析和研究，从而了解和研究班级的一种方法。这是小学班主任快速、便捷地了解和研究班级的一种方法。

运用材料分析法，小学班主任要注意以下几点：

首先，要用发展的眼光看待各种材料。班级是处于不断地发展变化之中的，尤其是班级的主体——小学生，正处在快速发展变化的时期。各种材料记录的是过去的情况，只能反映班级曾经的特点，不能代表现在，更不能预示着未来。因此，小学班主任不要单纯依据这些材料给班级下定论，那样会有失偏颇。

其次，要用理性的眼光看待各种材料。材料记录的仅仅是班级某些方面的特点，不是班级全部的特点，因为有些情况是不能通过文字材料反映出来的；有些材料内容的真实性尚有待进一步核实、补充，因此，班主任要用理性的眼光认识分辨这些材料才是对这些材料的很好利用。

最后，要用动态的眼光看待各种材料。小学班主任要把这些文字材料很好地利用起来，同时又要随时把搜集到的班级中的新情况、新问题进行整理和记录，形成新的文字材料，逐渐使班级材料更丰富、更完善和更有参阅价值。

综上，了解和研究班级的方法有很多，小学班主任在实际工作中，要根据情况灵活采用各种方法，还要善于把各种方法结合起来使用，方能达到很好地了解和研究班级的目的。

第二节　小学班级的组织和建设内容——建设班集体

苏联教育家马卡连柯说：“集体是活生生的社会有机体，它之所以是一个有机体，就因为那里有机构、有职能、有各部分之间的相互关系和相互依赖。如果这样的因素一点也没有的话，也就没有集体了，所有的只是随随便便的一群人罢了。”将小学生编成一个班级，只能算是有了一个学生群体而已，把这样的一个班级转化为班集体，需要小学班主任付出大量的劳动。小学班级的组织和创建就是在实现班级向班集体的转变过程中，小学班主任所开展的一系列工作。这是一个漫长的过程，在这个过程中，小学班主任必须要开展下面四项工作：确立班级目标、建立班级规章制度、建立班级组织机构、形成正确的班级舆论。

一、确立班级目标

班级目标是指全班同学共同具有的期望和追求，是班级各项工作所要达到的预期结果。确立班级目标，是小学班级组织和建设的首要内容。

1. 班级目标的功能

(1)导向功能。

确立班级目标，使班级全体学生拥有一个共同努力的方向，从而对整个班级的组织和建设过程起到指引方向的作用，促使所有班级工作都围绕着这一目标展开。这样，确立了班级目标，就可以避免班级各项工作的盲目性和无序性，从而提高班级工作的实效性，并且有利于班级工作良好结果的达成。因此，把班级发展为班集体，首要的工作就是确立班级目标。

(2)激励功能。

一个被全体同学认可的班级目标，不仅能够把大家聚集在一起，使班级产生一种巨大的凝聚力，而且，能够激发起每一个小学生积极向上的主动性以及共同朝着认定的目标努力的强大力量。这些会促使、推动着任何一个班级逐渐发展成为一个团结向上的、真正的班集体。

(3)评价功能。

班级目标实际上也是为班级提供了一个评价标准。据此，班级中的每一个人都可以随时对班级工作的方方面面作出评价，判断各项班级工作在多大程度上实现了预期的目标，作为后续班级工作的重要依据。

2. 班级目标的表现形式

一般来说，班级目标有三种表现形式，即远期目标、中期目标、近期目标。确立班级目标，必须要循序渐进地制订出这三种形式的班级目标。

(1)远期目标。

远期目标是指班级全体同学需要经过较长时间的共同努力才能达到的目标，也可以称为长期目标。它是班级组织和建设的最终目标，也是班级工作的总体目标。远期目标是设计和制订中期目标、近期目标的重要依据。一般情况下，建设良好的班集体是所有班级都应该确立的远期目标。

(2)中期目标。

中期目标是相对于远期目标而言的，是指班级工作阶段性的或者专项性的奋斗目标。它是实现班级远期目标的条件和保证。一般以一个学年为时间单位确立中期目标，有时也可以以一个学期为单位确立中期目标。

(3)近期目标。

近期目标是指班级当前的奋斗目标。它是远期目标、中期目标的具体化。可以以一周、两周、一个月为单位确立班级近期目标。近期目标具有鲜明的具体性和可操作性。

上述三种形式的班级目标构成了一个完整的班级目标体系，它们之间彼此衔接，相互支撑。

案 例

某小学一年级(2)班的班级目标

我们的远期目标：

时间：一年级末。

目标：让我们每一个同学都成长为优秀的小学生，让我们的班级成长为一个优秀的班集体。

我们的中期目标：

时间：本学期末。

目标：让《小学生日常行为规范》中的各项要求成为我们日常的行为习惯。

我们的近期目标：

目标：每周进步一点点。

具体要求：

第一周：尊敬父母，关心父母身体健康，主动为家庭做力所能及的事。听从父母和长辈的教导，外出或回到家要主动打招呼。

第二周：尊敬老师，见面行礼，主动问好，接受老师的教导，与老师交流。

第三周：尊老爱幼，平等待人。同学之间友好相处，互相关心，互相帮助。不欺负弱小，不讥笑、戏弄他人。尊重残疾人。尊重他人的民族习惯。

第四周：按时上学，不迟到，不早退，不逃学，有病有事要请假，放学后按时回家。参加活动守时，不能参加事先请假。

第五周：诚实守信，不说谎话，知错就改，不随意拿别人的东西，借东西及时归还，答应别人的事努力做到，做不到时表示歉意。考试不作弊。

第六周：虚心学习别人的长处和优点，不嫉妒别人。遇到挫折和失败不灰心，不气馁，遇到困难努力克服。

第七周：爱惜粮食和学习、生活用品。节约水电，不比吃穿，不乱花钱。

第八周：衣着整洁，经常洗澡，勤剪指甲，勤洗头，早晚刷牙，饭前便后要洗手。自己能做的事自己做，衣物用品摆放整齐，学会收拾房间、洗衣服、洗餐具等家务劳动。

第九周：待人有礼貌，说话文明，讲普通话，会用礼貌用语。不骂人，不打架。到他人房间先敲门，经允许再进入，不随意翻动别人的物品，不打扰别人的工作、学习和休息。

第十周：课前准备好学习用品，上课专心听讲，积极思考，大胆提问，回答问题声音清楚，不随意打断他人发言。课间活动有秩序。

第十一周：课前预习，课后认真复习，按时完成作业，书写工整，卷面整洁。

第十二周：坚持锻炼身体，认真做广播体操和眼保健操，坐、立、行、读书、写字姿势正确。积极参加有益的文体活动。

第十三周：认真做值日，保持教室、校园整洁。保护环境，爱护花草树木、庄稼和有益动物，不随地吐痰，不乱扔果皮纸屑等废弃物。

第十四周：爱护公物，不在课桌椅、建筑物和文物古迹上涂抹刻画。损坏公物要赔偿。拾到东西归还失主或交公。

第十五周：积极参加集体活动，认真完成集体交给的任务，少先队员服从队的决议，不做有损集体荣誉的事，集体成员之间相互尊重，学会合作。积极参加学校组织的各种劳动和社会实践活动，多观察，勤动手。

第十六周：遵守交通法规，过马路走人行横道，不乱穿马路，不在公路、铁路、码头玩耍和追逐打闹。

第十七周：尊敬国旗、国徽，会唱国歌，升降国旗、奏唱国歌时肃立、脱帽、行注目礼，少先队员行队礼。遵守公共秩序，在公共场所不拥挤，不喧哗，礼让他人。乘公共车、船等主动购票，主动给老幼病残孕让座。不做法律禁止的事。

第十八周：珍爱生命，注意安全，防火、防溺水、防触电、防盗、防中毒，不做有危险的游戏。

第十九周：阅读、观看健康有益的图书、报刊、音像和网上信息，收听、收看内容健康的广播电视节目。不吸烟、不喝酒、不赌博，远离毒品，不参加封建迷信活动，不进入网吧等未成年人不宜入内的场所。敢于斗争，遇到坏人坏事主动报告。

某某小学一年级(2) 班全体师生共同制订

签名：×××

3. 确立班级目标的要求

(1)要体现国家教育目的和学校培养目标。

国家教育目的是教育活动的总的质量标准和规格要求，是一个国家教育工作的总要求。学校培养目标是学校教育所要完成的具体任务，它是国家教育目的的具体化。班级目标是学校教育目标的具体化，因此，确立班级目标时，必须符合国家教育目的和学校培养目标要求，这是确立班级目标的最基本要求。

(2)目标要有针对性与发展性。

一方面，确立班级目标要符合班级的实际特点，尤其是符合班级中小学生的特点。班级目标必须符合班级学生的年龄特点和接受水平，体现出班级目标的针对性。另一方面，又要考虑班级学生实际发展的可能性，也就是要把握好学生的“最近发展区”，使班级目标能够促进班级内每一个学生的发展，体现出班级目标的发展性。既有针对性又有发展性的班级目标，因其目标水平与现实水平之间存在合理适当的差距，对小学生最具吸引力，从而激励小学生不断奋发向上。

(3)注意目标的层次性和多样性。

一方面，在制订班级目标时，不仅要考虑远期目标，还必须考虑中期目标和近期目标。远期目标要有号召力，中期目标要能承上启下，近期目标要与中、长期目标保持一致，体现班级目标的层次性。另一方面，在制订班级目标时，不仅要制订班级总体性的目标，还要考虑从不同的角度制订专项性目标或专题性目标，比如学习上、纪律上、劳动上、体育上的目标等，体现班级目标的多样性。这样，努力建立一个多层次、多角度的班级目标体系。

(4)目标必须明确具体。

班级目标是全体同学共同努力所要达到的最终目的，是大家奋斗的方向。小学生认知水平低，班级目标必须明确具体，让小学生清晰地知道该做什么，怎么做，这样才能充分发挥班级目标的导向功能。

4. 确立班级目标的方法

确立班级目标的方法要因班而异，目前在小学普遍采用的有三种方法。

(1)共同制订。

这种方法是小学班主任与小学生一起制订班级目标。这种方法，突出的特点就是民主性，也体现了对小学生的充分尊重。它不仅有助于小学生把自己对班级的感情转化为对集体的责任，把集体的大目标和自己的小目标统一协调起来，而且共同制订出来的班级目标还能得到小学生的普遍认可，成为班级每一个学生追求的目标。这种方法并不适合所有的班级，只适用于生源良好或者处于良性发展的班级，而对于生源很差或者发展涣散的班级则不适用。

(2)班主任制订。

这种方法是指小学班主任直接向班级提出希望和要求，以此作为班级目标的一种方法。这种方法可以充分展现小学班主任的教育智慧，但不利于调动班级成员的积极性和主动性，而且，若要使班级目标转化为每一个小学生自觉努力的方向，还需要小学班主任在提出目标之后，对小学生进行反复的讲解与动员。这种方法适宜于差班或者乱班以及班级初建阶段。

(3)小学生制订。

这种方法是由小学生集思广益后制订的，这种班级目标更贴近班级生活以及小学生的实际，也更具可行性。同时这种目标制订的过程本身就是小学生自我教育的过程，因此这种方法产生的班级目标更具有激励作用。不过，这种方法对班级的要求更高，仅仅适用于发展非常稳定、良好的班级，而且必须是小学高年级。

二、建立班级规章制度

班级规章制度是班级成员共同认可、自觉遵守的行为准则，简称班规，也可以称为班级公约。俗话说："没有规矩，不成方圆。"班级规章制度是保障班级工作有序进行的前提条件，是小学班级组织和建设的又一重要内容。

1. 班级规章制度的类型

班级规章制度主要有两大类：一类是各种守则以及行为规范，是由国家、地方的教育行政部门和学校的相关部门明文规定出来的。比如小学生守则、小学生行为规范、某某市小学生文明行为守则等；另一类是根据学生守则和行为规范，结合班级实际情况，以班级为主体而制订的各种规章制度，比如课堂学习常规、个人行为常规、安全卫生常规等。本章主要探讨的正是这一类规章制度。

相关链接

班 级 公 约

班级：一(4)班　　　　班主任：陈益菁

勉语：好好学习　天天向上

一、按时上学，不迟到。

二、尊敬师长。对老师、长辈用尊称主动问好。尊老爱幼，友爱同学，主动帮助有困难的人。

三、上课专心听讲，大胆发言。回答问题声音响亮。

四、课间休息做有益的游戏，不追逐，不打闹。

五、课后认真复习，按时完成作业。

六、放学按时回家，少看电视，不玩无益的电脑游戏。

七、穿戴整洁。勤洗澡，勤换衣。早晚刷牙，饭前便后要洗手。

八、不随地吐痰，不乱扔果皮纸屑。保持教室和包干区的整洁。

久、爱惜粮食，爱惜学习和生活用品。不乱花钱，节约水电。

十、遵守交通规则，过马路走人行横道线。不在马路上追逐打闹。

十一、诚实、不说谎话，知错就改。说到做到。

十二、孝敬父母，关心父母身体健康，主动做力所能及的家务。

十三、自己能做的事自己做。

(资料来源　绿色圃中小学教育网：《小学各年级班级公约大全》，2013 年 4 月 29 日。)

2. 班级规章制度的作用

(1)增强班级工作的科学性、公正性。

有了班级规章制度，就有了对个人行为的客观评价标准，如果班级中某个人的行为违背了班级规章制度，视其主观动机以及造成的后果，会受到不同程度的惩罚。这就增强了班级工作的科学性和公正性，避免了种种因素导致的班级工作的随意性。

(2)提升小学生规范自己行为的意识。

小学生自我控制能力的发展水平较低，自我约束意识较差，在行为上常常表现出较大的主观随意性，有外部监督和没有外部监督的情况下，其行为表现的差异很大。班级规章制度作为一个集体公约，可以提升小学生主动约束和规范自己行为的意识，养成良好的行为习惯，从而做到有没有外部监督都是一个样。

(3)保证班主任工作的精准定位。

小学班主任工作繁重，事务繁杂，容易陷入顾此失彼、杂乱无序、重心偏离、疲于应对的不良工作状态。而有了班级规章制度，对班级的大量事务性工作就有了快速、明确的判断，使得班主任得以从中抽身，并实现对自己工作的精准定位，把自己的时间和精力更多地投入在班级的长远发展和建设中来。

(4)培养小学生的责任意识。

有了班级规章制度，赏罚分明，小学生就会逐渐懂得对自己的行为负责，对班级负责，对学校负责，进而对社会负责，从而逐渐发展成为一个有社会责任感的合格的社会公民。

(5)有利于班级目标的实现。

有了班级目标，仅仅是为小学生在思想上指明了一个努力的方向，而要在行动上落实，必须有班级规章制度的保障。班级规章制度是一种规范，对小学生的行为起到实时的约束和评价作用，从而有利于班级目标的实现。

3. 制订班级规章制度的要求

班级规章制度的制订不是随意的，而应该遵循一定的要求，这样的班级规章制度才不会流于形式，才会对班级的发展产生实效。

(1)要有正确的教育理念。

班级是全体小学生公共学习和活动的场所，制订班级规章制度，其本意是为了维护班级生活中每个学生享有平等的、普适的学习权利，促进班级公共利益的最大化与最优化，而不是为了束缚、限制小学生，更不是为了抓住小学生的错误，对他们进行惩罚。因此，制订班级规章制度是开展班级工作的手段，而不是目的。

(2)要以有关的规章制度和班级的具体情况为依据。

首先，班级规章制度是国家、地方等教育行政部门制订的守则、行为规范的具体化，因此，班级规章制度的内容不能与上述守则、行为规范相矛盾。其次，每个班级有自己的特殊情况，不同年级、不同班风的班级规章制度在具体内容上应该有所不同。因此，班级规章制度的制订必须要以有关的规章制度和班级的具体情况为依据。

(3)要合理、可行、明确、简洁。

班级规章制度是小学生经过努力可以做到的，是合理的要求，而且符合小学生的需要和特点，是可行的。班级规章制度的数量也不宜太多，否则会因为小学生无法做到而形同虚设，可以逐渐增加数量。而且，班级规章制度的表述要清晰明确，用词要简洁，易于小学生理解和把握。

(4)以正面引导性的语言为主。

基于小学生的心理特点，班级规章制度的内容表述要以积极的正向引导性语言为主，比如“应该……”“希望……”等，要明确地规定什么样的行为是值得赞许的，什么样的行为是不应该做的，这样，给小学生指出努力的方向，有助于小学生对班级规章制度的掌握和执行。尽量不要使用“严禁……”“不许……”“切忌……”这样的表述方式，因为这样的语言不仅不能给小学生指明行为的方向，而且还会引起小学生的逆反心理，起到事与愿违的效果。

(5)要让小学生参与班级规章制度的制订。

只有得到小学生认同的班级规章制度，他们才会努力遵守执行，这样的班级规章制度也才是有效的。而参与班级规章制度的制订是取得小学生认同的关键。因此，小学班主任要组织学生共同讨论、磋商，一起完成班级规章制度的制订。切忌班主任以学生年龄小为理由，单方面主观地制订，以免引起小学生的抵触情绪。

4. 班级规章制度的执行

建立了班级规章制度，还要切实地执行，否则，班级规章制度就会成为一纸空谈。班级规章制度的执行要注意：

- 始终如一地贯彻执行；
- 执行要公平公正，一视同仁；
- 具体方式上可以有一定的灵活性；
- 有监督机制及时反馈执行结果。

三、建立班级组织机构

班级作为正式的社会组织，它的正常运行是建立在一定的组织机构基础之上的。因此，小学班级组织和建设的重要内容之一，就是建立班级组织机构。

小学班级中的组织机构有两种：正式组织机构和非正式组织机构。正式组织机构主要是班委会。本章主要探讨的是班级正式组织机构，即班委会。

1. 班委会的作用

班委会是一支具有良好素质和较强能力的班干部队伍，是班级的领导核心，是小学班主任开展各项工作的得力助手，也是建设一个良好班集体的重要条件。班委会的主要作用有三个。

(1)榜样作用。

班委会的每一个成员都是小学生中的优秀分子，他们身上有许多良好的人格特征和优秀的道德品质。在班级日常的学习、生活、劳动以及其他活动过程中，能够起到榜样示范作用，并且可以很好地带动班级的其他成员，从而有助于各项班级工作的开展。

(2)助手作用。

由于班级组织的特点，班委会的每个成员都有自己的特定职责，履行职责的过程就是对小学班主任工作的分担和支持。因此，班委会能够很好地协助小学班主任的工作，是班主任工作中不可或缺的助手。

(3)桥梁作用。

班委会是小学班主任和小学生之间的桥梁，通过这个桥梁，班主任可以及时、准确地把握班级成员的想法、愿望、建议与要求，班级成员也可以清晰地领悟班主任的思想、理念、希望和感受。从而有助于小学班主任与班级成员之间建立起一种相互信赖、相互支撑的良性关系。

2. 班委会的构成与职责

小学班委会一般由 6～9 人组成，包括班长、副班长、学习委员、体育委员、文艺委员、劳动委员、生活委员、纪律委员、宣传委员。班委会在小学班主任的指导下，由班长组织和领导，开展班级的各项工作。每个班委会成员都有自己的主要工作职责。

(1)班长的职责如下：

- 制订班委会学期工作计划；
- 定期召开班委会，了解和指导各委员的工作情况；
- 组织主题班会和各种班级活动；
- 及时处理班级偶发事件；
- 负责日常有关工作。

(2)副班长的职责如下：

- 协助班长完成上述工作；
- 在班长不在的时候，全权代理班长完成班长的工作职责。

(3)学习委员的职责如下：

- 帮助、支持、监督各学科课代表的工作；
- 及时发现班级同学学习中存在的问题，并与相关课代表一起及时向任课教师反映；
- 及时指出并纠正班级同学学习中的不良现象；
- 帮助学习成绩落后或者学习困难的学生；

• 组织班级学生交流学习经验；

• 组织班级学习成果展览。

(4)体育委员的职责如下：

• 帮助和督促班级同学认真做好广播体操和眼保健操；

• 组织同学们上好体育课；

• 组织班级同学开展常规体育锻炼，增强体质；

• 组织同学们积极参加学校、社会的各种体育活动、体育竞赛；

• 组织开展各类班级体育比赛。

(5)文艺委员的职责如下：

• 组织班级各种联欢晚会；

• 开展班级各类常规文化活动；

• 组织班内学生的节目排练；

• 组织参加学校、社会的文艺演出。

(6)劳动委员的职责如下：

• 布置劳动任务，安排值日生；

• 制订班级清洁卫生制度；

• 定期组织班级同学进行教室的大扫除；组织同学参加学校、社会的各种劳动；

• 安排同学擦黑板；

• 保管好劳动用具。

(7)生活委员的职责如下：

• 关心班级同学的日常生活，及时帮助有困难的同学；

• 关注班级同学的心理状态，疏导同学们的不良情绪；

• 关心班级同学的身心健康，组织开展相关知识的学习、向同学们宣传卫生保健常识；

• 检查班级同学的个人卫生和教室卫生；

• 参加年级卫生检查和评比活动。

(8)纪律委员的职责如下：

• 检查班级教学、自习课的纪律；

• 关注班级同学纪律方面出现的普遍问题，及时向班主任汇报；

• 组织班级同学进行纪律评比。

(9)宣传委员的职责如下：

• 设计、组织、美化班级环境；

• 组织同学们出黑板报和墙报；

• 负责开展节庆日的宣传工作。

相关链接

请将“官位”变成“岗位”

上海静安区一师附小二(4)班没有传统意义上的班干部，班级按照实际需要设立服务岗位，各项管理工作依靠各岗位上的服务员来完成。全班36名学生，设立27个服务岗位。班上人人有职务，淡化了班干部选举中的功利观念，增强了服务意识。(《新闻晚报》2011年10月27日)

学生干部的评选，历来备受关注，牵动老师、家长、学生的神经。上海这所小学的做法，变“官位”为“岗位”，变“干部”为“服务员”，一定程度上破解了班干部评选的难题。在班上，在同学中，不再有“官”，不再有可以让少数人居高临下的“官位”，只有“人人为我，我为人人”的服务，只有人人参与的服务岗位。这是在学生幼小心灵里“去官本位”的好做法。

(资料来源　陕声祥：《请将“官位”变成“岗位”》，《班主任》，2012年第3期。)

3. 建立班委会的原则

建立一个强有力的班委会组织，是衡量小学班主任工作水平的重要标准。班委会的建立，小学班主任要遵循以下三个原则。

(1)民主性原则。

每一个班委会成员的选拔和使用，都要认真听取班级学生的建议，充分尊重全体同学的意见，选拔大多数学生信赖的学生组成班委会。

(2)用其所长原则。

深入了解每一位班委会成员的个性特征、兴趣特长、能力倾向、优势潜能，用其所长，分配职责，为班级服务。

(3)使用和锻炼兼顾的原则。

使用每一位班委会成员的过程，是利用其能力为集体做贡献的过程，也是使他们自身能力得到开发、锻炼和提升的过程，因此，小学班主任应该创造条件，让更多的学生有机会成为班委会的成员，受到锻炼。

4. 班委会的产生方式

班委会的产生方式多种多样，小学班主任应该根据班级状况、班级工作所处的不同阶段等因素，选择合适的产生方式。

(1)委任制。

委任制也称为任命制，是在全面了解学生的基础上，由班主任直接推举或任命每一名班委会成员。这种方式产生的班委会不仅体现了班主任的意图，也在一定程度上反映了班主任对人的识别能力。这种方式在班级组建之初常常被小学班主任使用，因为此时同学们彼此之间尚不了解。

(2)选举制。

由班级学生直接进行民主选举、确定班委会成员。这种方式体现了大多数同学的意图，由此产生的班委会成员群众威望比较高。如果班级发展稳定、良好，这种方式常常被小学班主任使用，班委会的每一个成员都是众望所归，有利于班级工作的深入展开。

(3)竞争制。

这种方式是在班级同学自荐或者他人提名的基础上，产生班委会成员的候选人，然后通过公平竞争的方式产生班委会成员。这是小学高年级班主任常常采用的一种方式。

(4)轮换制。

这是依据一定的规则，定期轮换班委会成员的一种方式。它打破了班委会成员终身制的现状。其最大的优点是给每个同学都提供了一个施展才能的机会，真正实现了班级生活的公平。这种方式的关键是制订一个轮换规则，以及建立一个保障措施，以实现班级各项工作顺利、有效的衔接。

5. 班干部的培养方法

小学班主任还要加强对班委会成员的培养，使每一名班委会成员都成长为一名出色的班干部。

(1)提高认识。

要抓好班干部的思想教育，要让他们树立为班集体服务的思想，要让他们意识到带动全班同学共同进步的重要性以及要摆正自己与同学的关系。

(2)明确职责。

班干部应该有明确的分工，在工作之初，小学班主任就要帮助班干部明确自己的工作职责，并且经常与他们一起探讨工作的方式方法，鼓励他们开展对自己工作状况的反思，以使他们准确把握自己的工作内容。

(3)悉心指导。

小学班主任要对班干部多一些关心和支持，帮助他们处理好工作和学习的关系，注意对他们进行工作方法的指导，以尽快提升他们独立展开工作的能力。

(4)严格要求。

小学班主任对班干部更要严格要求，对他们的缺点、错误要与一般同学同等对待，而不能姑息迁就。并且注意教育他们与班级同学平等相处，不要因为与班主任接触较多或者承担的工作较多而心生优越感。

(5)尊重信赖。

要充分尊重和信赖班干部，帮助他们树立威信。要大胆使用，热情支持他们。鼓励他们自己策划、组织、安排各种班级活动，对他们取得的成绩要及时肯定、表扬，对他们工作中的失误要宽容，不求全责备，并耐心地帮助他们改进工作。

四、形成正确的班级舆论

班级舆论是在班级中占优势的、为多数同学所赞同的言论和意见。正确的班级舆论是指根据是非标准所做出的符合客观事实的言论和态度。

1. 正确的班级舆论的教育作用

正确的班级舆论一旦形成，就会成为一种潜在的或无形的巨大教育力量，它的教育作用主要表现在：

(1)评论作用。

正确的班级舆论就是一把无形的尺子，随时随地对班级成员的思想和行为做出肯定或否定，支持或反对的评论。

(2)约束作用。

小学生的年龄特点决定着正确的班级舆论，对班级成员的言行举止都有着巨大的约束作用，它远比班主任的语言要求有效得多。

(3)同化作用。

小学生正处于身心快速发展阶段，可塑性强。正确的班级舆论对他们的思想与行为都具有引领作用，它会促使着小学生认同班级正确舆论所反映的思想观点、规范要求，主动跟着正确的舆论走。

(4)动机作用。

正确的班级舆论对真、善、美的肯定与鼓励以及对假、恶、丑的否定与批评，在适宜的条件下，会在学生的内心转化为一种自我教育的内驱力，鼓舞学生努力进取、积极向上、追求自我超越。

2. 形成正确班级舆论的方法

正确的班级舆论不是自然而然形成的，它需要小学班主任和班级学生的共同努力。

(1)加强思想教育，提高班级全体学生的思想道德修养和道德判断能力。

班级学生具有一定的思想道德修养和道德判断能力是形成班级正确舆论的前提。而小学生年龄小，还没有形成正确的荣辱观、是非观、美丑观。因此，小学班主任要经常组织学生学习小学生守则和各种行为规范，使学生掌握正确的价值观念和判断标准，树立起正确的道德理念，从而提高全体同学的道德素养和道德判断能力。

(2)依据班级规章制度，进行奖惩强化。

严明的纪律，赏罚分明，是形成正确舆论的保障。一方面，要及时对符合班级规章制度的行为进行表扬和奖励。奖励方式要考虑小学生的年龄特点，其中，低年级可以以物质奖励为主，高年级则要以精神奖励为主。也可以树立榜样、宣传榜样，选取典型思想、典型事件、典型人物，利用班会、队会、黑板报、墙报、主题活动等方式进行宣传。另一方面，要对违反班级规章制度的行为给予批评和制止，但是不能伤害小学生的自尊心，更不能进行体罚或变相体罚。通过上述做法，在班级里可以扶持正气，抵制邪气，有利于班级正确舆论的形成。

(3)抓好常规训练，严格行为规范。

班级中的小学生具有良好的行为习惯，也是形成正确舆论的重要条件。小学班主任要在日常的生活、学习、劳动、体育锻炼等活动中，对学生严格要求，坚持训练，从小事做起，坚持不懈地开展养成教育，以强化小学生的行为习惯。

(4)抓好班级学生骨干，带动其他同学。

班级学生骨干是学生中的优秀分子，在集体中威望比较高，有一定的号召力和影响力。他们的情感、态度、看法对大家的影响比较大。因此，小学班主任要抓好班级学生骨干的思想教育，使得各项班级工作首先得到他们的认可、支持和响应，借助这些同学的影响力带动其他同学，从而形成正确的班级舆论。

相关链接

中小学生守则

1. 爱党爱国爱人民。了解党史国情，珍视国家荣誉，热爱祖国，热爱人民，热爱中国共产党。

2. 好学多问肯钻研。上课专心听讲，积极发表见解，乐于科学探索，养成阅读习惯。

3. 勤劳笃行乐奉献。自己事自己做，主动分担家务，参与劳动实践，热心志愿服务。

4. 明礼守法讲美德。遵守国法校纪，自觉礼让排队，保持公共卫生，爱护公共财物。

5. 孝亲尊师善待人。孝父母敬师长，爱集体助同学，虚心接受批评，学会合作共处。

6. 诚实守信有担当。保持言行一致，不说谎不作弊，借东西及时还，做到知错就改。

7. 自强自律健身心。坚持锻炼身体，乐观开朗向上，不吸烟不喝酒，文明绿色上网。

8. 珍爱生命保安全。红灯停绿灯行，防溺水不玩火，会自护懂求救，坚决远离毒品。

9. 勤俭节约护家园。不比吃喝穿戴，爱惜花草树木，节粮节水节电，低碳环保生活。

《中国教育报》2015 年 8 月 28 日

相关链接

小学生日常行为规范(修订)

1. 尊敬国旗、国徽，会唱国歌，升降国旗、奏唱国歌时肃立、脱帽、行注目礼，少先队员行队礼。

2. 尊敬父母，关心父母身体健康，主动为家庭做力所能及的事。听从父母和长辈的教导，外出或回到家要主动打招呼。

3. 尊敬老师，见面行礼，主动问好，接受老师的教导，与老师交流。

4. 尊老爱幼，平等待人。同学之间友好相处，互相关心，互相帮助。不欺负弱小，不讥笑、戏弄他人。尊重残疾人。尊重他人的民族习惯。

5. 待人有礼貌，说话文明，讲普通话，会用礼貌用语。不骂人，不打架。到他人房间先敲门，经允许再进入，不随意翻动别人的物品，不打扰别人的工作、学习和休息。

6. 诚实守信，不说谎话，知错就改，不随意拿别人的东西，借东西及时归还，答应别人的事努力做到，做不到时表示歉意。考试不作弊。

7. 虚心学习别人的长处和优点，不嫉妒别人。遇到挫折和失败不灰心，不气馁，遇到困难努力克服。

8. 爱惜粮食和学习、生活用品。节约水电，不比吃穿，不乱花钱。

9. 衣着整洁，经常洗澡，勤剪指甲，勤洗头，早晚刷牙，饭前便后要洗手。自己能做的事自己做，衣物用品摆放整齐，学会收拾房间、洗衣服、洗餐具等家务劳动。

10. 按时上学，不迟到，不早退，不逃学，有病有事要请假，放学后按时回家。参加活动守时，不能参加事先请假。

11. 课前准备好学习用品，上课专心听讲，积极思考，大胆提问，回答问题声音清楚，不随意打断他人发言。课间活动有秩序。

12. 课前预习，课后认真复习，按时完成作业，书写工整，卷面整洁。

13. 坚持锻炼身体，认真做广播体操和眼保健操，坐、立、行、读书、写字姿势正确。积极参加有益的文体活动。

14. 认真做值日，保持教室、校园整洁。保护环境，爱护花草树木、庄稼和有益动物，不随地吐痰，不乱扔果皮纸屑等废弃物。

15. 爱护公物，不在课桌椅、建筑物和文物古迹上涂抹刻画。损坏公物要赔偿。拾到东西归还失主或交公。

16. 积极参加集体活动，认真完成集体交给的任务，少先队员服从队的决议，不做有损集体荣誉的事，集体成员之间相互尊重，学会合作。积极参加学校组织的各种劳动和社会实践活动，多观察，勤动手。

17. 遵守交通法规，过马路走人行横道，不乱穿马路，不在公路、铁路、码头玩耍和追逐打闹。

18. 遵守公共秩序，在公共场所守不拥挤，不喧哗，礼让他人。乘公共车、船等主动购票，主动给老幼病残孕让座。不做法律禁止的事。

19. 珍爱生命，注意安全，防火、防溺水、防触电、防盗、防中毒，不做有危险的游戏。

20. 阅读、观看健康有益的图书、报刊、音像和网上信息，收听、收看内容健康的广播电视节目。不吸烟、不喝酒、不赌博，远离毒品，不参加封建迷信活动，不进入网吧等未成年人不宜入内的场所。敢于斗争，遇到坏人坏事主动报告。

本章小结

了解和研究班级的意义主要有两个：一是有助于班主任与小学生之间建立良好的师生关系；二是有助于班主任各项工作的顺利开展。了解和研究班级的内容包括两项：了解和研究班级的整体情况以及了解和研究班级中学生的个人情况。了解和研究班级要遵循的四个基本原则：全面性原则、经常性原则、发展性原则、客观性原则。了解和研究班级的途径有三个：参阅文字材料、接触班级内的小学生、接触与班级关系密切的人员。了解和研究班级的方法主要有：观察法、谈话法、材料分析法。

小学班级组织和建设的内容包括：确立班级目标、建立班级规章制度、建立班级组织机构、形成正确的班级舆论。

班级目标具有导向功能、激励功能、评价功能。班级目标有远期、中期、近期目标三种类型。确立班级目标的要求有四点：要体现国家教育目的和学校培养目标；目标要有针对性与发展性；注意目标的层次性和多样性；目标必须明确具体。确立班级目标可以采取的方法是：共同制订、班主任制订、小学生制订。

班级规章制度的作用主要有：增强班级工作的科学性与公正性；提升小学生规范自己行为的意识；保证班主任工作的精准定位；培养小学生的责任意识；制订班级规章制度的要求有五点：要有正确的教育理念；要以有关的规章制度和班级的具体情况为依据；要合理、可行、明确、简洁；以正面引导性的语言为主；要让小学生参与班级规章制度的制订。班级规章制度的执行要注意四点：要始终如一地贯彻执行；执行要公平公正，一视同仁；具体方式上可以有一定的灵活性；要有监督机制及时反馈执行结果。

班委会有着榜样作用、助手作用、桥梁作用；班委会的成员有：班长、副班长、学习委员、体育委员、文艺委员、劳动委员、生活委员、纪律委员、宣传委员，各自有着自己的职责。建立班委会要遵循民主性原则、用其所长原则、使用和锻炼兼顾的原则。班委会的产生方式有：委任制、选举制、竞争制、轮换制。班干部的培养方法包括：提高认识、明确职责、悉心指导、严格要求、尊重信赖。

形成正确的班级舆论的方法有：加强思想教育，提高班级全体学生的思想道德修养和道德判断能力；依据班级规章制度，进行奖惩强化；抓好常规训练，严格行为规范；抓好班级学生骨干，带动其他同学。

关键术语

了解和研究班级　班级目标　班级规章制度　班级组织机构　班级舆论

思考题

1. 了解和研究班级的意义是什么？
2. 了解和研究班级的内容有哪些？
3. 了解和研究班级的途径和方法是什么？
4. 如何确立班级目标？
5. 班级规章制度有什么作用？
6. 班委会的构成及各自的职责有哪些？
7. 如何形成正确的班级舆论？

实训练习

1. 到附近几所小学考察，与小学班主任交流，调查他们了解和研究班级的内容和方法，并撰写一份调查报告。

2. 到附近一所小学考察，搜集这所小学班主任组织和建设小学班级的事实材料，并用学过的理论知识对他们的做法进行评价。

3. 到附近几所小学考察，与不同年级的小学班主任交流，了解其班委会产生方式，并做出分析。

拓展阅读

1. 阅读国内近十年来正式出版的专门研究小学班级的书籍和刊物。

2. 阅读教育学书籍、教育理论刊物中专门研究小学班级的相关篇章或栏目。

第五章　小学班级管理

学习目标▶

1. 明确小学班级管理的任务、内容和过程。
2. 掌握小学班级常规管理的内容，并能开展各项常规管理工作。

导入案例

优点记录本

那年，我接手了一个三年级新班。无论课上还是课下，总有学生向我告状："老师，×××没有完成作业。""老师，×××没有做值日。""老师，×××吃零食了。"……

经过观察，我发现部分学生喜欢寻找别人的缺点，并把向老师汇报这些缺点当成自己积极的表现。这样做的结果是，这些被观察的学生反过来观察告状的学生，个个都成了小警察，眼中只看到别人的缺点，而看不到别人的优点。

为了改变这种局面。我在班里开展了"我给同学找优点"活动，要求学生建立"优点记录本"，一是记录别人的优点，二是记录自己每天做得好的地方，取得的进步，并在每周班级举行的"优点交流会"上交流。

在班级"优点交流会"上，学生们纷纷举手发言，"我发现×××爱读课外书，零花钱都买了书。""我发现×××写字很认真，作业本上成绩都是优。""我发现×××特别爱帮助别人，经常把自己的铅笔、橡皮、彩笔借给同学用。"……还有一个学生说："妈妈看到我的'优点记录本'，夸我比以前懂事了，进步了，我心里特别高兴。"

"优点记录本"让学生发现了别人的闪光点，看到了自己的进步，激励着学生们相互学习，不断进步。

（资料来源　王世朋：《优点记录本》，《班主任》，2010 年第 12 期。）

"告状"，是每一名小学班主任都会遇到的问题，作为未来的小学班主任，假如你遇到类似的问题，你会像案例中的王老师那样成功地解决吗？如果能，那你就是一名成功的班级管理者。

班级是一种组织，会出现各种问题，因而需要管理；同时，学校的各项具体工作，也要靠班级管理来落实。小学班主任，作为小学班级组织的第一责任人，必然是班级组织的直接管理者，因此，班级管理是小学班主任工作的又一项重要内容。有效地解决班级中的各种问题，保证学校各项工作的有效开展，无疑是成功地进行班级管理的重要体现。由此，小学班主任应该结合班级的实际情况，全面开展各项班级管理活动，努力搞好班级管理。

第一节　小学班级管理的任务、内容和过程

小学班级管理是一种专门性的工作，有着自己的任务、内容和过程。把握这些

问题可以提升班主任的管理智慧，促使班主任在工作中遵循管理的规律，从而使班级管理工作收到事半功倍的效果。

一、小学班级管理的含义及其任务

1. 小学班级管理的含义

小学班级管理就是指小学班主任根据一定的目的和要求，采用一定的手段和措施，对班级各项工作的管理过程。班级管理的最终目标是为了建设良好的班集体，使每一名学生得到充分、全面的发展。

2. 小学班级管理的任务

(1)建设良好的班集体。

建设良好的班集体，始终是小学班主任的核心工作。它既是小学班级组织和建设的内容，也是小学班级管理的重要任务。

(2)落实学校管理目标，保障学校各项工作的开展与实施。

班级管理是学校内部的基层管理，学校管理目标的落实、学校各项工作的实施，都必须依靠班级管理来实现。班主任要依据国家、学校的要求，结合本班级的实际情况，与学生一起提出班级奋斗目标，制订出班级工作计划，保障学校各项工作的顺利开展。

(3)做好班级常规管理工作。

这是班级管理的一个重要内容，是班级正常发展的必要条件。忽视班级常规管理，必然会导致班级的混乱和问题频发，从而使班级目标的实现成为空谈。

(4)做好班级教育力量的管理工作。

小学班主任不能只是自己“单枪匹马”地开展班级管理工作，而是必须团结、依靠其他各种影响班级的教育力量，实现彼此之间的有力配合。这就需要小学班主任对这些教育力量进行管理，形成一个以班主任为核心、以其他教育力量为依托的班级管理群体，共同完成班级管理。

二、小学班级管理的内容

1. 对班级学生进行思想品德教育的管理

思想品德教育的根本目的，在于提高学生的道德品质。因此，班主任要加强对学生进行经常性的思想品德教育以及行为规范的训练，建立良好的班风。

2. 对班级学生学习的管理

学习管理的根本目的，是提高班级学生的学习质量。班主任应该经常性地对学生进行学习指导，以使学生明确学习目标、端正学习态度、产生学习动机、掌握学习方法、形成学习能力、养成学习习惯，形成勤奋好学的班级学习氛围。

3. 对班级学生劳动的管理

培养社会主义建设者和接班人，培养劳动者是我国的教育目的。班主任要使学生从小养成热爱劳动的习惯，要加强对学生劳动课的管理以及组织学生参加各种劳动的管理。

4. 对班级学生课外活动的管理

课外活动管理的目的是巩固和扩展课堂教学的效果，提高教育质量。班主任不仅要加强对校内课外活动的管理，而且也要加强对校外课外活动的管理。

5. 对班级学生体育、卫生的管理

对体育、卫生的管理，其目的在于增强学生的身体素质，提高学生的健康水平。班主任既要督促学生上好体育课，积极参加体育锻炼和各种竞赛活动，又要督促学生遵守学校的作息制度，搞好教室卫生和个人卫生，养成良好的卫生习惯。

6. 对班级学生安全的管理

安全管理的目的在于保障学生的生命安全，避免出现校园伤害事件。班主任要经常性地加强对学生的安全教育，以提升学生的安全意识，具备一定的自我保护能力，避免伤害行为的出现。

7. 对班级学生生活的管理

生活管理的目的是让学生在班级快乐生活，健康生活。班主任要加强对学生生活的管理，帮助他们解决生活中遇到的问题，教育他们以乐观、积极的心态面对一切。

8. 对班级任课教师集体和学生家长集体的管理

任课教师集体和学生家长集体是班主任工作中可以争取、信任和依赖的教育力量。班主任要加强对他们的管理，团结、尊重、信任和依靠他们，充分调动他们参与班级管理的主动性和积极性。

9. 对班级教室设备的管理

班级教室设备管理的目的是为了给班级学生提供一个舒适、合理、健康的物理环境。班主任要加强对教室内桌凳、灯光、电教设备等物品的管理，使它们保持良好的状态。

三、小学班级管理过程的基本环节

小学班级管理是一种实践活动过程，在这个过程中，必然会有一定的构成要素和实施环节。

1. 小学班级管理过程的要素

（1）班级管理者。

班级管理者是班级管理过程中“管理”的主体，小学班主任是班级的主要管理者，但他并不是唯一的管理者。班级任课教师、学生家长、班级中的每一个学生、其他教职员工都可以在班主任的带动下成为管理者。

（2）班级管理对象。

班级管理对象是班级管理过程中“接受管理”的主体，包括班级生活的全部构成

方面，由人、财、物、时间、空间、信息六个要素组成。人，即全体班级成员，包括全体学生、任课教师、学生家长等，其中，学生是最主要的班级管理对象。财，即班级工作可利用的经费资源。物，即班级可利用的物质设备资源。时间，即班级活动可利用的时间。空间，即教室。信息，即全体班级成员的事实资料。

(3)班级管理手段。

班级管理手段，就是在班级管理过程中，小学班主任为了实现班级管理目标，完成一定的班级管理任务所采用的各种方式方法的总称。

班级管理是一个复杂的过程，上述班级管理的三个要素都有自己独特的作用，缺一不可。同时，各构成要素之间相互关联，相互影响，构成了一个完整的班级管理系统。其中，班级管理者是班级管理对象与班级管理手段之间的中介，班级管理对象是班级管理者选择和使用班级管理手段的依据，班级管理手段是班级管理者对班级管理对象施加影响的桥梁。

明确三者之间上述关系，有助于班主任形成对班级管理的科学认识。

2. 小学班级管理过程的基本环节

班级管理是一种实践过程，是一个从起点，经由发展，再到终点的过程。在这一过程中，可以分为若干个环节，这就是小学班级管理过程的基本环节。一般而言，就小学班级管理的总体过程来说，可以分为四个基本环节：计划、实施、评价、反思。认识、把握小学班级管理过程的基本环节，有助于班级管理者实施科学的管理。

(1)计划。

计划是班级管理的起始环节，是班级管理全程的起点。它是班级管理者对即将开展的班级管理工作所做出的整体筹划，对班级管理的实施、评价、反思等环节起着导向作用。

一个好的班级管理计划要具备下述特点：内容全面、目标清晰、要求明确、分工落实、操作性强。

班级管理计划，是班级管理实施的前提和基础，也是班级管理评价和反思的标准与依据。班级管理计划是班级管理走向科学化的重要标志。

(2)实施。

实施是指把班级管理计划付诸实践，落实为班级管理行为的过程。在这一过程中，班级全体成员积极主动地完成各自所承担的任务，共同为实现预定班级管理目标而努力。

实施是班级管理的中心环节，也是最重要的一个环节，它又包括四个内容：

• 组织。班级管理计划中虽然已对班级中的任务进行了明确分工，但是它不可能自动发挥作用。因此，在班级管理的实施环节中，第一步工作就是根据计划的要求，把人、财、物合理配置起来，保证任务分工落到实处，保证人尽其才，物尽其用。同时，制订必要的规章制度，保证班级管理工作的健康运行。

• 指导。在实施阶段，常常会出现一些问题，比如，工作目标不明确、工作方法不科学、工作进程不顺利等，班主任要针对各种情况及时做好指点和帮助，在思想上疏导，在工作上点拨，在情感上交流，从而保证班级管理工作的顺利实行。

• 协调。在班级管理的实施阶段，班级的各种因素之间难免会产生这样或那样的矛盾，这就需要把各种关系处理好，使之职责分明，步调一致，关系融洽，这就是协调。协调的目的，是保证班级管理工作不停滞，不偏离方向，并且减少内耗，提高工作效率。

• 激励。激励是指运用物质和精神鼓励的手段，激励班级成员的进取心，增强他们的责任感，以保持和提高大家实施班级管理计划的积极性和创造性。

(3)评价。

评价也可以称为检查，是指在班级管理的同时，小学班主任根据班级管理计划中所确定的要求，灵活采用各种检查方式，对班级管理实施中的各种具体情况进行及时监督和阶段性的价值判断，以纠正班级管理中出现的偏差，这一过程即称为评价。

班级管理的评价是保证班级管理计划得以真正落实或者完善的关键环节，更是保证班级管理目标得以真正实现的一种重要手段，否则，没有检查，班级管理目标就有落空的危险。

(4)反思。

反思也可称为总结，这是班级管理过程的最后一个环节，是一个完整的班级管理过程的终点。它是指在班级管理的后期，在既往的班级管理评价的基础上，对已经结束的班级管理工作进行总分析和总评价。既要肯定成绩，又要找出差距，并形成终结性结论，为下一轮的班级管理过程提供参照。可以说，班级管理的反思既是对既往的班级管理过程的总分析、总评价，也是为开启下一个班级管理过程奠基，因此，它具有承前启后的作用。

第二节　小学班级管理的常规工作

小学班级管理是一个有计划、有目标的实践活动过程。其中一个重要的组成部分就是做好小学班级管理的常规工作。它包括以下几个内容：

• 制订班主任工作计划；

• 进行班级思想、学习、体育卫生、劳动、安全的管理；

• 班级环境的管理；

• 开展班级学生的综合素质评价；

• 做好班主任工作总结。

一、制订班主任工作计划

1. 班主任工作计划的类型

按照时间来划分，班主任工作计划可以分为：学年班主任工作计划和学期班主任工作计划，前者是对一学年班级工作的目标、要求、内容、步骤、方法等方面的预先设计；后者是对一学期班级工作的目标、要求、内容、步骤、方法等方面的预先设计。按照内容来划分，班主任工作计划可以分为：综合性班级工作计划和单项性或专题性班主任工作计划。前者是对班级所有工作的整体规划，后者是对某一时期、某一阶段的某一项工作的预先设计。

2. 制订班主任工作计划的要求

(1)方向性。

方向性是对班主任工作计划最基本的要求。班主任工作计划要坚持正确的方向，从大的方面来说，必须体现我国教育目的中促进学生德、智、体、美、劳全面发展的教育要求，从小的方面来说，必须体现学校教育工作的整体要求。它的主旨必须是符合社会正确方向的、正面积极的、有利于学生健康成长的。

(2)针对性。

班主任工作计划是班主任和学生共同实施的行动方案和工作指南，它必须具有一定的针对性和适宜性，以保证班级工作计划的可行性，即计划中的内容经过一定的努力都能够圆满做到。因此，依据班级实际制订班主任工作计划是必然要求，班级发展的现实状况应该是班主任工作计划的起点或依据。

(3)连续性。

班主任工作计划的制订应该是在审视、反思前期班级管理工作全程的基础上进行的，是前期班级管理工作的深入、延展或提高。比如，对前期已经完成的某些工作提出新要求、新目标或新思路，对前期存在明显问题的某些工作提出完善措施等。

(4)创造性。

每一期的班主任工作计划都是在既往的基础上制订，但又不能是原有计划的复制与翻版。不同时期、不同时段的班级，其发展都具有一定的独特性。因此，每一次的班主任工作计划都应该富有创意，尤其是在班级管理措施上应该不断创新，体现时代特色。

(5)操作性。

班主任工作计划不能只是提出一些抽象空洞的条文、一般性的号召以及几条宽泛性的措施，而应该是提出可行的目标、明确的要求、存在的工作难点、可以采用的具体措施、合理的工作进程安排以及人员的任务分工等，最好按照周次排列出来，便于对班主任工作计划的执行和检查。

3. 班主任工作计划的内容

班主任工作计划可以有许多形式，但是，任何形式的班主任工作计划都必须体现以下几个基本内容。

(1)对班级情况的分析。

第一项，对班级基本状况的分析。比如班级学生总数、性别比例、年龄结构。

第二项，对班级发展情况的分析。比如班级学生在德、智、体、美、劳等方面的发展状况、不同层次学生的分配比例、班级中的人际关系状况、班级风气等。

第三项，对班级存在问题的分析。包括班级整体存在的突出问题、不同学生存在的典型问题，以及这些问题带来的不良影响等。

(2)班级管理目标。

班级管理目标是班级管理工作预期达到的结果，或者说通过班级管理工作使班级学生所要达到的预期发展目标。

(3)班级管理工作的内容和措施。

这部分内容是班主任工作计划的主体，是对班级管理所有工作的布置和安排，是对班级管理工作的每一项具体任务和完成这项任务所要采取的具体措施的说明。班级管理工作的内容和措施的表述或安排方式有两种，一种是以时间为主线纵向表述或安排，按照由前往后的时间顺序设计班级管理工作；另一种是以内容为主线横向表述或安排，按照德、智、体、美、劳等不同主题设计各方面的工作。当然，在实际工作中，也可以将两种方法结合起来使用。

(4)班级工作计划的检查措施。

这部分是指，在班主任工作计划中要明确写明对各项工作的检查或评价方式，包括检查时间、方法、标准、责任人、奖惩措施等。

4. 班主任工作计划的制订

任何班主任工作计划的制订都不是一蹴而就的，而是一个需要付出大量劳动的过程。一般来说，都会经历三个阶段。

(1)酝酿阶段。

这个阶段的任务有三个：一是研究国家的教育方针、政策以及学校的教育理念、工作计划；二是了解班级的基本情况，收集事实资料；三是发扬民主，与学生交流，倾听学生的建议或思考。

(2)写出草案阶段。

这个阶段的任务有两个，一是在对上述大量材料整理和分析的基础上，形成班主任工作计划草案；二是组织任课教师、学生家长、学生干部、普通学生等班级各种教育力量广泛参与，反复讨论，不断对班主任工作计划的草案进行修改。

(3)形成阶段。

在前期的基础上，形成最终的班主任工作计划。

相关链接

2015年小学班主任工作计划

一、指导思想

以学校总体工作计划为指导，以深入开展素质教育和创新教育为目标，围绕学校主题教育活动，提高学生的思想素质和科学文化素质，以爱国主义教育为主线，以学生的行为习惯的养成为主要内容，注意培养和提高学生的基本道德。规范班级日常管理工作，开展丰富而有意义的少先队活动，努力探索班级工作的新特色。

二、本班学生现状分析

我班共有学生44人，其中男生18人，女生26人，男女人数失衡。学生来自周边各个村寨，在个性、学习习惯等方面都存在很大的差异，其中班干部5人，没有品德特殊的学生。

具体情况分析如下：

品德方面，本班学生热爱学校、班集体，团结上进、思想端正、遵守纪律、尊敬师长、热爱劳动。能按照《小学生守则》来规范自己的言行。但由于种种原因，部分学生身上仍存在着以自我为中心、纪律观念淡薄等现象，可以通过集体教育来转化。学习方面，本班学生热爱学习，有良好的学习习惯。上课大部分专心听讲，发言积极，作业美观大方。个别学生学习习惯不好，上课不能集中注意力听讲，需要进行个别辅导和特别的关注。家长大多是农民。家长能支持老师的工作，但不重视家庭教育，希望与教师积极配合，共同教育好孩子。班级特点，本班学生爱学习、守纪律。男生活泼、好动，爱表现；女生文静、可爱，不爱张扬。总的来说，班级特点比较稳，但稳中有活。

三、班级工作重点及目标

班级教育工作重点：加强行为规范的养成教育，培养学生良好的行为习惯，继续进行热爱班级的教育、团结同学的教育，搞好心理健康教育。

具体工作：

(1)继续抓好五年级学生的常规养成教育，培养良好行为。

(2)搞好班级卫生工作管理、学生的日常行为培养，争创卫生、文明示范班。

(3)搞好每位学生的自我保护教育，增强安全意识，形成一定的能力。

(4)搞好每位学生的心理健康教育，使其身心都能得到健康地发展。

(5)使学生爱科学、学科学，主动探索新知。

本班学生奋斗目标：

1. 形成健康向上的良好班风，增强集体凝聚力。

2. 争当学校的“优秀班集体”。

3. 发展个性特长，促进身心健康。

具体工作：

(1) 鼓励支持学生积极参加学校、班级的各项活动，力争优异成绩，锻炼能力，培养其集体荣誉感。

(2) 注意育人环境的美化，充分发挥其育人功能，建立各种生动活泼的评比栏。

(3) 开展丰富多彩的主题班队会，在集体活动中增强班级的凝聚力，形成良好的班风。

四、常规管理措施

1. 学习方面，为使学生在学习上形成你追我赶的良好风气，制订以下措施：

(1)建立健全评比制度，班里建立全方位量化评比栏，学生在某一方面表现好就可以随时加分，学生每得到20分，就可以换一个奖励。表明学生在各方面都有显著的提高。对每个小组的学习、纪律、卫生情况进行评比，鼓励学生团结合作，培养集体荣誉感。

(2)建立本班的“学习小组”，前后位四个同学为一组，选出小组的组长。“学习小组”中的四位同学要互相帮助，团结协作，共同努力，才能取得好成绩，这一方法培养了同学们的团结协作精神，也是转化后进生的一条有效途径。四人小组的组长不是终身制，而是竞争上岗，谁的奖章多谁就担任，如果下一次评比你超过了组长，那就可以取而代之，这也培养了学生的竞争意识。

2. 文明行为方面，为进一步规范学生的行为，让学生的日常行为也参与评比，具体做法如下：

(1)学生在到校、课堂上、课间、两操、放学等方面表现好的发奖卡，不好的适当减奖卡，由每组的组长记录。

(2)定期对学生进行道德行为教育。

(3)利用“优秀小组”的评比，要求小组中的每一位组员都要规范自己的行为，齐心合力才能成为“优秀小组”。

3. 卫生方面，通过四年的锻炼，学生能够打扫卫生，但不够认真仔细，为此我将采取以下措施：

(1) 进一步对卫生小组长进行培训，指导他们如何分工，责任到人，增强小组意识，起到模范带头作用。

(2) 卫生委员和每天的环境小卫士分工明确，把教室内外检查整理干净，警告卫生习惯不良的同学，做好记录。有大问题及时向老师汇报。

(3)每天由卫生委员检查个人卫生。

(4) 综合各方面表现，结合卫生委员的记录，每周评选一次“卫生标兵”。

五、德育工作措施

在德育方面的工作，要处处与学校教育保持一致，搞好班级的育人环境，在班内内张贴“团结、勤奋、求实、创新”的校风标语。培养班干部的责任心，号召他们积极帮助后进的同学。班主任本着“抓两头，带中间”的原则，不忽视中间学生，让他们同样受到老师的关心，有积极上进的动力，从而也成为优秀的学生。班主任要“学高为师，身正是范”，时刻做学生的表率，身教重于言教。

六、学生心理健康教育

1. 班主任要积极学习心理健康方面的知识，以便做好学生的心理健康教育，正确地给予教育。

2. 对少数有心理问题的学生，要多与这些孩子交流或与家长取得联系，实施有计划的教育。

3. 上好心理辅导课，培养学生健康的心理品质。

随着社会的进步，学生的心理健康教育问题越来越受到人们的普遍关注。有的孩子因为家庭、社会的原因会出现各种心理问题。作为班主任，对学生加强心理健康教育就显得尤为重要。

（资料来源 聘才网，《2015 年小学班主任工作计划》，2015-04-07。）

二、进行班级思想、学习、体育卫生、劳动、安全的管理

1. 班级思想管理

相关链接

“赞美板”的魅力

爱告状是小学生的特点，但不知为何，最近班里告状的现象特别严重。每天一下课，学生们就开始追着我告状，不是有人碰了自己，就是谁动了别人的东西。起初我并未在意，可渐渐地，我发现班级纪律开始涣散，同学之间出现了不团结甚至打架的现象，学生们好像十分浮躁、疲惫。

这个现象引起了我的反思：学生每次来告状，我都没有给予足够的重视。其实学生来告状，说明他遇到了问题，想要寻求帮助，却被我拒之门外。看来，我必须要做点什么了……

第二天早上，我把新买的一块精美的磁力板挂在教室墙上，这一举动吸引了全班学生的目光。我看着大家，缓缓地说道：“同学们，这是我给大家请来的新朋友，它能使大家更团结，你们相信吗？”

“不信！”学生们异口同声。

“这块磁力板，我称它为‘赞美板’，你们可以把自己看到的好人好事或者同学的优点长处写下来贴在上面，它就会起作用了。”说着，我从书中取出一张刚写好的小纸条大声念道：“早晨，我来到学校，发现陈晨同学在认真地打扫教室，所以

我们才能够在如此干净的环境里学习，谢谢你！”读完，我把纸条贴到了磁力板上。只见陈晨自豪地扬起了下巴，全班同学都向他投去了羡慕的目光。

从那天起，磁力板上每天都会出现几张小纸条：××同学的作业进步，助人为乐，不乱扔垃圾；××同学爱护花草，节约用水，尊敬老师，等等。学生们一些细微但做得很好的行为都会出现在“赞美板”上。每周的班会上，我会请大家评一评，谁写的表扬稿最多，最能发现身边的好事；谁被同学表扬的次数最多，最愿意为大家做事。就这样，班里的告状现象少了，好人好事多了起来。最让我欣慰的是，还有学生在“赞美板”上“表扬”了我：“老师，您今天上课时用眼神鼓励我大胆举手发言，谢谢您！”

孩子们多么可爱啊！他们已经学会了感谢，学会了赞美。可见，作为老师，我们不能忽视孩子的任何一种行为，因为那是在向你传递着某种信息。只有蹲下来看儿童，关注他们的生活，走进他们的生活，才能为师生间的良好沟通、为我们的教育打开那扇成功之门。

（资料来源　赵红阳：《“赞美板”的魅力》，《班主任》，2013 年第 2 期。）

班级思想管理是指要时刻加强小学生的思想品德教育和加强班级行为常规管理，这是小学班级管理常规工作中的一项重要内容，它影响着班级发展的方向，甚至制约着班集体的形成。这项工作的内容很广泛，其中最主要的有两点。

(1)开展社会主义基本道德规范和小学生日常行为规范教育：

• 爱祖国、爱人民、爱劳动、爱科学、爱社会主义教育；

• 品德、生活方式、人际交往、学校学习和生活、家庭生活、公共场所和社会生活等方面的养成教育。

(2)加强班级行为常规管理：

• 考勤。考勤有全勤、病假、公假、事假、迟到、早退、旷课等。班主任要对班级学生上课、自习、各种活动、集会的出勤情况进行统计，在不同的时间可以交给不同的人负责，并告知他们及时上报班主任。班主任要根据考勤统计进行总结，要分别有一天、一周、一月、一学期、一学年的总结，每次总结结束要及时向班级学生通报结果，并采取必要的强化措施。通过考勤，规范班级的请假制度，对不能自觉遵守请假制度者，要给与批评教育，严重者要给与纪律处分。

• 集会纪律。升旗、全校性大会、班会、队会及其他各种集会，要对学生提出纪律要求，比如安静、有序等，并时刻督促、提醒学生自觉遵守纪律。

• 仪表。班主任要对班级学生的仪表提出经常性的要求，比如衣着整洁、讲究个人卫生、保持学习用具的干净整齐等，还要有必要的检查与奖惩措施。

• 两操表现。班主任要求学生认真做好课间操和眼保健操，要安排专人负责督促、检查，以促使学生养成习惯。

2. 班级学习管理

(1)建立规范的教学秩序：

- 指导学生制订合理、可行的学习计划；
- 教会学生养成课前预习的习惯；
- 制订课堂规则，加强课堂管理；
- 指导学生完成作业，及时巩固知识。

相关链接

小学生课堂常规要求

一、课前准备：

1. 教学设备：电教设备开启完毕，黑板擦拭干净。

2. 上课前必须准备好本节课要用的所有学习用品，书本统一放在课桌左上角，文具盒横放在书桌上方，学具放在铅笔盒下方。

二、候课：预备铃响时，要立即进入教室安静等待老师上课。

三、问好：上课铃响，教师走进教室，环视四周，提示同学要上课了，待学生注意力集中到老师这里后，发出口令“上课”，班长喊“起立”，全体同学立正向老师行注目礼，老师说：“同学们好”后，同学们齐答“老师好”，说“好”字时行鞠躬礼，“好”字结束后即站直，老师还礼后坐下。坐下要安静、端正。

四、坐姿：抬头挺胸身体坐直，双脚自然叉开与肩同宽，双手自然放上或放下，手里不玩弄小物品。

五、举手：右手自然举起，五指并拢，向上举直不离开桌面。

六、倾听：别人讲话时，要坐姿端正，专心致志地听。应学会边听边想，思考别人说的话的意思，能记住别人讲话的要点。不打断同学的发言，等别人讲完后再举手，得到同意可以发表自己的观点。

七、阅读：读书时，双手握书，使书与桌面夹角成135度。课堂阅读分朗读与默读。朗读要求正确、流利、有感情，用普通话读，发音标准，吐字清晰，声音响亮。不重复字句，不顿读，不指读，不唱读，不读断句。默读的要求是：保持安静、神情专注、态度认真、思维集中、动手动脑。

八、表达：

1. 要求大方自然，声音响亮，口齿清楚；低年级能说完整的话，中高年级能说完整、连贯、规范的(长)话。

2. 表述形式：语言亲切，态度诚恳，便于交流。质疑时，用“为什么……”“我有一个问题：……”“请问#老师(##同学)”等句式。回答问题时，用“读了这段话我知道(明白)了……”“我是这样想的……”“我体会到……我是从这段话体会到的……”等句式。参与讨论时，用“我认为……”“我还认为……”“我有不同意见……”“我补充……”“我们小组的意见是……”等句式。

3. 到前面表达：走到适当的位置双脚自然站立，跟同学问好，目视同学，做到声音洪亮、落落大方表达。

九、质疑：要有充分的自信，敢于发表意见，不懂就问。在学习中要善于发现问题。应该抓有意义的问题质疑，提高自己的质疑能力。

十、执笔姿势：笔杆与练习本平面呈60度夹角，食指较大拇指稍低，握笔点与笔尖距离保持3～4厘米。（拇指食指捏住笔，中指抵住笔杆底。余下两指紧相依，指离笔尖一寸余。）

十一、书写姿势：身体正，脊柱直，两臂平放桌上，不耸肩，不歪头，不伏在桌上，大腿呈水平状态，两足着地；眼离书本一尺，身离桌子一拳，手离笔尖一寸；写字时要把练习本放在胸部正前方，左手按住练习本，右手握笔，做到笔画清晰、字体规范。

十二、阅读姿势：端坐朗读，双手捧书，在身体正前方，拇指扣压课本，书与桌面大约成45度角；站立朗读，左手捧书，右手拇指和小指扣压课本；默读批注，课本平放展开于桌面，左手轻按课本，右手拿笔圈点勾画；拿书放书做到毫无声息。

十三、讨论：轻声讨论，积极发言，注意文明用语；讨论时注意倾听，不随便打断他人的发言，待后可以补充。

十四、合作交流：

1. 认真听清老师提出的问题，先独立思考解决的方案。

2. 在组长的组织下，认真听取同伴的意见，并准备好自己对同伴发言的评价。

3. 在组长的安排下，积极主动地表达自己的观点。

4. 在合作交流的过程中，培养自己的合作技能。（听取、说明、求助、反思、自控、帮助、支持、说服、建议、协调）

5. 在合作交流的过程中，努力培养自己的合作意识。

6. 认真听取同伴、组长、教师的评价。

十五、作业：要养成爱护簿本的良好习惯。作业时坐姿端正，努力做到“三个一”。作业必须按时、认真完成并及时订正，课堂作业尽量当堂完成。

十六、下课：听到下课铃声，当老师宣布下课时，由班长口令“起立”，学生：“×老师，再见”，老师：“同学们再见”互致敬礼，然后学生整理好桌面上的所有书本放入抽屉，摆齐桌、凳，离开座位后必须把凳子靠入课桌下。

十七、室外上课：前一节下课就做好准备，没有课间休息，由课代表（或班主任）组织去完洗手间直接排队到活动室上课。排队行进间不大声喧哗，做到安静有序去上课。

十八、课后规范

1. 宣布下课前，每位任课老师要叮嘱学生快速收拾整理本节课用具，把黑板擦拭干净，并准备好下节课的学习用品。

2. 老师示意下课后，班长发“起立”口令，师生相互问好。老师走后，学生方可离开座位，不得一哄跑出教室，教室内要始终保持安静状态。

3. 有外来客人听课时要在课前问“客人好”，下课时说“客人再见”，客人走后方可离开座位。

（资料来源 新浪博客，二三班的博客，http：//blog.sina.com.cn/u/2630617045）

(2)抓好自习课、考试纪律。

班主任要对学生的自习课提出明确要求，包括保持安静、秩序良好、不随意离开教室等。同时，加强对考试的管理，包括对考试的认识、考试纪律、违纪处分等方面的教育。

(3)建立定期的学习检查制度。

检查内容包括：学习任务的完成情况、学习纪律的执行情况、学习时间的安排情况、学习成绩的变化情况。

(4)建立常规性的学习经验交流制度。

可以是小范围的学习经验交流，比如以小组为单位进行，一周一次为宜；也可以是全班性的学习经验交流，一学期 2～3 次为宜。

(5)建立学习奖励制度。

可以设立学习优秀奖、单科成绩优秀奖、学习态度奖、学习进步奖等，对学生的成绩与进步进行及时的肯定与鼓励，而且要经常进行，以激励学生努力学习。

3. 班级体育、卫生管理

(1)班级体育管理：

- 早操和课间操；
- 课外体育锻炼；
- 各种运动比赛。

小学班级体育管理，要求小学班主任要注意：

- 要做好思想工作，让学生认识到班级体育的重要性；
- 要培养体育骨干，发挥他们的示范与引领作用；
- 组织各种活动并辅以各种强化手段，激励学生的热情。

(2)班级卫生管理：

- 教育和督促学生严格遵守作息制度，争取各科任课教师和家长的配合，确保学生的休息时间；
- 教育和督促学生保持教室卫生；
- 教育和督促学生注意用脑卫生和用眼卫生；
- 教育和督促学生养成良好的卫生习惯。

4. 班级劳动管理

(1)班级劳动管理：

- 小学生自我服务性劳动管理；
- 小学生社会公益劳动的管理；
- 小学生勤工俭学劳动的管理。

(2)班主任可以采取的办法有：

- 开展丰富多彩的活动，提高小学生参与劳动的自觉性和积极性；
- 建立健全科学、合理的考试制度，并争取各方面教育力量尤其是家长的配合。

5. 班级安全管理

- 组织形式多样的活动或利用班会时间，开展安全知识的普及、宣传教育，强化学生的安全意识，丰富安全保护知识，提升其自我安全保护能力；
- 建立班级安全规范，内容可以涉及班内、校内、校外、家庭等方面；
- 调动校内、校外各种教育力量，开展班级安全的检查与督促工作，保证班级安全规范的落实，并最大限度地排除安全隐患；
- 建立激励机制，比如评选“安全小卫士”“安全小标兵”等。

三、班级环境的管理

班级环境的管理是指班主任要做好班级环境建设，它是小学班级常规管理的重要内容。

1. 班级环境管理的作用

(1)陶冶作用。

良好的班级环境让学生感到身心舒畅，精神愉悦，学生置身其中，能够陶冶性情，涵养品质，对小学生的身心健康发展是有益的。

(2)暗示作用。

任何一种班级环境的建设都是班主任先进的教育理念尤其是高尚的道德理念的体现。因此，良好的班级环境会以其自身独特的方式时刻向学生传递出积极、正向的信息，并且会产生一种独特的影响力，从而引导学生接受一定的价值观和行为准则，促使学生朝着社会所期望的方向发展。

(3)激励作用。

良好的班级环境可以鼓舞学生奋发向上的精神力量，激励着学生不断进取，为集体贡献自己的一份力量。

2. 班级环境管理的内容

(1)小学班级物理环境建设：

- 教室物理环境，包括教室的温度、光线、空气、色彩、声音等因素。教室物理环境建设的目的是舒适、健康。

• 课堂座位编排方式，除了现在通用的秧田式座位编排，还可以采用：马蹄型、圆型、半圆型、小组式等方式。课堂座位的编排方式追求的目标是激发学习热情，促进教学。

• 教室其他空间的布置，包括墙壁、角落、讲桌、窗台、黑板两侧等。这部分建设的目标是优美、温馨、具有教育价值。

相关链接

夏天里的“手绢之家”

夏天到了，孩子们稍一活动就满头大汗，而当他们满身是汗地回到开着空调的教室，就很容易感冒。为了防止学生着凉，我每次都叮嘱他们赶紧把汗擦干。于是，孩子们使用了各种办法，用衣袖擦，用手抹，更多的是用纸巾擦。孩子们擦完汗，纸篓里便多了很多废纸。用衣袖和手擦很不卫生，用纸巾又太浪费，怎样才能让孩子们环保卫生地擦汗呢？

我想到，我们小时候每个孩子都会装着一块小手绢，用来擦汗既方便又环保，于是决定在班里发起一项活动——让手绢取代纸巾。可是，使用手绢也面临着不小的麻烦：孩子们用手绢擦完汗必须及时清洗，可教室里没有晾晒手绢的地方，把手绢放在哪里既干净又不会弄湿其他东西呢？我想到改造饮料瓶制作“手绢之家”，这个办法既能解决晾晒手绢问题，还能锻炼孩子们动手和创造能力，当我把活动方案想好之后，就把任务布置给孩子们，从他们惊喜的脸上可以看出，他们非常乐意参与其中。

孩子们利用周末自己动手制作了“手绢之家”。周一早上，当他们拿着精心制作的各具想象力的“手绢之家”来到教室时，我欣喜地宣布我们班夏季节能行动正式开始，要求尽量不使用纸巾；在清洗手绢时要节约用水；手绢要定期带回家消毒；不互相借用手绢；坚持使用一个夏天。

这项活动很受孩子们欢迎，他们一直坚持着，有些孩子还把“手绢之家”带回家里，推荐给家人和邻居。

把环保理念一点点分解成孩子们乐于接受的小活动，让他们在活动中去体验，去感受，他们就会发自内心地去接受，从而自然而然地养成良好的习惯。

（资料来源　柴婷婷：《夏天里的“手绢之家”》，《班主任》，2014 年第 8 期。）

(2)小学班级精神环境建设。

小学班级精神环境是一种看不见、摸不到的隐性环境，小学班级精神环境建设内容包括班级人际关系、班级风气两个方面：

• 班级人际关系建设，包括师生关系、生生关系、亲子关系建设。班主任要采取一定的措施，促进班级良好人际关系的建立。

• 班级风气建设，班级风气是班级中占优势的情感、态度和价值观的综合。班级风气建设内容包括学风、教风、考风以及纪律习惯等。

相关链接

老师，我忘记了

班里有个学生叫马贺，身体有些缺陷，走路不稳，说话吐字不清，做作业速度很慢。在班级生活中，他常被一些学生取笑而引发口角，我在班里说过多次，但还是时有发生。

一天，学生告诉我马贺被人打哭了。我马上找到他询问当时的情景，没想到，他低头想了想，然后望着我天真地说："老师，我忘记了！"忘记，怎么可能，这可是刚发生的事啊！顿时一种难以名状的感动冲撞着我的心，这是怎样的一个孩子啊，在他幼小的心灵里总是装着友善和宽容，这是多么纯真的情感！也许他不清楚未来的道路是平坦还是充满荆棘，也许他不知道日后他面临的世界是充满阳光还是冷漠黑暗，但至少现在的他是快乐的，因为他心中没有恨。他把世人都看得那么善良，哪怕是被人嘲笑和愚弄，他都看作善意的玩笑而选择忘记，这需要多广阔的心胸啊！

看着马贺蹒跚地走向自己的座位，我忍不住泪眼蒙眬。我为有这样懂事的学生而骄傲，此刻，我有很多话要说，对自己，对其他学生。

于是，我抓住机会在班里谈了自己受到的感受，并把马贺的话反复强调了几遍。我告诉学生，"我忘记了"本是多么平凡的一句话，却出自一个受了欺负的有生理缺陷的孩子之口。学生们也被感动了，那两个当事孩子不好意思地低下了头，当众承认了过错，并郑重向马贺道歉。马贺笑了，他笑得好灿烂，学生们随即鼓起掌来。我相信，孩子们会永远记得那一幕，记得那句"我忘记了"。

从那以后，我班学生很少因为一点小事就闹别扭，相反，经常挂在嘴边的是"对不起""没关系"，就会立刻化解彼此间的摩擦。与此同时，马贺也开始变得开朗了，他经常举手回答问题，尽管学生们仍会窃笑，但那是善意的、真心赞叹的笑。

（资料来源　王珉：《老师，我忘记了》，《班主任》，2013 年第 2 期。）

四、开展班级学生的综合素质评价

开展班级学生的综合素质评价包括两项工作：学生操行的评定和"三好"学生的评选。

1. 学生操行的评定

小学班主任对学生进行操行评定的主要内容有：道德品质、学习态度和成绩、个性特征、身心健康状态等方面。

进行操行评定的要求是：态度要诚恳，内容要全面、客观、实事求是，表达要明确，言之有物，语言要温馨，以鼓励性的语言为主。

相关链接

小学班主任评语

1. 在老师的心目中，你是一个文静、懂事、爱学习的好孩子，也是一个得力的好助手，在同学的心目中，你是一个好榜样，你能热心助人，关心同学，体贴别人，还能写出一手漂亮的字，每当老师批到你的作业时，总觉得是一种享受，希望你今后要大胆些，争取更大的进步。

2. 你聪明能干，做事很有主见，老师很喜欢你，不过现在你比以前调皮，上课时发言少了，课后动歪脑子，使劲地玩是少不了你了，你说是吗？老师不希望你这样做，只希望你与优秀生比一比，找出自己与别人的差距，你才会有进步，才会更优秀，让别人更加喜欢你。

3. 你的作业是那么认真、专心，从作业中可以看出你是一个爱动脑的孩子，课堂上，你总是举起小手，回答老师提出的问题，每当你是值日生时，总是拿起拖把认真地拖地，你干得非常起劲，虽然你写的字比以前好多了，但还要努力，争取能写出一手漂亮的字。

4. 你见到老师总能礼貌相待，老师觉得你比以前懂事了，学习比以前认真，作业能按时完成，字迹清楚端正，你关心集体，每天都能把班级里的毛巾洗干净，老师希望你上课积极发言，争取更大的进步。

5. 每次批到你的作业时，我总觉得你的字在进步，每当你见到老师时，总是礼貌相待，每次值日时，你干得是那么起劲，课堂上，我总能听到你满意的回答，你真的在进步了，作业比以前认真，不过，这次考试你没有认真对待，失分太多了，老师希望你下次考试更加细心点。

6. 你见到老师总是礼貌相待，你能关心集体，热爱劳动，喜欢看课外书，爱做手工，你心灵手巧，老师是很佩服你的，但你令老师生气的是，上课时总是有做不完的小动作，不知你有没有决心改掉这个坏习惯。如果你能改掉的话，老师会很喜欢你，你的学习成绩也会有很大的提高。

7. 在老师的心目中，你是一位得力的小助手，也是一位爱学习、懂事的好孩子，你平时大胆，喜欢跟同学交朋友，语言表达能力较强，希望你今后更加严格要求自己，戒骄戒躁，你会更优秀。

8. 你是一个聪明、文静、大方、爱清洁、爱学习的女孩，你能出好班级里的黑板报，每天领好体操，为同学做榜样，老师希望你作业时还要细心一点，你的成绩将会更优秀。你学习认真，作业细心，能写出一手漂亮的字，上课时也经常能看到你举手发言，这是你的一个进步，平常值日工作比较负责，能认真拖地，体育锻炼也比较认真，老师希望你更加努力学习，戒骄戒躁，力争上游。

（资料来源　评语网，2014-01-13）

2.“三好”学生的评选

“三好”学生的评选要力求科学化、艺术化，要做到：

- 树立正确的理念，评选是为了促进发展；
- 搞好动员工作；
- 掌握原则，坚持标准；
- 坚持民主评定；
- 表彰优秀的同时，搞好善后工作。

相关链接

“三好学生”评选风波

下午班会课，我们班开展了“市级三好学生”评选活动。这是一次让学生充分发扬民主、展现自我、激励自我的良好时机。我首先宣读了“市级三好学生”评选条件，然后让大家认真思考，选出自己心目中的“市级三好学生”。

教室里慢慢有了议论声。我细心地观察着孩子们：有的几个人聚在一起激烈地讨论着，有的思索着，有的观望着，有的胸有成竹地填写着选票……

经过投票，学习委员刘一一以领先班长王辉一票的微弱优势当选，教室里响起了热烈的掌声，许多同学向刘一一投去了赞许和羡慕的目光。掌声中我分明看到王辉脸上满是失落，眼神中露出深深的沮丧。王辉聪明伶俐，团结同学，在同学中威信很高，看来评选结果对他打击不小。

评选“市级三好学生”是好事，我不能让它对孩子的心灵造成伤害。想了想，我走上讲台，笑着对大家说：“谁能说说选刘一一的理由？”

许多学生举起手，有的说刘一一学习优秀、纪律好；有的说他乐于助人，帮助同学提高学习成绩；有的说他将自己的课外书送给同学看；有的说他在演讲大赛上为班争光……

王辉仔细地听着，脸上的表情渐渐发生了细微的变化。这一变化告诉我：王辉已经认识到刘一一的表现确实优秀，许多同学把刘一一当成学习、生活中的榜样。

我让刘一一发表“获奖感言”。他很激动，感谢大家的信任和鼓励，真诚表示以后会更加努力学习，团结同学，做老师的得力助手。同学们又一次给予了热烈的掌声。

我说："同学们，在老师心目中，你们都是好孩子，都是最棒的。我永远记得，徐明在校运会上夺得百米第一名，张蕾在歌咏比赛中为咱们班夺得荣誉，齐晓健每天第一个到校为班里生炉子，杨昊每天都把垃圾桶整理得干干净净，王辉时时刻刻为大家着想，每天放学都把班里的窗户认真关好……"

我动情地说着，孩子们认真地听着，从他们清澈的眼睛里我知道自己已经走进了他们心里。"同学们，今天的你永远比昨天的你优秀，明天的你永远比今天的你优秀。我们每个人都是市级三好学生的最佳候选人。刘一一当选市级三好学生，他是优秀的，其他同学在老师的心目中同样优秀。同学们要相信自己，只要努力用心去做，我们每个人都会独一无二！"

我话音未落，王辉站起来带头鼓掌。

等掌声稍微平息的时候，我微笑着对王辉说："王辉，你想说两句吗？"

王辉的脸稍微红了红，说："想。"

我示意他走到讲台上，他的脸上有了稍许的腼腆："我刚才选的是自己。"教室里一片静悄悄。

"我认为自己符合三好学生的条件，刚才还由于没有被选上而失望。听了同学们和老师的话，我觉得有些地方我做得确实不够，我会继续努力，请同学们和老师相信我。"

说完，他走向刘一一并紧紧握住了他的手。教室里再次掌声一片。此时，我感到心中一股热热的，朦胧的东西在升起。

我很庆幸，没有草草结束这次选举，而是保护了每个孩子的心。让每一个孩子的心灵纯洁、宽广是我们教师的责任！

（资料来源　郭玉秀：《"三好学生"评选风波》，《班主任》，2012年第11期。）

五、做好班主任工作总结

做好班主任工作总结，就是指小学班主任要依据班主任工作计划，对自己一段时间内的班级工作实践做好总结，以归纳经验，找出不足，并且思考改进措施。这项工作不仅可以提高班级管理工作的质量，也可以提升班主任工作素养，更可以使班级管理理论得到丰富和发展。

做好班主任工作总结，需要注意以下几个问题。

1. 方向上要以班主任工作计划为基准

班主任工作总结是班主任管理工作中的一个环节，它是与班主任工作计划相对应的。因此，只有以班主任工作计划为基准，班主任工作总结才会有理、有据、有内容。做到这点最基本的要求就是重温班主任工作计划，明确班主任工作总结的指导思想。在此基础上，对班级工作进行回顾，再进行具体工作的总结。

2. 内容上要全面总结所做的工作，分析经验教训

班主任工作总结是对一段时间内班级工作的总体评价，因此，要参阅、借助这一时期存留下来的大量原始资料才能完成。可以参阅的原始资料有：“工作日志”“班主任工作日记”“周记”等，它们都记载着班主任工作中大量的事实情况，比如管理中出现的问题实录、学生的态度和反映、家长的意见与建议、班主任的工作感受与反思等，这些材料都是班主任工作总结的重要参照。依据它们才能全面、客观、公正地把握事实，并在此基础上形成对班主任工作规律的理性认识，实现从感性认识到理性认识的飞跃。

3. 方法上要让学生参与，做到班主任与学生相结合

班主任工作总结不是班主任个人的事情，而是班级全体成员的事情。因此，要广泛发动学生参与班主任工作总结，并且要参与总结的全程。这样，不仅可以提高学生的主人翁意识，而且通过对总结全程的参与，学生能够清晰地意识到班级以及自己的成绩和差距，有助于后续班级管理工作的顺利开展。更重要的一点是，学生参与总结是一种“由下而上”“上下结合”的班级管理方式，这种方式正是班主任工作走向高度民主化的集中体现。

4. 重心上要突出班主任工作总结的教育性

班主任工作总结，既是对前期工作的回顾，更是对后续工作的指导。因此，班主任工作总结，不应只是单纯堆砌事实与过程、成绩与不足，而是应该深入探究、说明出现这些状况的缘由，找出班主任工作的规律性，以此推动班级工作的开展。同时，班主任工作总结不仅是找出问题，汲取教训，避免再次出现，更应该是树立典型，热情表扬，从而给班级确定努力的方向，使班级工作更进一步。

5. 表述方法上可以灵活多样

班主任工作总结没有固定的格式，表述方式可以灵活多样。但不管采用哪种形式，这几个内容必须包括：班级取得的成绩及原因分析；班级曾经出现的问题及原因分析；班级仍然存在的问题、产生原因分析以及解决问题的初步设想。

相关链接

小学一年级班主任总结

小学一年级是打基础、发展学生智力的阶段，这个阶段对学生的成长影响很大。一学期来我在一年级的班主任工作中，想方设法帮助学生树立正确的学习态度，养成良好的学习习惯，根据他们的年龄特点，及时地进行各方面的教育，初步形成了一个良好的班集体，回顾总结自己这半年来的班主任工作，体会归纳起来有以下几点。

一、认真做好入学前的准备工作

儿童是带着好奇、兴奋的心情步入学校的。为了使他们热爱学校、热爱老师、热爱朋友、热爱学习，必须给他们创设一个良好的学习环境。开学前我就把教室打理得干净、漂亮：桌凳摆得整整齐齐，利用多媒体制作漂亮的课件，配上美妙的音乐，在黑板上画上色彩明丽的图画，墙上布置小学生守则的挂图等，有意识地启发孩子们认识到上学要做什么。我还从学生的报名册上初步熟悉他们的姓名、家长及职业、家中的一些大概情况和孩子们在幼儿园的表现，然后和部分家长了解孩子的事。在此基础上，我才根据学生的具体情况，制订切实可行的班主任工作计划，使家长与学校配合，对孩子进行全面教育。

二、抓常规训练

新的学校生活要求孩子们树立严格的集体和时间观念，遵守学校纪律。刚入学的孩子年龄小，仅懂得了道理，如果不经过反复训练，也不一定能做到。因此从开学第一天起，我便对他们进行常规教育，对怎样上课、下课、回答问题、尊敬师长、团结同学等都做了明确的要求，然后，进行反复训练，对做得好的同学给予表扬，并让他示范给大家看。有的同学做错了，就让他们重做一次、两次……不厌其烦，多次反复，直到做好为止，不能因为错了一次而批评，应真诚地鼓励他们树立信心去做好。

三、坚持正面教育，寓教育于讲故事之中

对一年级的小学生进行教育，仅凭单纯的讲道理是不行的，孩子们都喜欢听故事，哪怕是最顽皮好动的孩子一听讲故事，马上就会安静下来。我就抓住了这一心理特征，常常通过讲故事的方法对学生进行教育。为了培养良好的学习习惯，我给他们讲“闻鸡起舞”的故事，使他们懂得学习应该认真、刻苦。六十多个孩子在一起学习，难免有打闹、吵架的现象发生。为了培养孩子们团结友爱的精神，我常根据班内发生的具体事例编成小故事，对学生进行教育。

四、联系实际，寓教育于活动之中

联系班内学生的思想实际，通过有意义的活动进行思想教育，是行之有效的方法。例如，小学生刚进校，个别学生对别人的东西（彩笔、铅笔等）较感兴趣，趁别人不注意就顺手牵羊。遇到这种情况时，我就先找些拾物交公的例子给他们讲讲，然后说，有的同学可能错装了别人的东西，在自己的书包中找一下，如果真的装错了，就勇敢地交到老师这儿来，结果有个同学红着脸交上来了，不好意思地说：“我不是故意的，请老师和同学们原谅！”顿时，掌声齐起，最后让大家讨论，都说不能随便拿别人的东西，并且拾到东西要交公。通过这一事例，学生们辨明了是非，自这次班会活动之后，班内拾物交公的学生多了。

五、耐心教育，以表扬为主

爱听表扬是儿童心理特点，表扬运用得恰当，学生的积极因素就会像原子裂变一样发生连锁反应。例如，上课了，大部分同学在吵嚷，没有做好上课准备，如果泛泛批评，收效甚微，如果点名批评，别人往往幸灾乐祸；倘若从乱哄哄中找个坐得好，不说话，书本都准备好的同学进行表扬，其他学生便会仿效，秩序井然。

人都有自尊心，表扬有批评的作用，是不伤害学生自尊心的批评。我常用表扬某个学生道德品质、思想行为上的积极因素去影响和克服后进学生中存在的消极因素，寓批评于表扬之中。这样有利于学生之间互相学习，达到取长补短的目的。

六、以身作则，做学生的表率

一年级的学生模仿性很强，教师的一举一动、一言一行对学生都起着潜移默化的影响。工作中我严格要求自己，处处以身作则，做学生的表率。凡要求学生做到的事，我首先做到。如要求学生对人讲话要有礼貌，我就带头运用礼貌语言；要求学生要爱护环境，我就带头做好环保工作。

总之，班主任工作必须从每件平凡而细小的事情做起，充分发挥自己的模范带头作用。只有这样，才能把孩子们带好，把自己的本职工作做好。

（资料来源　雨露文章网，2012-01-15）

本章小结

小学班级管理就是指小学班主任根据一定的目的和要求，采用一定的手段措施对班级各项工作管理的过程。小学班级管理的任务是：(1)建设良好的班集体。(2)落实学校管理目标，保障学校各项工作的开展与实施。(3)做好班级常规管理工作。(4)做好班级教育力量的管理工作。

小学班级管理的内容主要包括：(1)对班级学生进行思想品德教育的管理。(2)对班级学生学习的管理。(3)对班级学生劳动的管理。(4)对班级学生课外活动的管理。(5)对班级学生体育、卫生的管理。(6)对班级学生安全的管理。(7)对班级学生生活的管理。(8)对班级任课教师集体和学生家长集体的管理。(9)对班级教室设备的管理。

小学班级管理过程的要素有三个：班级管理者、班级管理对象、班级管理手段。小学班级管理过程由四个基本环节组成：计划、实施、评价、反思。

小学班级常规管理的内容包括：小学班主任工作计划的管理；小学班主任工作总结的管理；小学班级学生思想建设和行为常规管理；小学班级学生教学与学习常规管理；小学班级学生体育卫生常规管理；小学班级学生劳动

常规管理；小学班级安全常规管理；小学班级学生综合素质评价的管理；小学班级环境的管理等。小学班主任工作计划的管理，就是指小学班主任在开展班级管理之前，要预先拟定一个班主任工作计划。小学班主任工作总结的管理，就是指小学班主任要依据班主任工作计划，对自己一段时间内的班级工作实践做好总结，以归纳经验，找出不足，思考改进措施。小学班级思想建设和行为常规管理是小学班级常规管理的重要内容，它们影响着班级建设的方向，直接影响着班集体的形成与发展。小学班级教学管理包括建立规范的教学秩序和抓好自习课、考试纪律两个内容。小学班级体育常规管理基本内容包括：早操和课间操、课外体育锻炼、各种运动比赛。小学班级卫生常规管理具体内容有四个：(1)教育和督促学生严格遵守作息制度，争取各科任课教师和家长的配合，确保学生的休息时间。(2)教育和督促学生保持教室卫生。(3)教育和督促学生注意用脑卫生和用眼卫生。(4)教育和督促学生养成良好的卫生习惯。小学班级劳动常规管理具体内容包括：小学生自我服务性劳动管理、小学生的社会公益劳动的管理、小学生勤工俭学劳动的管理。小学班级安全常规管理是指班主任要开展常规性的班级安全教育。小学班级学生综合素质评价的管理包括两项工作：学生操行的评定和“三好”学生的评选。小学班级环境的管理是指班主任要做好班级环境建设，它是小学班级常规管理的重要内容。

关键术语

班级管理　班级常规管理

思考题

1. 什么是小学班级管理？小学班级管理的任务是什么？
2. 小学班级管理的内容有哪些？
3. 分析小学班级管理的过程。
4. 什么是小学班级常规管理？小学班级常规管理的内容有哪些？

实训练习

到一所小学，观摩小学班主任的各项常规管理工作，用学过的理论进行分析，撰写观察报告。

拓展阅读

1. 阅读国内近十年来正式出版的专门研究小学班级管理的书籍和刊物。
2. 阅读教育学书籍、教育理论刊物中专门研究小学班级管理的相关篇章或栏目。

第六章　小学班级活动

学习目标 ▶

1. 了解小学班级活动的含义、特点、教育意义、内容、形式以及小学班主任在组织班级活动时应注意的问题。

2. 掌握小学班级例会的含义、特点、作用以及组织班级例会的注意事项。

3. 理解并把握小学班级主题教育活动组织与开展的基本要求。

4. 学会组织小学班级例会，学会组织与开展小学班级主题教育活动。

导入案例

从小学理财

[设计背景]

说到理财，大多数人都会认为那是成年人的事情，跟小孩子无关。其实，理财不仅仅是赚钱，更是一个人一生的功课，理财能力是现代社会每一个人都应该具备的基本能力。当今许多国家对理财教育非常重视，并作为一项重要的教育内容付诸实践。美国更是从孩子踏进幼儿园起，就会对他们进行相关的理财教育。

而我们在日常生活中，常常认为孩子只要好好学习就行了，赚钱是大人的事，更有家长宁愿自己省吃俭用也要尽量满足孩子的要求，放任孩子消费，造成了孩子对劳动创造财富观念的淡薄。

更有调查表明，小学生的零花钱、压岁钱来得容易，造成了他们花钱没有计划，乱花钱的现象。因此，在小学阶段开展理财教育，根据小学生对钱的认识水平及时引导，帮助他们树立正确的理财观念，掌握基本的理财技能和方法，从而树立正确的消费观、价值观和人生观的教育是十分必要的。

[教育目标]

1. 学习理财的基本知识。

2. 培养学生正确的消费观念，学习有计划地做事。

3. 帮助学生学习和体验简单的理财方法，培养学生理财的能力。

[活动准备]

收集资料，制作课件。

[活动过程]

一、猜谜导入

师：今天我们来猜一个谜语：金加一戈(打一个字)，这个谜底是——

生：钱。

师：很好，这是用“会意法”，金加一戈，组成了钱。那我们了解钱吗？钱又称“货币”，是一种支付工具。古时候的人用海边的贝壳作为交换日常用品及价值计算的标准。后来，容易破碎的贝壳演化成了结实耐用的钱币，再后来，人们又发明了纸质的“钞票”，携带使用更加方便。现在，我们的生活中除了直接能用钱来购买想要的东西以外，还可以用来买什么东西？(生：银行卡、信用卡、购物卡……)这些我们称为“塑胶货币”，有了它们就不用带一大堆钱出门了，安全又方便。

师：钱有什么用？

(生：买东西吃、交过路费、买衣服、买文具……)

师：生活中，我们的吃、穿、住、行离不开钱；我们的休闲娱乐活动也离不开钱；我们的学习离不开钱，我们健身看病也离不开钱，甚至有时候帮助他人献点爱心也离不开钱。随着生活水平的提高，我们同学手中也有了钱，那么怎么用好钱，管理好钱呢？今天这节课我们就一起来聊聊“理财”的话题。(出示：理财)同学们都上三年级了，会花钱吗？老师想先请大家一起来帮个忙。

二、消费故事引导

师：有一个三年级的小朋友啊，最近心里总觉得不是滋味。要问他为什么？那还得扯上他的哥哥。事情是这样的，这学期开始，妈妈每月给兄弟俩每人 10 元零花钱。可是弟弟的钱总是没几天就花光了，而哥哥还有。这是怎么回事呢？

生：弟弟乱花。

师：是不是乱花呢？我们来看看他们买的东西。(出示图)

弟弟：薯片 饮料 游戏卡(结余 0 元)

哥哥：饮料 活动铅笔(结余 2 元)

师：同学们，请你说一说，你对兄弟俩使用零花钱有什么看法？

(学生发表意见，略)

师：花钱要有打算，不该买的东西不要买，要理性消费。(出示：理性消费)消费时你够理性吗？比如超市里的买一送一活动，买零食送玩具。

(学生回答，略)

师：看来同学们消费时都比较理性。让我们再来看看，双胞胎弟弟和哥哥第二个月的零花钱使用情况。(出示图)

弟弟：铅笔(4 支)卷笔刀(结余 0 元)

哥哥：活动铅芯 书 (结余 2 元)

师：弟弟这回没有乱花钱，可是他还是没钱买喜欢的书，只能羡慕地看着哥哥，这又是怎么回事？

(学生交流，略)

师：不乱花钱未必就代表会理财了，理财还要学会精打细算。(出示：精打细算)你有哪些省钱的妙招？

(学生交流：网购、团购、拼客族、废物利用等)

师：省钱即是赚钱，精打细算是理财的重要一步，感谢同学们又给弟弟上了一课。故事还没有结束，小区里发起了爱心捐款，兄弟俩都很想表达自己的爱心。哥哥马上拿出了自己攒的 4 元零花钱，可是弟弟只能心有余而“钱”不足。从中你又学到了什么？

生：平时要有一定的钱留着备用，以便有急用。

师：是啊，有了储蓄一是可以应急，同时也可以用来买自己更需要的大件东西。(出示：学会储蓄)一个小小的存钱罐就能帮你养成储蓄的好习惯。当然攒的多了还可以委托爸爸妈妈存到银行里去呢！

师：从刚才两兄弟的故事里我们学到了什么？（师生：理性消费、精打细算、学会储蓄）真好，这就是我们从小要学习的——理财。（补全课题：从小学理财）

三、“文具花哨如玩具”讨论

师：刚才大家都学得很投入、很认真，下面老师要来考验一下大家。请看视频（文具花哨如玩具），并准备回答：你会怎样选择？

（学生讨论，略）

师：文具不断地更新。我们一定要根据自己的需要，选择价廉物美的物品。

四、“压岁钱该怎么花”讨论

师：我们学生手头最多的钱可能就是压岁钱了，如何用好压岁钱呢？请看视频《压岁钱该怎么花》，并准备回答，你会怎样选择？

（学生讨论，略）

师：同学们谈了不少方法。下面我将网络上最推崇的几种压岁钱使用方法推荐给同学们。

(1)交学费。既可以减轻家长的经济负担，也能培养自立精神和家庭责任感。

(2)订购报刊、学习资料。可以开阔眼界，增长知识，养成爱读书的好习惯。书报还可以与小伙伴交换阅读，增进彼此的情谊和知识。

(3)购买学习用品及益智玩具。不仅能帮助自己学好功课，也有助于启迪思维，增长智慧。

(4)献爱心、捐希望工程。为贫困落后地区的小朋友奉献爱心，帮助失学少年儿童上学，开展一帮一活动等。

(5)给长辈或孤寡老人赠送小礼物。在长辈或孤寡老人生日或者有意义的节日，送点经济而有意义的小礼物。

(6)购买大件物品。用压岁钱购买一些耐用的大额消费品，比如电脑、乐器、运动器材。

五、“这样挣零花钱可以吗”讨论

师：通过刚才的学习，相信大家对花钱、理财有了一些新的认识。理财不仅要会花钱，还要会挣钱。花钱首先得有钱，你们的钱从哪里来的呢？

生：压岁钱，父母定时给的零花钱，生日时爷爷奶奶给的，卖废报纸书本攒的，学习成绩好爸爸妈妈奖励的。

师：钱不是凭空就有的，都是辛苦挣来的，所以我们从小就要树立劳动创造财富的观念，通过自己的劳动来创造财富。在美国，家庭不论贫富，总是支持孩子学习独立，鼓励孩子从小尝试打工，让他们享受劳动成果。因此，大多数美国孩子很习惯打工，小至在家洗碗、扫地或帮邻居做临时保姆，大到给其他学生做家教等，只要是可以赚钱的活儿，都会鼓励孩子去做。美国的家长要让孩子从小明白一个道理，那就是——劳动创造财富。那么是不是在家里做所有的事都要向爸爸妈妈要钱呢？不给钱就不做，这样对不对？

生：不对。

师：老师这里还有个故事，有个学生名叫小菲，是班里的学习委员，平时学习成绩好，做功课速度快，正确率高，所以经常有很多同学问他功课，几个人一起问他都不知道先帮助谁好。这时有个同学就提出给他2元钱，让他先教自己，他犹豫了一下，见不好推却就收下了。你觉得这样做对吗？

（有同学回答“不可以，因为帮助同学不能收费”，也有学生回答“可以，因为求助的同学是愿意的”）

师：金钱是生活中必不可少的，但是并不是万能的，有很多东西，比如亲情和友谊，都是无价的，不能用金钱来衡量。现在我们来学习一个故事《账单的故事》。

小彼得是一个商人的儿子。有时他得到他爸爸做生意的商店里去瞧瞧。商店里每天都有一些收款和付款的账单要经办。彼得经常被派去把这些账单送往邮局寄走。他渐渐觉得自己似乎也已成了一个小商人。

有一次，他忽然想出了一个主意：也开一张收款账单给他妈妈，索取他每天帮妈妈做事的报酬。

一天妈妈发现她的餐盘旁边放着一份账单，上面写着：

母亲欠她儿子彼得如下款项：

取回生活用品20芬尼

把挂号件送往邮局10芬尼

在花园帮助大人干活20芬尼

彼得一直是个听话的好孩子10芬尼

共计：60芬尼

彼得的母亲仔细地读了一遍，然后收下了这份账单，什么话也没有说。

晚上，小彼得在他的餐盘旁边找到了他想要的报酬。正当小彼得要把这笔钱收进自己的口袋里时，突然发现餐盘旁边还放着一份给他的账单。

他把账单展开读了起来，

彼得欠他的母亲如下款项：

为在她家里过的十年幸福生活0芬尼

为他十年中的吃喝0芬尼

为在他生病时的护理0芬尼

为他一直有一个慈爱的母亲0芬尼

共计：0芬尼

小彼得读着读着，感到羞愧万分。过了一会儿，他怀着一颗怦怦直跳的心，蹑手蹑脚地走近母亲，将小脸蛋藏进了母亲的怀里，小心翼翼地把那60芬尼塞进了她的上衣口袋。

这则故事告诉我们，亲情是难以用金钱来计算的。我们要感恩父母，用自己的努力来回报父母。

六、理财名言学习

师：我们在学习理财时，对金钱要有一个正确的认识，让我们来学习几句理财名言吧！

* 省一分钱等于挣一分钱。

* 致富的奥秘在于节俭二字。

* 不浪费，不会穷。

* 智慧生财。

七、全课总结

师：是啊，“理财”包括两个方面，一个是赚钱，另一个是花钱。我们从小要树立正确的消费观念，学习理财本领，为将来做好准备。如果我们是一个有头脑、有准备的聪明人，未来的成功离我们还会远吗？让我们从小就开始——学理财。

八、布置作业“我的消费记录”

师：老师这里有一张“我的消费记录”请大家根据自己今天所学，有计划地、理性地使用自己的零花钱，并做好记录。以后我们再交流，好吗？

（资料来源　侯红梅：《从小学理财》，《班主任》，2012 年第 8 期。）

第一节　小学班级活动概述

一、小学班级活动的含义、特点及其教育意义

1. 小学班级活动的含义

小学班级活动是指，为了实现班级教育目标，在小学班主任的组织和引导下，或在小学班主任的引导下由小学生自己组织，由全体班级学生共同参与，在课堂教学以外时间开展的各种教育活动。

2. 小学班级活动的特点

小学班级活动是一种独特的教育形式，因而有其自身固有的特点。

(1)目的性。

小学班级活动的开展，其目的是为育人服务的，而不是为了活动而活动。因此，小学班级活动的本质在于育人。小学班主任要精心设计，有目的、有计划地开展各种班级活动，寓教育于丰富多彩的班级活动之中。通过班级活动的准备过程、开展过程促进学生的全面发展。

(2)自主性。

小学生是班级活动的主人。在班级活动的组织和开展中，随着年级的升高，小学班主任要逐渐放手。由低年级的组织者、引导者逐渐转变为单纯的引导者，让小学生自己去组织。从班级活动主题的选定，到班级活动方案的设计，再到班级活动的实施，都要让小学生自主、自治。不过，由于小学生身心发展的不成熟性，在上述过程中，还需要小学班主任给予必要的指导。

(3)丰富性。

和课堂教学相比，班级活动不受课程标准、教材的限制，它的内容是非常丰富的。小学班级的教育目标是促进每一个小学生全面发展，只要是符合这个目标的内容都可以作为班级活动的内容。在丰富多彩的活动中，小学生各方面素质都会得到提升。所以班级活动的内容多种多样，而且内容可深可浅，可多可少，完全可以根据小学生的兴趣、爱好、愿望来确定。

(4)灵活性。

小学生正处在身心快速发展的时期，精力旺盛，求知欲强，喜欢生动形象、新颖多变的事物。适应小学生的这一发展特点，班级活动应该选择灵活多样的开展方式，这样会激起他们浓厚的兴趣，从而使得蕴含在班级活动中的教育元素在他们的思想上留下深刻的烙印。

3. 小学班级活动的教育意义

好的班级活动对小学生个人的成长以及对班级的组织和建设都具有极其重要的意义。

(1)对小学生个人而言，班级活动是促使小学生全面发展的重要途径。

首先，班级活动是对小学生进行思想品德教育的有效方式。生动形象的班级活动使抽象的道德观念转化为小学生直接的感受，从而有助于小学生形成道德认知，陶冶道德情操，产生道德意志，转化为道德行动。

其次，班级活动是激发小学生学习兴趣，提升智力水平的有效方式。班级活动丰富多彩的内容、灵活多样的方式使小学生的学习领域扩大了，也有了更广泛的学习机会，这可以有效激发小学生的学习兴趣，并且，参与组织和开展班级活动的过程，使他们的观察力、思维力、想象力、语言表达能力等各种基本能力均能够得到锻炼与提升。

最后，班级活动是发展小学生个性及创造性的有效方式。班级活动的主体是小学生，小学生可以依据自己的需要、兴趣、爱好选择活动的内容，确定活动的方式，有利于发挥学生的特长。同时，班级活动的自主组织和开展，不仅为小学生创造性品质的形成提供了平台，也可以使小学生建立自信，为创造力的形成奠定心理基础。

(2)对于小学班级而言，班级活动是使小学班级发展为班集体的有效方法。

首先，班级活动有助于增强班级的凝聚力。有人说：“班级中一个个性格各异的孩子就像是一颗颗玲珑剔透的珠子，要想把它们串成一条美丽的项链，丰富多彩的活动就是一根最适合的丝线。”一般来说，增强班级的凝聚力总是从组织有益的班级活动开始的。在班级活动中，学生们一起出谋划策，一起面对困难，一起分享情感，相互支持与鼓励，彼此之间的感情以及对班级的感情会逐渐深厚。此时，班级中的每一个成员不再是一个个分散的个体，而是一个整体。于是，班级的凝聚力随之增强了。反之，如果一个班级不开展班级活动，它将永远只是类似一盘散沙的一个学生群体。凝聚力是班级发展成为班集体的重要标志，从这个角度来说，班级活动是使小学班级发展为班集体的有效方法。

其次，班级活动有助于形成良好的班风和正确的班级舆论。在丰富多彩的班级活动中，正确的、健康的、积极的观念、行为得到大家的肯定和赞许，错误的、不良的、消极的观念、行为得到大家的否定、批评，久而久之，良好的班风和正确的班级舆论会自然生成，并逐渐稳固下来。可以说，班级活动是良好的班风和正确的班级舆论形成的摇篮。良好的班风和正确的班级舆论是班级发展成为班集体的又一重要标志，因此，没有班级活动，就没有班集体。

(3)对于小学班主任而言，班级活动是使自身专业素养进一步提升的重要手段。

随着小学班主任的专业化发展，对小学班主任专业素养的要求越来越高。班级活动的有效开展，需要小学班主任有先进的教育理念、广博的专业知识、多样的教育才能以及富有魅力的教育品格，因此，在班级活动的组织和指导过程中，小学班主任的专业素养势必得到提高，可以说，班级活动是小学班主任实现专业发展的必经之路。

二、小学班级活动的内容和形式

1. 小学班级活动的内容

(1)思想品德教育活动。

这是以对小学生进行思想、政治、道德教育，以培养小学生良好的品德为目标的班级活动。比如英雄人物报告会、祭扫烈士墓、参观各种博物馆等都属于思想品德教育活动。

(2)学习活动。

这是以提升小学生对各科知识的学习兴趣、端正学习态度、增强学习动机、训练学习方法、养成良好的学习习惯、提升学习能力为目标的班级活动。如各种学科知识竞赛、课外拓展阅读都属于学习活动。

(3)文体活动。

这是以丰富小学生们的精神生活、培养小学生广泛的爱好和兴趣、提高小学生对文体艺术的欣赏能力、创造力以及增强小学生的体育知识与技能、提高其意志力为目标的班级活动。比如围绕书法、摄影、舞蹈、美术、音乐、体操、武术等内容展开的班级活动都属于文体活动。

(4)科技活动。

这是以发展小学生对科技的兴趣、培养科学探索精神、增长对某一领域的知识经验和动手能力为目标的班级活动。比如各种科技小制作、天气观测、空气质量检测、食品安全抽样调查等都属于科技活动。

(5)社会公益活动。

这是以培养小学生对问题的认识和分析能力、培养小学生的社会责任感和义务感为目标的班级活动。比如维护交通秩序、到福利院慰问老人、参加社区的教育服务活动、宣传社会上的好人好事等都属于社会公益活动。

(6)游戏、娱乐活动。

这是以培养小学生的规则意识与协作意识、体验与感受生活的情趣、提高其心理综合素质为目标的班级活动。比如各种童年游戏、节日联欢都属于这类活动。

(7)生命教育活动。

这是以引导学生珍惜生命、尊重生命、欣赏生命以及树立正确的生命观、提升人生境界为目标的班级活动。比如培植植物、探访病人等活动就属于此类活动。

(8)安全教育活动。

这是以提高小学生安全与自我保护意识、增强其自我保护能力为目标的班级活动。

(9)劳动教育活动。

这是以学习简单劳动知识与技能、养成正确的劳动观念和良好的劳动习惯、培养深厚的劳动感情为目标的班级活动。比如绿化校园、种植蔬菜等就属于此类活动。

2. 小学班级活动的形式

适应小学生心理发展特点，小学班级活动的形式灵活多样。根据不同的标准，班级活动有不同的组织形式。

(1)依据班级活动的规模，可以分为班级集体活动、小组活动、个人活动。

(2)依据班级活动的内容，可以分为专题性班级活动、综合性班级活动。

(3)依据班级活动的方式，可以分为报告会、座谈会、演讲会、纪念会、联欢会、游园会、辩论会、表演会、夏(冬)令营、竞赛活动、宣传活动、参观、访问、看电视、看电影、公益服务等多种形式。

不同的班级活动形式各有其优势，为了充分发挥班级活动的教育作用，可以把多种班级活动形式结合在一起，以使班级活动形式更加丰富。比如本章第二节要谈到的小学班级主题教育活动就是集多种班级活动形式于一体的一种崭新的班级活动形式。

三、小学班主任在组织班级活动时应注意的问题

小学班级活动的教育作用不是自然而然实现的，而是需要小学班主任精心组织

和开展班级活动才能达成的。作为小学班主任，要想充分发挥班级活动的教育作用，在组织班级活动时应该注意以下几个问题：

(1)要注意班级活动的教育性。通过班级活动的组织，真正使小学生受到教育，在知识、情感、能力、品格等某一方面获得了发展。

(2)要注意班级活动的针对性。班级活动内容的选择、形式的确定都要以小学生的年龄特征和本班班级组织和建设的实际需要为依据，不能仅仅是出自小学班主任的一个美好的教育愿望。

(3)要注意班级活动的计划性。小学班主任首先要对班级活动有一个整体规划，形成一个学年、一个学期的班级活动体系，然后再具体筹划每一次的班级活动，保证每一次班级活动是彼此联系、前后衔接的，是整个班级活动体系中的一个有机组成部分，不是彼此割裂、孤立存在的。

(4)要注意班级活动的生活性。班级活动的组织与开展应该贴近小学生的真实生活以及所处区域的实际，贴近小学生最关心的问题，而不是好高骛远，远离生活，远离实际。这样，可以避免班级活动成为无源之水、无本之木。

(5)注意班级活动的趣味性。在班级活动的组织和开展中要增强趣味性，引导小学生体味活动中的快乐，愉悦自己，感染同伴，在快乐中受到教育。

(6)要注意班级活动的实践性。在班级活动的组织和开展过程中，要多给小学生提供动手、动脑的机会，通过他们自身的实践活动，培养学生的探究精神和实践能力。

(7)注意班级活动的时代性。小学班主任要引导学生把握时代脉搏，从班级活动主题的确立，到班级活动组织形式的选择，都要体现时代特色。这样不仅可以培养小学生的时代意识，还可以增强小学生适应时代要求的能力。

(8)注意班级活动的创新性。要从班级活动的内容、形式等方面求新，以有效地调动小学生的积极性，并促使小学生创新意识和能力的提升。

相关链接

小书包的乐章

[学情分析]

《小学生日常行为规范》第二条、第九条明确规定："尊敬父母，关心父母身体健康，主动为家庭做力所能及的事"；"自己能做的事自己做，衣物用品摆放整齐，学会收拾房间、洗衣服、洗餐具等家务劳动"。由此可见，教育和培养学生"自己的事自己做"和"主动做力所能及的家务劳动"的意识和能力，是一项重要的教育任务。然而，小学一年级学生往往是家长事事包办，严重影响了学生这方面能力的培养。

为了解学生整理书包、叠衣服、刷饭盒、做家务劳动的情况，我对全班31名学生进行了调查，结果如下表。

班级学生(一年级)四项自理能力调查表　　　　单位：人

	主动完成	家长督促	不会完成
整理书包	10	17	4
叠衣服	4	20	7
刷饭盒	5	17	9
家务劳动	5	23	3

根据数据显示的班级现状，我决定召开“小书包乐章”主题班会，先从“学习整理书包”做起，引导学生积极参与到自我、家庭的劳动中，从小养成良好的劳动习惯和生活习惯。

[设计理念]

以全体学生为主体，充分发挥学生的学习积极性和主动参与精神，实现主体参与。

[班会目标]

1 通过合作学习整理书包活动，使学生知道整理书包的方法并能够做到自己整理书包。

2 让学生知道自己的事情要自己做，感受自理的快乐。

3 让学生初步树立“别人的事情帮着做”的服务意识，如在家里能够帮助家人做简单的家务，在学校能够主动帮助同学，遇到不会的事情想办法学着做。

[班会形式]

实践性班会。

[班会过程]

环节一：小书包“前奏曲”

这个环节以玩游戏的形式展开。利用两个学生的书包进行找书比赛，其中一个学生将书包里的学具摆放得乱七八糟，另一个学生的书包却井然有序。老师随意说出一本书，最先按要求找出者为胜。

设计目的：爱玩是学生的天性，是他们的兴趣所在。心理学研究表明：促进儿童素质、个性发展的最主要途径是让他们经历实践活动，而“游戏”正是这一年龄阶段特有的实践活动形式。因此，我设计了找书游戏。既让孩子在实践活动中体会到了学习整理书包的必要性，又大大提高了他们参与的兴趣和积极性。

环节二：小书包“交响曲”

1. 分小组交流讨论：整理书包的最好方法。

(1)如何为书包“减肥”?

按课程表准备当天的学具，不用的书不拿，需要的书不落。

(2)如何将书包里的书本摆放整齐？

大书放下面，小书放上面。

(3)如何摆放才能使用起来更加方便？

按课程分类，语文、数学、英语等学具各放一起。

(4)怎么能把分好类的书整齐地放到书包里呢？

分别放入不同颜色的学具袋。

(5)怎么能快捷地使用呢？

按照课程表的顺序，把学具袋分别装进书包。

2. 为了方便学生记忆，最后把学生讨论出来的方法整理成儿歌：

小书包，心宽广，整理学具自己扛；

看课表，不丢样，大小书籍分类放；

语数外，音美体，不同学具分袋装；

有顺序，我最棒，小小书包变了样！

设计目的：①小组合作学习更能突出学生的主体地位，培养学生主动参与的意识，激发学生的创造潜能。②让学生通过交流讨论，一步一步去思考和发现整理书包的方法。③把整理书包的方法步骤编成儿歌，学生容易记忆。

环节三：小书包“练习曲”

在这个环节中，让学生按照当天的课程表练习整理书包。老师带领学生边背儿歌边动手操作，实现学生的体验学习，最后，选出书包整理得特别优秀的孩子进行奖励。

设计目的：①单单让学生知道如何整理书包是不够的，还要进行实际练习，帮助学生完成从知到信，从信到行的转化。②利用奖励措施让学生感受劳动带来的快乐，激发学生自己整理书包的愿望。

环节四：小书包“随想曲”

1. 讨论：在自己整理书包过程中，如果遇到困难，应如何应对？

让学生设想在家里坚持自己整理书包过程中可能遇到的困难，大屏幕出示：

A. 父母拒绝：觉得你收拾得太慢，非要包揽。

B. 父母心疼：觉得你上了一天课太累了。

C. 半途而废：坚持收拾了几天，就坚持不下去了。

2. 讨论：还有什么事是可以自己完成的？遇到困难后如何解决？

设计目的：①当学生真正开始自己整理书包时，一定会遇到很多困难。如果在问题出现前，就教给学生解决问题的基本方法，可有效避免问题的发生和扩大。②引导孩子，除了整理书包外，还有很多事情可以自己做，让学生学会坚持“自己的事情自己做，别人的事情帮着做，不会的事情学着做”。

[后续活动]

我设计了一张小小的评比表，让家长协助监督、帮助填写，每周班内进行一次综合评比，以激励学生坚持自己整理书包以及主动承担一些力所能及的家务劳动。

（资料来源 王小平：《小书包的乐章》，《班主任》，2012 年第 12 期。）

第二节 小学班级例会

小学班级例会是在小学班主任的领导下，由班主任或者班委会成员定期召开会议，对班级中的全体小学生进行常规教育的一种班级活动形式。它的主要类型有两种，即班级周会和晨会。

一、小学班级周会

1. 概念

小学班级周会是每周召开的一次班级例会。一般安排在周一或周末某个恰当而固定的时间举行。主要用来处理班级事务，因此也可称为班务会。

2. 特点

(1)常规性。

班级周会一般每周定时召开一次，宣传、学习学校及班级各项规章制度，分析、处理班级群体发展及个体发展中存在的问题，并做出及时的表彰与批评。

(2)事务性。

班级周会主要是处理班级一周的日常事务。如布置一周班级工作目标任务，检查一周班级各项工作情况，反思一周出现的问题，总结一周班级工作效果，分析偶发事件的发生及处理，及时向班级全体学生通报一周的成绩与不足等。

(3)民主性。

班级的各项规章制度、表扬与惩罚决议都是在班级周会上，经全体同学讨论、提出意见或建议、表决后形成的。可以说，班级周会是学生参与班级工作、班集体建设的一个场合，也是班级全体成员彼此之间交流、沟通的一个场合。

3. 作用

(1)对于班级工作而言，通过班级周会定期对学生进行班级常规教育，可以端正小学生的思想态度，统一全体同学的思想认识，有利于班级工作持续、有效地展开。

(2)对于小学班主任而言，通过班级周会及时了解班级发展情况，准确把握学生思想动态，可以使后续的班主任工作不断完善，且更具有针对性。同时，班级周会上是班主任与学生之间、班委会成员与学生之间、学生与学生之间的交流，也是实现班主任工作民主化的重要途径。

(3)对于小学生而言，通过班级周会可以及时分析和总结自己一周的情况，了解自己在班级群体中的所处位置，看到成绩或找出差距，有利于明确自己后期的发展目标。并且，班级周会中对一些事件的分析，也可以提升小学生的道德评价能力，刻苦锻炼自己的毅力。

4. 组织班级周会的注意事项

(1)注意主持人的安排。

低年级的班级周会可以由班主任支持，随着年级的升高，主持工作应该尽量由班长或普通班干部担任，以给他们锻炼的机会。不过，班主任一定要事先对主持班级周会的班干部进行指点，以保证班级周会的教育效果。到了高年级，也可以由普通学生负责班级周会的主持，这样，就给更多的学生提供了成长的机会。

(2)注意时间的安排。

首先，每次召开班级周会的时间不宜过长，否则会引发学生的不满，甚至逆反，因而降低甚至消除班级周会的教育效果。其次，要在学校规定的班会时间召开班级例会，不要占用小学生正常的教学以及学习时间，更不应该在自己所任学科的教学过程中召开。

(3)注意内容的安排。

班级周会一定要有具体的内容，而且要用事实说话，不要无病呻吟，更不能道听途说。并且，要就事论事，避免作不必要的主观随意联系或以偏概全的价值判断，否则，就背离了班级周会的初衷。

(4)注意气氛的营造。

在班级周会上，班主任、主持人一定要与同学们保持良好的沟通，良好意味着真诚、尊重、善意、信任，以建立起友善、融洽的合作关系。而不要过分指责、批评甚至讽刺、刁难，避免建立起敌对、紧张的班级群体关系。

二、小学班级晨会(夕会)

《九年义务教育全日制小学、初级中学课程计划(试行)》中明确规定：中小学每天都有10分钟左右晨会(夕会)时间。晨会(夕会)已经成为小学班级普遍开展的一种班级活动。

相关链接

留住今天——“5+5+2”每日反思会

为引导学生总结每一天的得与失，在反思中成长，我决定每天开展“留住今天”主题活动，使学生学会倾听自我，聆听心灵成长的声音。

我和孩子们做出如下约定：

开展“5+5+2”每日反思会。所谓“5+5+2”就是每天放学前留12分钟时间让学生围绕所经历的一天进行会议与思考，其中，用5分钟时间“慢镜头”回放当天从早到晚经历的过程；用5分钟时间围绕当天的表现从“学到了什么知识？明白了什么道理？留下了什么遗憾？”等内容进行自我反思；最后留2分钟选择1～2名学生进行回报和交流，选择的对象一般根据当天学生的表现和最近发展区而定。

“留住今天”反思促进表

反思内容	会议并记录关键内容					
课堂	上　午			下　午		
课间						
作业	语文		数学		英语	
与人交往						
读书	时间		收获			

（资料来源　王志刚：《留住今天——“5+5+2”每日反思会》，《班主任》，2012年第3期。）

1. 概念

班级晨会(夕会)是在每天早晨(下午放学前)召开的班级例会，时间一般控制在10分钟，也可以称为晨间谈话。

2. 作用

(1)班级晨会(夕会)有助于班主任与小学生之间进行更经常性的、更深层次的交流，有助于师生之间情感的加深。

(2)班级晨会(夕会)可以激发小学生情绪体验，为其一天的学习情绪、生活情绪奠定良好的基础。

(3)班级晨会(夕会)可以使小学生感受到班主任对自己成长的关注，对引导小学生形成热爱生活的积极态度起着导向作用。

3. 特点

(1)简短性。一次班级晨会(夕会)只有10分钟，因此班级晨会(夕会)选取的活动内容较为精炼，活动的容量也较小。一般选取班级中的一个点有针对性地进行教育。

(2)及时性。班级晨会(夕会)每天都要进行，这就使班级晨会(夕会)具有传递信息迅速，能及时发现并解决问题的特点。

(3)高效性。班级晨会(夕会)因其简短性而适应了小学生注意稳定性差这一心理特征，从而具有教育效率高的特点。

4. 班级晨会(夕会)的内容

(1)解决前一天出现的问题，安排布置当天的学习、劳动等方面的任务；

(2)向小学生提出学习、生活上的希望与要求；

(3)针对班级近期出现的带有普遍性的问题，依据培养目标对学生进行持续的教育。

5. 班级晨会(夕会)的组织形式

(1)全校性的班级晨会(夕会)活动。如学校组织的升旗(降旗)仪式、学校播放的红领巾广播时间、学校领导的十分钟视频讲话等。

(2)按照学校规定的班级晨会(夕会)活动栏目由班级自行组织的班级晨会(夕会)活动。比如学校规定的周五班级晨会(夕会)栏目是“又到周末”，班主任就要组织学生结合本班实际情况，选择关于周末时间怎么安排的内容，组织学生开展班级晨会(夕会)活动。

(3)完全自主安排的班级晨会(夕会)。这种形式的班级晨会(夕会)完全由班主任自主安排，一般情况下，小学班主任都会设计一些固定的栏目，如昨日重现、新闻播报、三分钟演讲、一分钟成语故事、今日寄语等。

6. 小学班主任组织班级晨会(夕会)的注意事项

(1)准备要充分。每一次班级晨会(夕会)都需要班主任事先做好充分的准备，包括内容、形式、与相关学生沟通等。

(2)过程要民主。班级晨会(夕会)活动中，班主任的态度要亲切和蔼，要多给学生提供展现的机会，要和学生平等交流。

(3)会后要督促。班级晨会(夕会)结束后，班主任要观察小学生一天的学习、生活，并给予必要的提醒。

相关链接

老师，我的笔芯不见了

“老师，我的笔芯不见了！”小明向我报告。

接连两天，班中都有学生报告自己的笔芯无缘无故失踪。

又是笔芯消失！上学期有过的痛苦回忆还清晰依然。记得当听到学生说笔芯被偷时，我第一感觉就是这属于道德问题，“小时偷针，大时偷金”。于是，轰轰烈烈展开了排查，结果却是老师疲惫不堪，学生遍体鳞伤，最后不了了之。不仅没有解决问题，还伤了师生感情，令我的挫败感很长时间挥之不去。

因此，这次我没有急着去找“真凶”，而是在思考：为什么会出现这样的事？我们班学生的家庭经济条件都还比较宽裕，不可能买不起笔芯！或许是临时用完了，没有准备，就随手“借用”，这对住校的孩子来说，不是没有可能；或许是小孩子之间的恶作剧，想给无聊单调的学习生活添几分色彩？怎么办？不能再重蹈覆辙，我要换一种思路。

第二天的晨间谈话时间，我和学生进行了交流：

“小明的笔芯不见了，肯定是被某个同学拿走了。那个同学为什么要拿别人的笔芯呢？我想他一定是笔芯用完了又没有及时补上，有了困难又没有找到合适的方法才用了这‘下下策’。为了帮助可能遇到这种情况的同学，老师昨天专门去买了一些笔芯，各种型号都有，就放在讲台上。以后，谁的笔芯用完了，可以正大光明地来取用，再也不要这样偷偷摸摸地做让心里不踏实的事了，好吗?”

学生们听完，报以热烈的掌声。此后，班级中不仅再也没有出现丢笔芯的事，反而多了几盒笔芯，那是有学生悄悄奉献的。

大善需要大爱，只有真诚付出爱，才能让心灵影响心灵，让灵魂唤醒灵魂，让善良激发善良。

（资料来源　宋娟芬：《老师，我的笔芯不见了》，《班主任》，2014 年第 8 期。）

相关链接

班级点评伴我成长

进入中年级后，学生们出现了一些不良习惯，如上课不专心听讲，爱告状，当着老师一套，背着老师一套，爱搞恶作剧，自控能力差等。如何改变这种状况呢？通过思考，我决定采取“班级点评”的方式，让孩子们互相监督、互相帮助、共同成长。

一开始，我让值日班长每天进行班级点评，点评时间为下午放学前两分钟，点评内容为同学们上课、下课、放学期间的学习态度、行为习惯、班级卫生、纪律等表现情况，五个班长轮流点评。坚持一段时间后，我发现班级纪律、孩子们的学习状态、室内外卫生等都有了很大进步，特别是五个班长的语言表达能力提高了，站在讲台上落落大方，讲起话来条理分明，滔滔不绝，观察能力也得到了极大提高，能够及时发现同学们的闪光点和班级存在的问题。

根据学生们的要求，我又把活动扩大为全班轮流点评。每天由班长带领一名同学参加点评。每天负责点评的学生都精心做好准备，充分展示自己的风采。随着时间的推移，我不断丰富点评内容，陆续增加了“班级中最可爱的人”“每日经典”两个项目。其中，“每日经典”项目要求点评人在每天点评后推出一句话，激励同学们成长、进步。例如，“不经历风雨，长不成大树；不受百炼，难以成钢。”“为自己打好基础，就是良好的开端，这样你就成功了一半。”“学习知识，如同积累搭建金字塔的材料，只有不断地积累，才能搭起一座理想的金字塔。”一条条“经典”语句，仿佛出自诗人、名家的口中，孩子们每天在阅读着、回味着、感悟着……

“班级点评”活动开展两年多来，班级面貌焕然一新，学生们快乐健康地成长起来，正如钟立辰同学在日记中所写的那样：“班级点评让同学们提高了观察能力，让每一个同学都去观察生活，辨别生活中的‘真、善、美’‘假、丑、恶’，也提高了同学们的语言表达能力，让每一名同学都有一次上台演讲的机会。同时，也让班里一些有坏毛病的同学及时改正自己的缺点，让一些做了好事的同学及时得到鼓励和表扬。”

（资料来源　付立萍：《班级点评伴我成长》，《班主任》，2010 年第 12 期。）

第三节　小学班级主题教育活动

一、小学班级主题教育活动的含义与特点

小学班级主题教育活动是指在小学班主任的指导下，依据学校的教育计划和班级发展目标，结合小学生的发展实际，提出一个主题，围绕这一主题而进行的班级教育活动。

与其他班级活动比较，小学班级主题教育活动有两个特点：一是主题鲜明、选材集中、教育目标明确、针对性强。二是形式活泼多样，富有时代气息和童年情趣，而且内容开放，贴近小学生的真实生活，深受小学生的喜爱，教育性强。因而主题教育活动已经成为小学班主任对学生进行思想品德、行为规范、人际交往等某一方面教育的有效形式。它是小学班主任组织和开展班级活动的主要类型。

二、小学班级主题教育活动的组织与开展

下面主要介绍小学班级主题教育活动组织、开展中的一些基本要求。

(一)主题的确定与设计

小学班级主题教育活动要取得效果，首先就要确定和设计好主题。主题是统领整个活动的灵魂，具有方向性的指导作用。

1. 确定主题的原则

(1)教育性原则。

在确立主题时，小学班主任要准确把握社会对学校教育的基本要求以及班级学生的思想实际，明确知道通过此次主题教育活动要达到什么样的教育目的，促进小学生在哪些方面获得发展，解决什么样的教育问题。只有这样主题班会才会有实效。

(2)针对性原则。

确定主题时，小学班主任要充分考虑小学生身心发展的年龄特征，主题的内涵要符合小学生的心理发展需要，这样的主题才具有针对性，才能充分调动小学生的

兴趣和参与热情。

(3)具体性原则。

确定主题时，小学班主任要从小处着眼，选取小的、具体的、鲜明的主题，这样可以实现主题的深化，如果确定的主题过大或过于笼统宽泛，很难取得良好的教育效果。

2. 主题的来源

主题是从大量的教育素材中经过高度概括和提炼而形成的。班主任可以引导小学生从以下几个方面选取素材，确定主题。

(1)从小学生的常规学习和日常生活中选取素材，确定主题。学习是小学生在学校最主要的活动，可以从中提炼出来许多内容作为班级活动的主题，比如，为了帮助学生改进学习方法，可以组织学习活动，请优秀学生介绍自己的学习方法。同时，在学生的日常生活中，也有许多有意义的事件，可以用来作为班级活动的主题，比如压岁钱的管理问题。

(2)从重大节日、纪念日中选取活动素材，确定主题。从年初到年末，我国有许多重大的节日和纪念日，都可以拿来作为班级活动的素材，比如植树节、清明节、劳动节、重阳节等。

(3)从小学生身边环境中选取素材，确定主题。比如身边环境中的自然风光、风土人情、名人轶事、传统文化、新人新事等都可以作为班级活动的素材。

(4)从当代社会热点问题中选取素材，确定主题。比如低碳环保问题、钓鱼岛问题、申奥成功的问题等。

3. 主题的种类

(1)系列性主题和即兴式主题。前者是在一段时间内，围绕一个总主题而确定的彼此相互关联的子主题系列，是总主题在多个层次、多个侧面上的系统展开。这种主题是对班级教育目标的体现。后者是在教育实践过程中，依据具有教育意义的突发事件而临时确定的主题。这种主题反映了小学班主任有较高的教育机智。

(2)知识性主题和实践性主题。前者把教育蕴含于知识的学习过程之中，既丰富了学生的知识，又让学生从中受到了教育。后者是把教育蕴含于学生的实际行动之中，让学生运用自己的双手和智慧去完成一定的任务，在实践中接受教育。

(3)现实性主题和模拟性主题。前者是针对小学生学习、生活、交往过程中出现的各种各样的现实问题而拟定的主题；后者是模拟某种具体的生活情境，组织小学生扮演其中的角色，让小学生感受生活的多彩丰富而拟定的主题。

(4)季节性主题和人物性主题。前者是按照节日、季节、纪念日而选定的主题；后者是以了解英雄人物、各行各业的先进人物、身边的榜样人物为主题。

4. 主题的表述

确定主题以后，还要把主题表述出来，也就是给小学班级主题教育活动起一个合适的名称。

(1)主题的表述要准确，即活动名称要能够准确反映主题。

(2)主题的表述要有感染力、吸引力，使小学生心中产生期待之感。

(3)主题的表述要生活化，即直观、醒目，使小学生产生亲近之感。小学生的认知水平比较低，所以名称不要晦涩、抽象、含蓄。

(4)主题的表述要有新意、要趣味化。小学生对新鲜、有趣的事物充满好奇，会心生向往之情。

(二)活动的准备与实施

小学班级主题教育活动在确定和设计好主题之后，接下来就进入准备和实施阶段了。

1. 设计方案

小学班级主题教育活动方案的呈现形式可以灵活一些，但是一定要包括这几项内容。分别是设计背景、教育目标、活动形式、时间与地点安排、人员分配、前期准备、活动步骤与过程。

(1)提出活动设计背景，也就是说明主题的来源。

(2)表明活动预期要达到的教育目标，要涵盖知识、能力、情感、态度等方面。

(3)选择活动的形式。小学班级主题教育活动要采取灵活多样的形式，下边对几种主要的形式分别做出介绍。

①主题报告会，就是围绕一个主题，请相关人士给小学生作报告。主题不同，所请的人员也不同。比如学习方面的主题就要请任课教师，交通安全方面的可以请交通警察。

②演讲会，就是围绕某一主题，学生们发表演讲，表达自己的思想、感受。

③专题竞赛，就是根据教育要求和学生实际，开展专题知识竞赛，在竞赛中，收获知识，发展能力。

④表演式，就是把教育内容以表演节目的方式呈现给学生，让学生从中得到启发，受到教育。

⑤讨论式，就是围绕一个主题，让小学生各抒己见，畅所欲言，借以形成正确的认识。

⑥观摩式，就是围绕一个主题，组织学生到现场参观或观看录像，对学生进行形象化的教育。

此外，还有许多方式，比如辩论式、座谈式等。在实践过程中，可以根据主题内容的不同，选择不同的活动方式。同时，还可以把这些形式结合起来使用，往往会收到意想不到的良好的教育效果。

(4)确定活动的时间与地点，不能与其他活动有冲突。

(5)人员分配。这是说要组织全体同学参与，并确定参与人员所承担的角色。做到人人有事做，事事有人做。有时还要确定主题教育活动的主持人，主持人的选取要注意这样几点：一是仪表端庄、大方；二是口头语言表达能力强，具有感染力，三是有一定的组织、管理能力，能掌控活动现场以及应对突发事件。

(6)前期准备。包括活动所需设备的准备以及活动场所布置。尤其是活动场所布置，这是一项重要的前期准备。一个形式优美并与活动主题相呼应的活动场所，可以起到烘托活动气氛、提升活动效果的作用。因此，小学班主任要组织学生精心布置活动场所，如果是在教室开展活动，需要布置的有：前后黑板的设计与装饰，学生座位的特色编排，天花板及教室四周墙壁的美化。

(7)活动步骤与过程。这部分是小学班级主题教育活动方案的主体，要求对活动的步骤和流程做出详尽、周全、合理的设计。既要保证活动有序进行，又要保证活动产生预期的教育效果。

2. 实施方案

在进行了完善的设计基础上，就可以举行主题教育活动了。在实施过程中，班主任要自始至终参与全程。在这个过程中，班主任的职责是倾听、观察、指导、鼓励、支持以及处理突发事件。

3. 总结与延展

主题教育活动结束后，小学班主任要组织学生一起对活动的方案设计、实施过程、实施效果进行评估，找出成绩，指出不足。在此基础上，引导小学生以不同形式展现主题教育活动成果，既可以加深学生的印象，又可以使活动得到延展。

相关链接

小铅笔去哪儿了

——养成管理学具的好习惯主题班会

[教育背景]

孔子曰："少成若天性，习惯成自然。"小学阶段是培养习惯的关键时期，一二年级又是最佳期。我所带的是小学一年级的学生，他们生活在寄宿制学校里，经过一学期初步适应学校生活之后，培养他们自主管理的习惯显得尤为重要。

经我的观察和课前调查，一年级学生普遍存在不会管理学具的问题。虽然在学生刚入学时，我就与家长一起沟通过"在铅笔上写名字的方法"，但时间一长，大部分家长忘记了要求，孩子也没有掌握自我管理学具的方法，因此常常出现：学生周一带来的铅笔到周五就所剩无几；有的学生明明知道自己的学具不见了，也没有主动找回的意识；询问丢失的学具是谁的，常常无人理睬，学生也不知道是不是自己的学具……第一学期末，班中失物招领盒中被遗忘的铅笔竟然达到了三十多支。

为了改善这一现状，引导学生意识到这个现象是一个“问题”，我设计了“小铅笔去哪儿了——养成管理学具的好习惯”主题班会，以激发学生珍惜和爱护小铅笔的情感和内在动力，帮助他们掌握一些管理学具的好方法，养成管理学具的良好习惯，把学生自主管理习惯的培养落到实处。

[班会目标]

1. 情感目标：通过小铅笔的诉说，激发学生“照顾好”自己小铅笔的积极情感。

2. 认知目标：引导学生通过观看“小铅笔诞生记”知道珍惜铅笔的意义，通过“小榜样教方法”学会管理铅笔的好方法。

3. 行为目标：开启并落实“护笔行动”努力实践，使学生养成“做标记，送回家，天天查”的良好习惯。

[班会准备]

教师准备：教学课件，板贴，失物招领盒，笑脸卡，护笔卡。

学生准备：铅笔，口取纸，胶条，铅笔盒。

[班会过程]

(一)通过动画呈现问题：失物招领盒中有许多“无家可归”的小铅笔

1. 谜语导入，引出铅笔

师：今天老师给大家带来了一个小谜语：小小黑人细又长，穿着木头花衣裳；我们学习小能手，画画写字它来帮。

生：铅笔。

设计意图：热身，吸引学生注意力。

2. 现场调查，出示主题

师：铅笔是你们朝夕相处的好朋友，学习写字时谁都离不开它。开学已经两周了，我想现场做一个小小的调查，哪些同学没有丢过自己的小铅笔，请举起手中的“笑脸卡”。

师：丢失的小铅笔去哪儿了呢?

(板贴主题“小铅笔去哪儿了?”)

设计意图：结合课前的了解，再一次通过现场调查，引起学生对主题的关注。

3. 播放动画，情景体会

师：今天我们就请来了一支小铅笔，看看它去哪儿了呢?

播放动画片《小铅笔旅行记》。

我是一支小铅笔，我的小主人刚得到我时可高兴了！他把我削得尖尖的，还盖上可爱的小笔帽，把我放在铅笔盒里，这里有很多小伙伴，尺子、橡皮和我成了知心朋友。我们每天都陪伴着小主人写字，画画，真开心啊！可是渐渐地，小主人就不及时把我收回铅笔盒里了。有一天课间，我掉到了地上，滚到了角落里。天啊！

这里真黑啊，还有许多灰尘，我……

此时，动画屏幕全黑。教师让学生闭上眼睛，体会小铅笔在黑暗中的感受。

师：如果此时你就是这支小铅笔，你会有什么感受？

生：孤单、难过、害怕、失望……

师(渲染)：小铅笔没有了小伙伴，更没有了小主人，只能在黑暗里等啊等，它多么希望小主人来找它啊！直到有一天，一名值日生在扫地的时候把它扫了出来，放进了失物招领盒里，它也没有等到它的小主人。

设计意图：让学生体会小铅笔在黑暗中无助的心情，体验对小铅笔的呵护情感，从而激发学生爱护铅笔的内在动力。

4. 现场数数，呈现现象

师：在这里，有许多和它命运相同的小伙伴，这些就是咱们班失物招领盒中“无家可归”的小铅笔们(展示失物招领盒)。我们一起数一数，一共有多少支？

学生数失物招领盒中的铅笔。学生数数的声音越来越大，充满着怜惜和惊奇，最后数到31支时，教室鸦雀无声。

设计意图：让学生意识到“无家可归”的小铅笔，数量多，受冷落，激发学生爱护小铅笔的愿望。

(二)结合实际，分析原因：知道“无家可归”的小铅笔来到失物招领盒的原因

播放小铅笔画外音。

小朋友们，你们知道我们为什么会“东奔西走”，不得不来到失物招领盒里吗？大家先来看看我画的班级小漫画吧！

1. 分析现象找原因

漫画1：A同学把铅笔借给了B同学，B同学忘了还了，最后发现这不是自己的小铅笔，就放在了失物招领盒里。

漫画2：在别人的桌子上写字，写完后忘记带回，小朋友不知道是谁的，就放在失物招领盒里。

漫画3：用铅笔搭大炮，结果不知道被弹到了哪里。后来被其他同学捡到，但不知道是谁的，于是放到失物招领盒里。

生1：第一个故事里，铅笔的小主人应该写上自己的名字，要不万一忘了还，就不知道是谁的铅笔了，所以会被放到失物招领盒里。

生2：第二个故事里，小朋友去别的地方写作业要把学具收拾好，要不丢了都不知道丢哪儿了，就会被同学放到失物招领盒里。

生3：第三个故事里，小朋友不应该拿自己的学具当玩具，铅笔弹到别处去，就有可能被同学捡起放到失物招领盒里。

设计意图：用漫画形式吸引学生的兴趣；同时，联系学生生活实际，引导学生反思自己的不足。

2. 结合实际寻根源

师：除了漫画中的原因，请大家结合日常实际想一想，还有什么原因呢？

生 1：我觉得有的同学丢了小铅笔没有主动去找，后来就忘了这件事了。

生 2：有的同学可能特别想找回自己丢的铅笔，可铅笔都长得很像，分不清是不是自己丢的，所以没有从失物招领盒里拿走。

生 3：有的同学觉得不就是一支小小的铅笔吗，丢了这一支，文具盒里还有好多呢！即便全没了，爸爸妈妈会全买新的铅笔，所以不去找了！

……

师(小结)：原来是因为小主人没有管理好自己的小铅笔，不懂得珍惜它，所以使它们不得不到处“流浪”，最后只能留在失物招领盒里。

设计意图：调动学生资源，引导学生联系身边实例自主探究根源。

(三)初步明理，习得方法：懂得珍惜小铅笔的意义，学习管理小铅笔的方法

1. 通过视频，知道珍惜的意义

(1)铅笔虽小很珍贵。

播放小铅笔画外音。

有的小主人不珍惜我们，觉得我们的价格便宜，可是你们知道我们是怎么做出来的吗，快来看看我们是怎么来的吧！

播放小铅笔生产过程视频《小铅笔诞生记》。

我的小木杆来自大树，里面的铅芯来自一种叫石墨的矿物，有了这些原材料，还要在专门的工厂里经过 50 道甚至 100 多道工序。我们凝聚着森林和大地的精华，更有许多叔叔阿姨的辛勤付出，最后还要再经过运输、库房、商店等旅程，在很多人的帮助下才来到你们的身边啊！

生 1：别看铅笔小，可是它得用大树做成，真的挺珍贵的啊！

生 2：没想到做出一支铅笔这么不容易，我们应该好好珍惜它。

师(总结)：小小的铅笔，却凝聚了大自然的精华和工人叔叔阿姨的心血，我们要珍惜它，不能轻易抛弃它们。

(板贴“铅笔虽小很珍贵”)

(2)铅笔虽小很重要。

播放小铅笔画外音。

别看我们铅笔身材小，但是作用还很大呢！快来听听这位小朋友的故事吧！

有一天下午，小明写完作业就趴在桌子上睡着了，突然，他朦朦胧胧听到两只小铅笔在说悄悄话。一支小铅笔说：“咱们的小主人总把我当子弹玩儿，弹到远处！”另一支铅笔说：“是呀，他总是把我乱放，上次掉在地上差点儿就被踩断了！”两支小铅笔越说越伤心，居然手拉手离开了小明。没有了铅笔的小明完不成卷子，写不了作业，画不成画，急得满头大汗，他后悔极了，大喊道：“小铅笔快回来吧，我一定会好好爱惜你们！”

生1：小小的铅笔，有着大大的用途，没有了小铅笔，就影响我们学习了。

生2：爱惜小铅笔，小铅笔才会和我们成为好朋友。

师(总结)：别小看了铅笔，它可是我们学习的重要伙伴呢！没有了它，就像奥特曼没有了激光，大力水手没有了菠菜，会给我们的学习带来很多麻烦。

(板贴“铅笔虽小很重要”)

设计意图：通过故事，再次加深学生珍惜小铅笔的情感，感受到铅笔的重要性，为后面爱护铅笔的行为动机的形成做铺垫。

2. 通过交流，学会管理的方法

师：既然小铅笔这么珍贵和重要，现在，我们一起想办法照顾好这些小铅笔。

同伴交流避免小铅笔丢失的好办法，教师随机指导，总结提升。

方法一：做标记

(1)交流“做标记”的方法。

生：我的家长在铅笔的上方贴上了我的名字。如果小铅笔不小心丢失了，看到我的名字就可以找回来了。

师(总结)：“做标记”是一种好方法。

(板贴“做标记”)

(2)学习“做标记”的方法。

师：作为寄宿生，我们不能再依靠爸爸妈妈给我们贴名字了，要学会自己管理自己的学具，下面有请琪琪同学来教大家怎么在铅笔上做标记，贴名字。

学生琪琪：我手里拿的这个叫口取纸，我们要先在上面写上自己的名字。写好了就把它粘在铅笔的一头。最后用透明胶条围着写好的名字贴再粘一圈，就不容易掉了。请大家按我说的方法尝试给铅笔做标记。

按照琪琪同学教的方法，每个同学尝试在一支铅笔上“做标记”。

方法二：放回家

(1)交流“放回家”的方法。

生：我们每次用完铅笔都要放回铅笔盒固定的位置上。

师(总结)：“放回家”是一种好方法。

(板贴“放回家”)

师：现在我们欣赏一名同学的铅笔盒，并谈谈自己的发现。

生1：他的铅笔盒特别干净整齐。

生2：我发现他把一样的东西都放在一起了，这样就好找了。

(2)学习“放回家”的方法。

师：你们想知道这是谁的铅笔盒吗？下面我们有请小雅同学，让她带领我们一起收拾铅笔盒。

学生小雅：我们要把铅笔都套上铅笔帽，把它们放在一起，笔尖要冲一头。

橡皮和尺子放在固定的位置上，现在请大家试一试。

学生整理自己的铅笔盒，同桌相互欣赏。

方法三：天天查

(1)交流“天天查”的方法。

生：每天完成一天的功课后，检查一下自己的铅笔都在不在。

师(总结)：“天天查”是一种好方法。

(板贴“天天查”)

师：咱们班然然同学还有一个小帮手，能够很快地帮助她“天天查”，你们想欣赏一下吗?

学生然然：来学校时，爸爸妈妈为我准备了5支铅笔，2块橡皮，1把尺子，还帮我做了这样一张小表，这样我每天做完功课就能检查一下学具是不是少了。

(2)学习“天天查”的方法。

师：这个方法特别好，能让我们对自己的学具做到心中有“数”，老师也为大家制作了一张数量表。

学生填写老师下发的学具数量表。

设计意图：通过学生自主探究，讨论交流，提炼出管理小铅笔的方法；当堂练习，加强行为指导，增强班会实效性；通过小榜样教方法，学生在练习的过程中巩固方法，从而逐渐培养良好的管理学具的习惯。

播放小铅笔画外音。

太好了！小朋友们已经学会“照顾”我的好方法，这样我就不会再被丢到黑黑的失物招领盒里，我们可以成为好朋友了！

师(总结)：同学们，你们不仅想做学具的小主人，还能学习好方法帮你们管理好自己的小铅笔，真了不起。

课后我们送“无家可归”的小铅笔回家吧！请大家自主认领小铅笔，让我们对领回的小铅笔说：我会“照顾好”你的。

设计意图：再次强化情感，增强学生爱护铅笔的动机。

(四)主题延伸：用习得的方法开启“护笔行动”，促习惯养成

师：接下来的一周，我们将开展“护笔行动”。每天回宿舍前对照铅笔盒上贴的学具数量表，同桌相互检查对方的小铅笔是不是都在，并且摆放有序，如果能够做到就可以在“护笔行动卡”上的小铅笔图案上图一格。比一比，谁能够保证周五回家前学具依然都在，图全一支小铅笔的图案，你就是本周的“护笔明星”。

学生在“护笔行动卡”上填写姓名。

设计意图：“护笔行动”是班会的后续延展，使班会具有延续性，以保证学生爱护铅笔行为习惯的养成。

师：希望同学们都能在“护笔行动”中与小铅笔成为最好的朋友，最后，让我

们一起诵读这首小童谣吧！

小铅笔

铅笔虽小贡献大，
写字画画全靠它。
不损不丢管理好，
珍惜爱护有方法。
做好标记不易丢，
用完及时放回家。
心中有数天天查，
学做学具好管家！

设计意图：诵读童谣符合低年级学生的年龄特点，有利于激发他们管理学具的愿望，使得行动要点更容易被记住，从而促进“护笔”行为习惯的养成。

师（总结）：除了小铅笔，你们还有其他的文具，大家都看过电视节目“爸爸去哪儿”了，就像爸爸要照顾好孩子一样，作为小学生，你就是这些学具的小主人，也要照顾好自己的这些“小伙伴”。用今天我们学习的好方法，一定会让你当好学具的小管家，养成管理学具的好习惯。

补齐主题：（板贴“养成管理学具的好习惯”）

设计意图：点明班会主题，正向引导学生。

[后续教育计划]

1. 板报粘贴童谣《小铅笔》，在“护笔行动”中时实复习。
2. 落实“护笔行动”，在班级中每周评选“护笔明星”。
3. 定期统计失物招领处的“失物”，及时总结避免丢失。
4. 榜样“上墙”，鼓励已经养成管理学具好习惯的学生。
5. 引导学生使用管理铅笔的方法，管理自己的其他用具。

（资料来源　王燕：《小铅笔去哪了》，《班主任》，2014 年第 12 期。）

本章小结

小学班级活动具有目的性、自主性、丰富性、灵活性的特点。良好的班级活动对小学生个人、小学班级以及小学班主任都有重要的教育意义。小学班级活动的内容包括思想品德教育活动、学习活动、文体活动、科技活动等九项内容，小学班级活动的形式灵活多样，依据不同的标准，班级活动可以有不同的组织形式。同时，要想充分发挥班级活动的教育作用，小学班主任在组织班级活动时还应该注意一些问题。

小学班级例会主要有两种，即班级周会和班级晨会。班级周会的特点是常规性、事务性、民主性；班级晨会的特点是简短性、及时性、高效性。班级周会和班级晨会都有自己特定的作用。

小学班级主题教育活动是指在小学班主任的指导下，依据学校的教育计划和班级发展目标，结合小学生的发展实际，提出一个主题，围绕这一主题而进行的班级教育活动。小学班级主题教育活动的组织与开展过程中，从主题的确定与设计，到活动的准备与实施，都有一定的基本要求。

关键术语

班级活动　班级周会　班级晨会(夕会)　班级主题教育活动

思考题

1. 名词解释：小学班级活动、小学班级例会、小学班级主题教育活动。

2. 结合小学实际，分析小学班级活动的特点、教育意义。

3. 结合小学实际，分析小学班级活动的内容和形式，以及小学班主任在组织班级活动时应该注意的问题。

4. 什么是小学班级周会？班级周会的特点和教育作用是什么？

5. 什么是小学班级晨会？班级晨会的特点和教育作用是什么？

6. 在组织和开展小学班级主题教育活动过程中，在主题的确定和设计环节应该遵循哪些基本要求？

7. 在组织和开展小学班级主题教育活动过程中，在活动的准备与实施环节应该遵循哪些基本要求？

实训练习

1. 到附近一所小学，与小学班主任交流，探讨班级活动的教育作用。

2. 到附近一所小学，分别观摩 2～3 次班级周会、班级晨会，作出详细记录，然后与自己的同学交流，用学过的相关知识对这些班级例会作出评价。

3. 到两所不同的小学，分别观摩一次小学班级主题教育活动，用学过的相关知识对这些班级例会作出评价。

4. 利用见习的机会，分别组织一次班级周会、班级晨会和小学班级主题教育活动，并把自己的感受写下来。

拓展阅读

1. 阅读国内近十年来正式出版的专门研究小学班级活动的书籍和刊物。

2. 阅读教育学书籍、教育理论刊物中专门研究小学班级活动的相关篇章或栏目。

第七章　小学班级教育工作

学习目标▶

1. 了解个别教育、非正式群体、偶发事件的概念。

2. 领会优秀生、中间生和后进生的心理特征，掌握不同类型教育策略。

3. 了解非正式群体的特征、成因并掌握其教育与管理策略。

4. 掌握班级偶发事件的处理策略。

导入案例

谢苗是苏联著名教育家马卡连柯创办的高尔基工学团的一名学生，曾经因为打架和偷窃等恶习而一度离开工学团。后来，当他和那些坏伙伴决裂重新回到工学团后，马卡连柯热情地欢迎他。

一次，马卡连柯派谢苗去银行领取500卢布，回来后马卡连柯拿起钞票，用最冷淡轻松的口吻问他："你数了吗?""数了。"马卡连柯随意地把钞票往抽屉里一丢，说："谢谢你跑了一趟。去吃饭吧。"但是谢苗心里很不踏实，怀疑老师是在试探他。

过了一段时间，马卡连柯又让谢苗去银行领取2000卢布，并给了谢苗一支手枪自卫，还让他骑上工学团的唯一一匹马。面对老师的信任，谢苗激动得说不出话来，他紧握手枪、跃马飞奔，很快取回钱款让老师查收，可马卡连柯没有数，当谢苗要求老师一定数一数时，马卡连柯诚恳地说："我相信你不会搞错，我知道你和我一样诚实，这一点我以前就知道，难道你看不出来吗?"从此以后，谢苗彻底改变了，不仅成为一个品德高尚的人，而且还继承了马卡连柯的神圣事业，从事教育流浪儿的工作，取得了很大的成绩。①

第一节 小学班级中的个别教育

所谓个别教育，是指针对个别学生的特点，通过个别接触、个别指导的方式进行的教育活动，是班主任工作的重要途径。苏联著名教育家苏霍姆林斯基曾经说过："在教育集体的同时，必须看到集体中每一个成员及其独特的精神世界，关怀备至地教育每一个学生…… 我们的原则是：既依靠集体教育个人，又通过对个别学生的教育来推动集体的前进。"②由此可见，个别教育和集体教育是相辅相成的，班集体状况如何，完全取决于班上每一个学生的具体情况。因此，班主任只有经常做好学生的个别教育工作，使每一个学生都不断进步，班集体才能健康地发展。作好个别教育工作，既是学生全面发展的要求，也是建立良好班集体的需要。

做好个别教育工作，包括做好学业与品德发展良好的学生、中间状态的学生和不良学生的教育工作。他们在班级中处于不同的发展水平，从整体上看，不同层次和类型的学生在整体上有共同之处，但是每个学生又是不同于其他任何一个人的独特的个体。所以，班主任在做个别教育工作时，既要看到一类学生的共同点，又要看到学生个体之间的差别，充分运用教育技巧和规律，促使每一个学生得到最大限度地发展和提高，为班集体的发展奠定坚实的基础。

---

① 作者根据马卡连柯著《教育诗》相关章节改写.

② 曹世国. 班主任工作中集体教育与个别教育. 中国西部科技，2011(6).

一、学业与品德发展良好学生的教育

学业与品德发展良好的学生通常被称为“优秀生”。虽然对优秀生的定义很少有人产生歧义，但是实际上一些班主任、科任教师、家长往往把优秀生仅仅看作学习上成绩优秀的学生，目前这种片面的想法是比较普遍的。在这种学生观指导下，班主任容易忽视对优秀生的思想品德及心理素质的教育和指导，导致一些长期笼罩在光环下的优秀学生，一旦遭遇挫折，就可能做出超乎人们想象的事情。所以，教育工作者应全面辩证地看待他们，实事求是地对待他们的优缺点。在肯定成绩的同时，对他们的缺点，哪怕是细小的也要指出来。决不能忽视他们身上存在的问题，一味采取“好马不用鞭子催，响鼓不用重锤敲”的做法，对他们的教育还是具有必要性的。

(一)优秀生容易出现的心理偏差

1. 以自我为中心，缺乏互助意识和团队精神

在成绩出众、能力较全面的优秀学生群体中，存在着这样一类学生：他们自视清高，不愿与普通同学有较多的交流；由于一直是优秀，在家长的表扬、老师的重视、同学的羡慕中成长，容易造成他们自尊心很强，不能容忍别人的长处；他们看不到其他同学身上的各种优势，不善于学习别人的优点，讨厌集体活动，把自己封闭在以我为中心的个人圈子里，傲慢自负。有个别学生为了取胜，吝啬对同学的帮助，甚至采用一些不正当的竞争手段。这种只关注自己的成败，不关心他人和集体的思想行为，若得不到及时矫正，将会对其本人的健康成长造成极大的危害，乃至给将来的社会带去不利的因素。

2. 耐挫力差，害怕失败

大部分优秀生从小学开始一直是班里的好学生、班干部，事事称心如意，一帆风顺，缺乏挫折感，随着自我意识的增强，便形成了自负、骄傲、虚荣的性格弱点，嫉妒心理也由此而生。特别是到了一个新环境，优秀生聚集，“山外有山，天外有天”，自己不再是顶尖的，骄傲、自负的他们无法承受这样“沉重”的打击。本来一次两次的考试不能说明什么，但他们自我评价太主观、太片面，于是从一个极端走向另一个极端，从自负走向自卑，开始怀疑自己的潜力，也就从积极走向消极，学习成绩逐渐下降，精神萎靡不振，自暴自弃，轻者“泯然众人中”，重者甚至会变坏转差。

案 例

浙江省淳安县某中心小学三年级一位品学兼优的小学生，从跨进小学那天起，学习成绩一直保持全班第一，年年被评为“三好”学生。尽管是独生子，但一点也不娇气，好吃的东西知道让给长辈，从来不和小朋友争吵。他成了小朋友生活和学习的榜样，成了老师和亲戚教育其他孩子的典范。久而久之，他形成了强烈的荣誉感

和自尊心，力求完美无缺成为他生活的目标，对自己要求严格近乎苛刻。他特别重视考试分数，甚至把分数作为一个出类拔萃孩子的最重要的标准。有一次考试前，他悄悄地对同学说：这次考试如果考不好就自杀。当期末考试他的数学成绩为90分，名列全班第五时，他接受不了这样的现实，竟然真的服毒自杀身亡。他用残酷的事实刺痛了大人的神经：这究竟是为什么？这位学生所在学校的老师说，我们平时看到的是一位品学兼优、尊师敬长的好学生，但没有人去注意他的个性和心理，没有人去体会和了解他的内心世界，造成了他人格的畸形发展。①

的确，由于家庭与学校教育的积极配合，许多孩子在成长的速度方面明显优于其他学生，尤其是学业成绩总是处于领先地位的学生。在学校，他们是老师的"爱生"，同学们敬慕的"偶像"；在家里，他们是父母引以为豪的"骄子"。这种一片赞扬声的环境给一些学生造成了一种无形的压力。慢慢地，他们背上了"只许成功，不能失败"的思想包袱。好像走到哪里，哪里都会有异样的目光投向自己。还有一些学生为了避开对自己形成威胁的竞争对手，免得"惨遭失败"，而放弃参加一些有益活动的机会。有的学生只听得表扬，听不得批评，遇到挫折就一蹶不振。甚至有个别学生会因为换了一个不大了解自己优点的班主任或升到一个开始还没有重用自己的新班级，而产生与老师消极对抗的情绪，与班集体格格不入，从而走向先进的反面。

3. 只注重学习成绩，其他方面发展差

在不正确的优秀评判标准下，往往只重视学习成绩，忽视自身其他方面素质的养成，比如道德品质、交往能力等，而且有的家长和教师也"以一优遮百丑"，放松对他们的要求和教育，更助长了他们的片面发展。

例如，随着人们生活水平的日益提高，大部分家庭在对孩子提供物质满足的同时，削弱了对孩子承担家庭义务的要求。尤其是一些家长望子成龙、望女成凤心切，不惜投入最大的精力与财力帮助孩子提高学习成绩，发展各种特长。但是，很少注意对孩子生活自理能力的培养，不给他提供任何劳动的机会。在与家长的交谈中，老师们常常听到：只要孩子成绩好，什么事都不用他做，什么要求都可以满足。我想，家长在这个问题上的失误，是造成某些优秀生缺乏劳动观念和生活自理能力的主要原因。希望自己的孩子成功是父母的普遍心理，但有的家庭、亲友不恰当地施加压力，使学生上进心掺杂了"私利"的成分，背上了"只有学习成绩好才好向父母交代"的包袱。这样，当他们达到了一定的目的后，就认为万事大吉，不再继续努力，自我陶醉在已取得的成绩里，而一旦受到挫折或遇到困难就觉得一切都完了，感到没有前途，有的甚至走向反面。

---

① 孙孔懿．教育失误论．南京：江苏教育出版社，1997：125.

4. 循规蹈矩——缺乏创新

案 例

不久前，五年级一个班的学生去听一个外校老师的公开课，内容是《醉翁亭记》——环境教育渗透课。对这篇早已熟悉的课文，这个班不乏一批按大纲要求对教学内容理解得比较透彻的学生。面对陌生老师的频频提问，主动发言者有30余人次，但其中成绩较好的仅占16%。课后，一些优秀生说，应该答得出，只是老师的提问跳出了常规语文课的圈子，没有把握。而那些积极发言的，平时成绩不怎么好的学生说，老师的提问很有意思，我想到什么就说什么，错了不要紧。①

通过这两类学生的对比，可以看到一部分“优秀生”在开拓精神、创新意识方面明显滞后。这些学生往往是遵规守纪的“小绵羊”式学生，他们在学习和生活上都沿着学校和家长制订的轨道，缺少破旧立新的欲望，加上追求效果上的“100%”，以至于求异思维能力得不到很好的发展，求“稳”多于求“新”。

综上所述，一部分优秀生在优秀成绩和出色表现的背后，的确潜藏着许多不良道德及心理品质。这些品质的缺陷已经制约了他们的发展，使他们成为经不起摔打，缺乏创新意识和开拓精神的人。这不能不引起学校、家庭的重视。与“后进生”转化工作不同，这类学生的不良品行和心理素质具有潜藏性，容易造成教育者的疏忽，因此，优秀生的道德品质和心理素质缺陷及其矫正是值得我们教育工作者深入研究的课题。

(二)优秀生的教育策略

优秀生思想基础较好，积极要求上进；学习刻苦，接受新事物快；尊重老师，团结同学，有较强的组织纪律观念；在学习工作中起着模范带头作用，是班级建设的排头兵。但是，由于他们与其他同学所处的地位不同，成长进步的条件存在差异，在思想上、理想上的追求不一样，决定了他们具有与众不同的特点。因此，在管理教育中要辩证地看待优秀生，了解他们的心理状况，做到有的放矢，使管理教育具有针对性。班主任在施教时，应从以下几方面入手。

1. 要全面关心优秀生，提高他们的整体素质

班主任应树立全优观念，不能只关注他们的学习或只凭学习成绩评价学生。对优秀生要全面客观地分析，既要看到他们的优点，也要善于找出他们的不足，不能一叶障目，因为某个方面突出就忽视其他方面。要坚决摒弃那种重智轻德、轻劳、轻体的“应试教育”观念。要主动帮助他们看到自身的长处与不足，并帮助他们确定新的目标，制订切实可行的计划和措施，促使他们进一步提高。

对待只注重学习成绩好的稳定型优秀学生，在管理教育中要注意引导，帮助他

---

① 沈磊．谈“先进生”的品质缺陷及其矫正．教学与管理，2003(26)．

们逐步确立远大理想，培养他们多方面的兴趣爱好，注重使思想境界不断升华。对于摇摆型的优秀学生，他们之所以要求上进，一般是因为某种原因，为了某种目的，一旦受到挫折，目的和愿望没有达到，思想就会出现波动。对这部分学生要注意调动积极因素，帮助他们端正争当优秀生的动机，引导他们向稳定型发展。在管理教育中要研究工作方法，以鼓励为主，批评要恰当、适时，允许反复，防止急于求成，一蹴而就；在教育内容上，应从基础抓起，逐步提高；在要求上不宜过多，起点不宜过高，要为他们的学习成长创造良好的环境和条件。

2. 要高标准，严要求，促使优秀生更优

对于学校提出的各种常规要求，优秀生应比其他同学做得更好。因此，班主任对他们就不能局限于一般化要求，而要“另眼相看”，提出更高更严的要求，帮助他们确定更高的目标。在班级管理过程中，既要反对对优秀生放松管理，搞迁就姑息的所谓“爱”，助长他们一些不良思想的滋长，又要防止超越客观实际和优秀生思想接受不了的“严”要求，使他们感到无所适从，挫伤他们的积极性。所提出的要求应针对“最近发展区”，是他们经过一番努力能够达到的，这样才能提升他们的耐挫力，不断对自己提高要求。

3. 有效利用“后进生”转化工作对“优秀生”纠偏教育的正迁移

要引导优秀生开展好“两个互助”活动。在优秀生的管理教育中，开展先进与先进、先进与后进的两个互助活动。先进与先进互助活动，有利于先进学生之间的相互了解，相互学习，相互促进，取长补短，共同提高；有利于相互团结，更好地发挥先进层的群体作用。先进与后进的互助，可以有效地防止先进、后进两脱节的现象。在互助中先进学生可以不断向后进学生传播知识和先进思想，做好后进学生的转化工作，以带动越来越多的学生一道进步。

事实上，抓好“后进生”转化工作，对其他同学的健康成长是有很大促进的。我们应该更为有效地利用这项工作对优秀生纠偏教育的正迁移。开展“一帮一”活动就是一种很好的方法。让每一个行为文明、成绩优秀的学生去帮助一个学习较困难、行为习惯较差的学生。在两个人共同进步的过程中，“优秀生”增强了责任意识，体验了帮助“后进生”的艰难，磨炼了自己的意志。而且在这种同学间的密切交往中，学会了处理人际关系。更有意义的是，他们从“后进生”身上也可学到自身所缺少的某些良好品质。

这种活动，充分体现了教育过程所需要的优势互补原则。经验告诉我们，如何把“后进生”转化工作与“优秀生”的纠偏工作有机结合起来，使二者均达到最佳效果，这是值得我们进一步探讨的。

4. 重视挫折教育，使挫折产生良性循环

宋代哲学家张载有一句名言：“贫贱忧戚，庸玉尔于成。”这句话的意思是说，艰难困苦，可以将你锻造成才。要想把学生培养成高素质的人才，就不能轻视挫折教

育的巨大作用。“一帆风顺”是造成部分优秀生心理承受力差的一个重要原因。应该有意识地给他们制造一些逆境。现代社会瞬息万变，竞争激烈，没有经受挫折和打击的准备，生活的信心和勇气就无从谈起。法国作家巴尔扎克说过：“挫折就像一块石头，对于弱者来说是绊脚石，让你寸步难行；对于强者却是垫脚石，使你站得更高。”因此，作为老师，当学生在学习中遭受挫折时，必须帮其克服消极的一面，阻止挫折发生恶性循环，发扬积极的一面，使挫折产生积极的良性循环过程，从而得到理想的效果。

5. 注重自我教育，启动优秀生的内驱力

由于优秀生大多天资聪颖，反应快，对周围事物的变化与发展能较迅速地作出自己的判断，很快形成相应的心理与行为定势。教师如不能及时发现他们心理行为中的不足或错误，并立即采取相应的教育措施，等到“铁”凉了才打，那么将会大大增加矫正的难度。

敏感是优秀生的共同特点。因此，教师在与他们谈话时要注意语言宜精，点到为止。不要老是盯着一件事情不放，“得饶人时且饶人”。应避免过度伤害他们的自尊心，处理问题时，要采取灵活变通的方式。

案 例

一位平时非常守时的优秀生有一天迟到了，按例，班主任会在放学前点名批评，但这次老师没有这样做。第二天一大早，这个学生找到老师，不好意思地说：“老师，您昨天忘记点名批评我了。”这位老师笑着回答说：“哦，我忘了。因为在我的印象中，你是从不迟到的。”这种看似糊涂实为明智的做法，的确使学生在反省自己错误的同时，又一次得到了老师的激励。

6. 学校教育与家庭教育紧密结合，形成一种合力

可以肯定，优秀生的诸多品质缺失并非全是在学校教育这块土壤中滋生出来的，很大一部分原因来自于家庭教育的偏差。因此，在给优秀生进行缺陷矫治时，务必与家长取得统一的步调，形成一种合力。可以通过互相走访，使老师和家长在认识上达成一致；也可以通过在校刊、年级教育简报上刊登家庭教育文摘来渗透正确的先进的教育思想，教育家长形成正确的教育观念；还可以通过邀请家长来校参加学生的集体活动，让家长更加正确地认识自己孩子的优点与不足，以便调整对孩子的教育重心。家长要走出家庭教育的误区，教育不仅仅是学校的事，社会、学校、家庭要共同努力，创造良好的大环境。

二、学业与品德发展中间状态学生的教育

所谓中间学生，是指在一个班集体中学业成绩以及品行表现等处于中间状态的学生。他们处事谨慎、腼腆、本分，品德及活动中表现一般，学习成绩一般，平时

不引人注目，所以，也有人把这部分学生形象地叫作“灰色儿童”。在一个班级中，处于中等水平的学生人数最多。在基础教育领域有一句话，叫“抓两头，带中间”，可是在具体教育过程中，班主任和科任教师常常做成了“抓两头，丢中间”，忽视了对中等学生的教育，成为被班主任“遗忘的角落”。

案例

一封“中间生”的来信

尊敬的班主任老师：

我很能想象您看到这封信时的心情，就像我第一次看到您一样，心中充满了惊喜和期待。因为我期待年轻的您会给我带来一个崭新的开始。然而，两个月过去了，就像您拆开信封看到这里时的心情一样，我在惊讶之余，更感到了一丝失望，尽管为了赢得您的目光，我做出了很多努力，认真学习，严格按照您的要求去做。然而，情况并未因此而改变，我还是一个被遗忘的中间生！是的，我的成绩总是不好也不坏，我不会给班级带来很多的荣誉，但也决不会给班级带来很大的麻烦，所以，您不用担心我成为害群之马，当然，您也不会指望我能出人头地。我，一个中间生，就这样被遗忘着!! 可是，您知道吗？尊敬的班主任，我也有努力啊！我也需要有人肯定我的进步(哪怕是一点点微不足道的进步)，我也希望在我没有动力、徘徊不前的时候，能得到您的帮助。好了，请老师不要介意，我就是这样一个很情绪化的人。您也不用担心，明天我还会和每天一样地上学、放学。最后，我代表全体中间生祝您工作顺利，也衷心希望您能关注我们的存在。

一个不愿被遗忘的“中间生”

中间生的心理共性是不成熟、不稳定，意志薄弱，可塑性大等。在他们身上，一方面可以通过良好的教育与指导使他们向优等生靠拢；另一方面是沦落为差生。可以说：中间生是差生的预备队，也是优等生的后备军。因此，如果忽视了对中间生的教育和指导，会产生一种潜在的扩大差生队伍的危险。而如果对他们进行有针对性的教育和指导，却可以增加优等生的人数。从这个意义上说，班主任要重视对中间生的教育工作。

(一)中间生的特征表现

1. 守规矩但缺乏独立见解

大多数中间生是乖孩子，他们听话，笃信家长和老师为他们制订的各种规范，并按家长和老师的要求去做事；他们懂事、听话，甚至循规蹈矩；他们不调皮捣蛋、不惹麻烦，因此成为班风“稳定”的主体因素，是家长与老师心目中放心的孩子。这些“乖”孩子很少提出意见，很少与他人争论，无论是老师还是同学。他们对待问题缺乏个人见解，盲目随大流，最终成为“问题学生”。

2. 渴求进步又怕苦畏难

一部分中间生对自己的期望很高，渴求进步，上进心和自尊心较强，但对自己的能力水平缺乏客观认识，往往表现高估倾向，常对自己提出不切实际的目标，因此容易被挫折困惑。还有一些中间生由于家庭生活条件较好以及家长的娇惯，使他们形成意志薄弱，害怕吃苦，在文化学习、体育锻炼、劳动等方面都存在着畏难思想，拈轻怕重，自控能力差。

3. 满足现状又波动性大

从主观上讲，这类学生有“比上不足比下有余”的思想，在这种思想的支配下，易于安分守己，进取心不强。他们觉得“争做优等生太吃力，居下游太丢面子，中间最安稳”，从而缺乏斗志，动力不足，成绩平平。他们也有一种“知足常乐”的意识，没有勇气和决心去“冒尖”。由于学习不刻苦，上课有时分心，作业偶尔拖拉，学习时紧时松，缺乏自律，故成绩时有波动。

4. 潜能较大，可塑性很强，容易分化

中间生的学习态度还算是端正的，其智力、潜力水平与优等生相差不大，关键是非智力因素是否得以被开发利用。现代心理学研究表明，人的智力呈正态分布，超常儿童和低能儿童各占 3%，绝大多数人的智力相差无几。从这个研究结果来看，中间生的潜力较大，有待于开发，他们的发展有着广阔的前景。他们的能力素质、道德品质、知识基础、学习态度等都为他们的发展奠定了扎实的基础，有着极强的可塑性，如果教育者能注意点拨激发，引导得当，则很有可能转化为优秀生，甚至超过优秀生。

(二)中间生的教育策略

1. 给予充分关注，促其进步

案 例

班上有一个叫梁可闻的男孩子，性格较为内向，连说话也是羞答答的，可是，他却有一个做班长的愿望，只是因为能力不够而没有被同学选上做班干。因为课代表是由老师决定的，我就向数学老师推荐他做课代表。经过了一段时间的锻炼后，我惊喜地发现，梁可闻的羞涩仍在，但他管理起同学却一点也不含糊，老师交代的事也能很好地完成，他嗓子细，每次说话的时候都会使劲地说得大声一些。因为我曾经讲过，课代表的成绩是要很优秀的，他学习就越来越刻苦，成绩也不断提高，语文和数学都很好。有一次，他的数学没有得“A＋＋”，他难过得都哭了，爸爸不忍心来找我，让我劝劝他。随着他的不断努力，他渐渐地得到了班上同学的认可，当初，他鼓起勇气说自己想当班长时，还有很多同学取笑他，可是现在，他俨然已经成为我们班众人钦羡的榜样。

中间生的内心潜藏着许多积极因素，如要求进步、乐于为班级做事、有表现自己才能和智慧的要求等，他们特别希望得到老师的重视和信赖。因为中间生人数众多，所以他们是班里可挖掘潜力最大的群体，因此，班主任应经常深入中间生，主

动了解他们、关心他们、肯定他们，帮助他们树立进步的信心。

2. 赏识教育，增加信心

中间生既自尊又自卑，既渴望得到老师的表扬也害怕受到老师的批评，因此，教育者要善于“竖起你的大拇指”，老师的“赏识”能满足他们自尊的需要，克服自卑心理，并使其产生乐观、奋发图强、积极向上的情绪。教育中教师也要像中间生传递自己对他们的热切期待，提高中间生各方面的能力、自信心。期末在学生手册和新年贺卡中，给中间生给予赞赏，如他们在新学期的学习劲头、班集体荣誉感、责任感方面都与上学期形成了鲜明的对比。

3. 活动多样，体验成功

活动是教育学生的重要阵地，全体学生是班级活动中的主体。教师在活动中重视优秀生和后进生的同时，不应忽视中间生。教师应经常组织多样化、分层次的小型竞赛活动，让中间生在活动中能获得成功的体验。教师要引导全体学生积极参与，并充分调动和发挥中间生的积极性和特长，要尽量使中间生在活动中有岗位、有职责，让中间生都参与活动的全过程，从中锻炼才能。集体是个人成长的沃土，有意识地让中间生参与集体活动，不仅可以培养他们的能力，而且能协调他们与同学的关系，有益于形成健康的心理品质。利用活动课程建设，给中间生创造一些机会，让他们参与到集体活动中去，如改变过去班长主持班会的惯例，让全体学生轮流主持，为他们提供锻炼的机会，从而使中间生树立起自信心，积极进取，健康地向前发展。

4. 指导学习，快速进步

中间生学习成绩平平，原因是多方面的，但他们的智商不低，基础不弱，教师只要细心观察、耐心诱导，有针对性地以他们感兴趣的学科或学得较好的科目为切入点，教给其科学的学习方法是完全可以进入先进行列的。

例如这些学生非常希望自己成为好学生，他们与优等生的差距往往是缺乏自制力和刻苦精神，对自己的要求不严格。针对这一特点，班主任对他们要高标准严要求，适时向他们提出新的目标和要求。学习过程中，他们会出现一些困难，这些困难不是由于智力上的原因造成的，主要是学习习惯和学习方法不当造成的，因此班主任要及时关心帮助他们，防止他们学习上的脱节，产生知识的缺陷。学习上的脱节容易造成学生丧失学习兴趣，注意力转移，从而造成学习成绩下滑。在实际工作中，教师可以为他们开“小灶”，多给他们补课，让他们与优等生同步发展，这是有利于增强他们的自尊心和上进心。

5. 家校合作，促进成长

中间生由于自我价值得不到认可，在家庭中也没有让家长引以为傲的成绩，往往得不到家长的真正理解和肯定，家长和学生间就容易产生失语性代沟。因此，班主任就要经常和中间生的家长联系，了解家教情况，及时纠偏导正，让家长多平等地和子女谈心，多进行赏识教育，让中间生能够在一个自主、健康、和谐的家庭环境中生活和学习，以此来激发中间生创新思维和寻求自我的人生价值，进而促进中间生均衡而又有个性地发展。

三、学业与品德发展不良学生的教育

相关链接

别拿差生不当孩

翻看学生日记，这样一段话引起了我的注意："数学课上，老师又把那几个好学生挨个问了一遍，剩下的都不正眼瞧一瞧，更不用说我们这几个被老师视为坏学生的人了。唉，也难怪，谁让咱技不如人呢。但我不明白的是，大家同在一个教室里学习，为什么老师总是把几个好学生挂在嘴上，好像我们这些人就不是他的学生似的，这也太不公平了……"

乍一看，知道这是学生在发牢骚，但细一想，这话也不无道理，本来嘛，都是一个班的同学，但由于个性差异或其他原因造成学习成绩有好有坏，这也是情理中的事，可是被人为地分为三六九等，一些老师不是对学生查缺补漏、分类推进，而是偏爱好生，冷落差生，更有甚者，对差生经常讽刺挖苦，稍不如意就要体罚，在他们头脑里，似乎只有好学生才是他们真正的学生，全然没有意识到这些所谓"差生"也是他们的"杰作"，有些甚至与他们的所作所为有着最直接的因果关系，不去检点自己的行为反倒把责任往外推，真是岂有此理！

行文至此，我记起了曾经看过的二则消息：

其一，当一名记者夸奖美国总统的母亲有一个伟大的儿子时，这位母亲回答道："我还有一个种地的儿子，他也同样伟大。"

其二，2002 年诺贝尔物理奖获得者之一的日本科学家小柴昌俊在得奖后，深有感触地说："我是以倒数第一的成绩毕业的，但东京大学却接受我当讲师、教授，我非常感谢东大的知遇之恩。"

要成为一名合格的教师，不但要有爱心，还必须像春雨滋润万物一样把这份爱雨洒到教室的每个角落，关注好学生，更要关爱差生，要勇于承担起属于自己的那份职责和义务。以学生为本，尊重每一名学生，还他们平等受教育的权力。这大概也可算是"三个代表"的一个具体实践吧！

（资料来源　余弓：《别拿差生不当孩》，《中国教育报》，2003 年 2 月 21 日。）

对差生的叫法很多，有的研究称为"underachiever"，有的叫作"后进生"，有的叫作"学习失能学生"……这类学生的基本特征是：智力属正常范围，但由于共同或各自的种种原因，对普通学校条件下的学习生活不适应，最终导致"学业不振"或"学业不良”。从理论上讲，这种“不良”是可逆的，在一定补救条件下是可以转化的。[①] 差生有双差生和单差生之分，前者指除了学业成绩不良外，还有思想觉悟低，不遵守学校纪律，在班级中经常违反道德原则，或犯有严重过错的学生。

后进生是每个教育者都特别关注的群体，以至于谈到个别教育，有些人就以为是专门针对他们开展的教育。小学班级中后进生人数虽少，但对班级的消极影响不容忽视，能否做好后进生的教育转化工作，不仅关系到学生的个人成长，而且会影响到班级的发展和家庭、社会的安定。

(一)后进生的特征表现

1. 自尊心与自卑感交织在一起并处于矛盾之中

后进生常有的一种心态是破罐子破摔，这其实是自尊心没有得到尊重或者受到挫伤，使心理失去平衡，而向相反方向发展的一种变态心理反应。起初，他们也像其他同学一样希望得到家长和老师的尊重、信任、理解和保护，以尽快赶上前面的同学，因此，他们也努力，想甩掉后进生的帽子。可是，他们得到的往往是家长和教师的批评、讽刺、挖苦、打骂，时常受到冷遇，逐渐与同学疏远，与教师和家长缺乏共同语言。他们的人格和自尊受到很大的伤害，产生与教师、家长、学校的离心力，滋生对立情绪，认为反正被人看不起，干脆就这样了。心理要求与现实之间的矛盾、内心的痛苦与烦闷导致他们失去前进的动力，形成自卑心态。从某种意义上说，后进生的自卑心态是他们希望改变现状、求得他人尊重的一种表现形式。没有自尊心就没有自卑感，自卑感是自尊心的一种扭曲的心理反应。

2. 有疑惧心理和对立情绪

案　例

这天，我照例批阅学生的周记。这次的周记没有命题，任学生自由发挥，当看到小晴的周记时，我的心不禁一颤：“叶老师，我觉得你不喜欢我，讨厌我。有两次我和小文(一名品学兼优的学生)在一起，你看我的眼神很冷淡，不像看她那么亲切、柔和……”看来，无论老师心目中的好学生还是差生，都同样有丰富的内心世界，有一颗敏感的心啊！

后进生由于品德和学习成绩落后，经常遭到老师的训斥、家长的责备、同学的冷落。他们一旦做错了事，往往感到内心空虚，时刻害怕自己的错误被揭露出来。因此，老师和同学无意的一句话，有时也能引起他们内心的波澜，以为是针对自己的，他们敏感多疑，时时防备别人的歧视。

3. 意志薄弱，自制能力差

后进生经常在老师和家长的帮助教育下，产生一种前进的愿望，感到自己再不好好学习、改掉身上的不良行为，就对不起父母和老师的一片苦心。因此，他们也

---

① 钟启泉．差生心理与教育．上海：上海教育出版社，1998：3.

常常发誓从头做起、痛改前非，做一名好学生。但是要上进，就必须付出艰辛的努力和痛苦的抉择，这对于他们更不容易，因为要想迎头赶上别人就要付出比别人更大的代价。而他们由于长期形成松散、懒惰的坏习惯，比如上课分心、注意力不能集中、作业拖拉等，需要很大的意志力约束自己；他们害怕艰苦的脑力劳动，缺乏毅力，已经形成了意志薄弱的心理缺陷。因此，在发展过程中上进心与惰性这一对矛盾交织存在，一旦遇到难以逾越的苦难，就容易打退堂鼓，丧失前进的勇气和信心，往往容易“旧病复发”，表现出不良行为习性的反复。

4. 重感情，讲义气

后进生长期成长在一种被压抑、被歧视、被冷落的学校环境中，加之他们敏感多疑的个性，使得他们在学校得到的关爱要远远少于优等生。他们外表冷漠，装作对什么都不在乎，不在乎学习成绩，不在乎老师的评价，不在乎在同学中的威信与地位，其实这些外在的表现恰恰是他们渴望得到别人的关注而不得的扭曲反应。基于这样的心理，他们渴望得到别人的关心和关注，更希望得到老师的平等待遇。只要有人在情感上接近他们，他们很容易产生信任感和依赖感。有些后进生甚至和社会上的一些闲散人员做朋友，也是出于一种渴望有人关注、有人信任的心理，使坏人乘虚而入。

他山之石

“差生”的心理

正因为“差生”的类型各种各样，“差生”的心理也不尽相同。本人接触了一些“差生”，与他们进行了交谈，了解了他们的一些心理状况。大致有以下几种情况：

1. 恨。恨自己“笨”“不成器”“不成钢”。这种心理主要是那些学习态度尚端正，但学习成绩总是无大起色的学生。他们不是没有拼搏过、奋斗过，却一次一次尝到失败的“苦果”，于是他们动摇了，退却了，丧失了“自信”。

2. 混。不正视。这种学生虽是“差生”，往往因家庭境况较好，而无紧迫感，热衷于穿名牌，交朋友，追明星，玩电脑，看到别人学习艰苦认为是不值得，且寻得“欢乐”“开心”就行，做一天“和尚”撞一天钟，混到个毕业文凭就行。

3. 悔。这部分“差生”，他们对以往由于自身的所作所为而造成的某方面“差”的状况后悔，为目前差人甚远而担忧，为找不到正确的方向而彷徨，为没有正确的“向导”而发愁。这部分人在“差生”中绝不占少数。

4. 灰。自暴自弃。这也是“差生”中一种较普遍的心理。他们认为，自己在思想品德或学习方面的“差”，甚或“双差”，如今已是积重难返，长期以来，老师已经形成了“某某是差生”的概念，我即使想努力，也未见有什么用。特别是那些“双差”生，以往可能跟老师发生过争执，给老师留下过不好的印象，他们看自己前途一片黑暗，于是也就缺乏前进的动力，缺乏前进的目标，而采取自暴自弃的态度了。

5. 毁。这种心理的“差生”是极少数。他们往往是因为经常受到老师的批评而恼怒，或受到误解而形成一种扭曲的变态心理，于是就产生一种想毁掉自己或毁掉别人的念头，这种人人数甚少，但危害极大。若不注意防范，妥善处理，往往容易酿成苦果，造成极大的损失，所以一定要特别注意。

当然，实际表现中，情况则更为复杂，有的是半悔半恨，有的则是既“灰”又“混”，有的则是由“恨”而“灰”而“毁”，不一而面足。①

(二)后进生的教育策略

掌握了他们心理特点，才能有针对性地对症下药，找出教育的突破口。为此，班主任应做到：

1. 确立后进生也能成材的坚定信念

后进生是相对的，在后进生里同样有出类拔萃的人才出现，这已经被古今中外的事实所证明。德国大诗人海涅是学校里尽人皆知的后进生，老师经常骂他对诗“一窍不通”。数学家巴比基和文学家玛阿特是同班同学，他俩因为成绩差经常被老师罚站在椅子上任人取笑，但是在这个班级中，恰恰是他们两个成为举世闻名的人物。大诗人拜伦在小学读书时，成绩经常是全班倒数第一。由此可见，只要我们正确认识和对待后进生，教育得法，持之以恒，后进生也必将成为社会的有用人才。

社会上每一个人都应该是人才，每一个人在社会上都应该有各自的工作岗位，我们教育者的重要任务就在于能够帮助学生找到在社会中属于自己的位置。大量事例表明，“歪脖树”是可以变成有用之才的，关键在于我们教育工作者，尤其是班主任应牢固树立后进生也是人才，也能成为人才的坚强信念，并创造条件使后进生变成优秀生，成为对社会有用的人。

2. 深入了解后进生的心理特点，摸清造成学生后进的原因

后进生形成的原因十分复杂，有的因家教不当，有的因家庭生活困难，有的因受到社会上不良因素的影响，有的因教师对学生期望过高，对学生估价往往脱离真实情况，有的因教师言行不一，方法简单，有的因教师对学生亲疏有别，不能一视同仁，过分偏爱德、智、体全面发展的学生，而忽视其他学生的情感，有的因纪律观念淡薄，有的因学习基础薄弱，等等。然而，后进生并非处处都差、时时都差，他们也有自己的长处和优点，有时也有一些进步，他们同样有成功的潜能，也同样有成功的愿望，并且能在原有基础上获得多方面的成功。教育工作者要深入了解后进生，了解造成后进生当前状态的原因，在教育过程中才能有的放矢，调动后进生自身的积极因素去克服消极因素，使其产生进取的动力，并使他们的积极性向多方面扩散，这样就会起到事半功倍的效果。

① 王国兵．差生你我他．课程教育研究，2012(6)．

3. 热爱学生，给予温暖，取得心灵上的联系

教师要在后进生的心目中树立威信，取得他们的信任，就要从感情上亲近他们，消除他们心理上的隔阂。后进生身上缺点多，毛病多，容易让人生厌。他们很少得到别人的关怀和温暖，在家庭和学校经常受到冷遇和歧视，这也是造成他们长期后进的重要原因之一。班主任关心他们爱护他们，对他们不嫌弃，不歧视，不疏远，而代之以关怀、亲近、热爱，班主任只有诚心诚意对待他们，他们才能信任班主任，消除师生之间的对立情绪，才能把班主任当作朋友，才能和班主任说心里话，把班主任提出的要求看作是对他们的帮助。所谓“亲其师，信其道”。在内心深处产生感激之情，产生被信任感和被尊重感，是他们接受教育、发生转变的良好开端。

案例

“冰山”融化

朱×从外地转入我校，因成绩特差而连留两级，在高一读了三年，遵守学校行为规范也极差，是学校有名的“四大金刚”之一；性格倔强，自尊心极强，曾与老师发生过几次争执，不服教育。老师对他有看法，他自己也自暴自弃，“破罐子破摔”，不再有上进之心。

该同学转到我班后，对我存有严重的戒心，对我“敬而远之”，我几次找他谈心，都因他保持沉默而无果而终。但我并没有因此而气馁，还是坚持找他谈心，并冒雨到他家访问；在“周记”中我批示要与他交朋友；我把他调到最前排，以提高他的学习效果；我主动为他免费补习语文，并想方设法为他请数学“家教”。由于他的数学成绩太差，使几位数学老师婉言谢绝了我的请求。我的“诚”意逐渐打消了他的顾虑，他开始跟我有话了。后来我了解到该同学父母都是文艺界人士，母亲长期在外地组织演出，父亲原在外地工作，调入上海后又因工作太忙，而无暇照管他的学业。其实，该同学并不是传说中那么“坏”，是因缺少管理，缺少关心和指导而在行为规范方面有所欠缺；他也不像传说中的那么“愚”，除了因一些客观原因和主观上不够努力而学习成绩较差外，其他的天资并不差：他曾经获学校电脑操作比赛二等奖，他自己会修自行车，会拆装电脑，尤其在文艺方面还很有天分。我觉得对这样的学生要辩证地看，应该主动地多关心，帮助他扬起成才的风帆。我鼓励他参加校艺术节的比赛，以发挥自己的特长，果然他在比赛中一举夺得现代舞蹈一等奖和外国歌曲演唱一等奖。在他过二十岁生日时，我特意买了十六寸的大蛋糕去祝贺。他激动地说：“王老师，我一定要好好学习，争口气！”现在这个同学在各方面都有了较大进步，不少老师都说他变了，“换了一个人似的”。我体会到，只要你诚心诚意地去为学生服务，并晓之以理，动之以情，即使“冰山”也会被你融化的。①

① 王金峰.“差生”的心理探析及对策研究．青年教师，2006(3).

对学生在思想教育、行为规范方面要求要严，但在处理某些具体问题又要宽以待人，即使对于那些犯了较严重错误的同学也要处理慎重，不能"一棍子打死"，不能动辄定为"品质"问题，因为他们毕竟还是学生，有这样那样的缺点和犯这样那样的错误都是正常的。在我任班主任的班级中，我一般不给学生以处分，而是教育从严，管理从严，处理则从宽，因为这处分很可能会挫伤学生的自尊心，给他们的心灵笼上阴影，很可能会给他带来终生的遗憾。

4. 帮助学生将优势智能领域的特点迁移到弱势智能领域中去

首先，对于后进生的转化要立足于调动他们思想内部的积极因素，启发自觉。对于后进生，教师如果只是一味地指责他们的缺点和错误，看不到一点点长处，不能一分为二地对待他们，那么教师无论讲多少道理、提多少要求，他们也会充耳不闻，无所反应，师生之间找不到共同语言。班主任只要有正确的学生观，相信每个学生都有他的闪光点，就像素质教育所要求的："把学生的差异作为一种资源去开发出来"，找出学生后进的客观原因，分清主流与支流，就会发现后进生身上的积极因素，作到长善救失，发扬优点，克服缺点，从而激发他们的上进心。对于各种消极因素，教师要善于掌握时机，因势利导，针对不同特点因材施教。避免简单、粗暴的训斥和指责等违背后进生特点的错误的教育方法，代之以尊重、信任他们，给他们自信心和向上的勇气。诚心诚意地帮助他们看到自己的缺点并想方设法帮助他们改正缺点，对他们的点滴成绩都要及时加以肯定。坚持正面教育、耐心启发，诱导他们自觉同自己的错误展开斗争。

其次，还要善于发现后进生的点滴进步。在学校教育中，有些班主任的确能以爱为先导，使后进生不断进步。但有时大量的转化工作换得的却是后进生比以前还落后的结果，这是什么原因呢？这往往是由于班主任还没能科学地掌握转化后进生的标准。对后进生的退步，是因为班主任只采用了横向对比，而忽视了纵向对比。后进生的进步是点滴的，与后进生自身相比较是有进步的，但与其他同学相比较是微不足道的，于是容易让人产生后进生比以前还落后的感觉。但是，教育者必须清楚地认识到，一般学生过去的基础好，现在进步也快，而后进生在起点上就比其他学生低，不管后进生进步怎样，与其他学生相比较总还是落后的。所以，班主任在转化后进生的工作中，不能以大多数同学的理想标准作为后进生的标准，而应该以后进生自身的发展为基准，纵横上下全方位立体比较，只有这样，才能发现后进生的点滴进步。

最后，还要善于捕捉后进生身上积极因素的最佳时机。有几个最佳的转变后进生的时机：一是进入新学校或新班级的时候，后进生往往产生奋起直追的念头，但对新的环境、新的老师也会产生一种喜悦或担心、信任或怀疑的矛盾心理状态，这时，班主任要及时抓住闪光点，因势利导，以诚相待，解除后进生的思想顾虑，后进生就会在新学校、新班级、新起点面前有新的打算，作为自己追求新目标的起点。

所以班主任要特别注意他们的心理平衡，做出新的努力。二是进入一个新学期或新学年开始的时候，或开学的第一天、第一堂课、第一次作业、第一次活动、第一次同后进生接触的“首因效应”，发现闪光点，帮助他们树立信心，把决心付诸行动。三是后进生偶然得到一次高分数或者为集体作出贡献而受到表扬时，他也会产生追赶先进的勇气和力量，班主任就要及时发现这个闪光点因势利导，促进其转化。

5. 培养兴趣，提高学习成绩

后进生往往是“双差生”，他们普遍对学习不感兴趣，学习成绩差，这也是造成他们纪律差的原因之一。因此，班主任要紧紧围绕他们的学习成绩“做文章”，改变他们的后进状态。通过各种方式引起他们的兴趣，提高他们的求知欲望。同时对他们进行理想教育，端正他们的学习态度，明确学习目的。通过补课、课外辅导等方法提高他们的学习成绩，还可以根据兴趣与爱好组织他们参加课外学习小组和科技小组，增加他们对学习的浓厚兴趣，促使他们提高学习的积极性，而学习上一旦取得进步，必然带动思想上的转变。

案例

我的班原有一个学生语文考试得 8 分。如果说老师只会为 80 分的学生服务，不会为 8 分的学生服务，这样他就更找不准自己的位置，我们得帮助这个学生找准自己的位置。

我对这个学生说：“听说你没到这个班来之前，上课都不听课？”

“老师，我想听但听不明白，我就不听了。”

再问：“听说你回家不写作业？”

“我老抄作业，老师不看，我也不抄了。”

又问：“听说你回家连书都不看？”

“老师，您替我想想啊，我课听不明白，作业不会写，书我能看懂吗？”

我说：“这不结了吗，你看，一不听课，二不写作业，三不看书，这样考试你还可以得 8 分，这不说明你还有点天赋吗？”

没人这么说过他呀，孩子突然眼睛一亮：是啊，我怎么还能得 8 分呢？开始这个孩子觉得这张卷子惨不忍睹，现在他敢正视这张卷子了，他觉得 8 分挺亲切。这样我们就开始分析什么生字啊，文学常识啊。他自己安排计划，把一本书的生字、文学常识什么的全弄明白了，我问：“这样你以后可以得多少分了？”他说：“老师我可以得 16 分了。”我问：“还有什么不服气？”“作文”我问：“为什么？”他说：“我没有信心写？老师我原来不会写作文，但我到您这个班后，天天写日记，于是自己有信心了。”我问：“期末考试的目标是多少？”他说：“26 分。”结果这个孩子得了 36 分；接下来，56 分；接下来，及格了。①

---

① 魏书生．如何当好班主任．北京：北京大学音像出版社，2007.

6. 发挥集体教育的力量，形成强大的教育优势

教育后进生仅靠班主任孤军奋战，难免势单力薄，顾此失彼。因此，班主任要善于组织和发挥班集体的力量，运用班集体的力量，除了要教育全班同学，特别是学生干部，关心、团结、帮助后进生，不歧视他们，不排斥他们，还可以利用“结对子”等形式，组织优秀生帮助后进生，形成强大的教育优势，使后进生感受到集体的温暖，产生对班集体的归属感。

同时，还要争取得到科任教师、家庭、校外各种教育机构的支持与配合，共同研究制订对后进生教育的方案，采取一致措施，共同做好后进生的转化工作。

7. 不怕反复，耐心教育，持之以恒

后进生有动荡性的心理特征，其通病就是在前进中容易出现反复，因此，后进生的教育与转变是一个长期反复的过程，不能急于求成，一帆风顺、一劳永逸的办法是不可能的。面对学生的反复，教师要有良好的心态，要允许学生反复，不用理想主义对待学生，要有持之以恒的耐心。做后进生的转化工作，就要坚持抓反复，反复抓。所谓抓反复就是要注意后进生在转化系列当中的进步与后退的衔接处，培养学生的自制力，帮助后进生走出意志薄弱的低谷，针对性强地、把握好火候，准确地预见后进生反复的时间，创设过渡条件，使后进生转化不至于走入低谷。所谓反复抓，就是要求班主任对于后进生的进步不能自我陶醉，对于后进生的旧病复发不能灰心丧气。

第二节 小学班级中非正式群体的教育

班级是一个正式群体，具有正式群体的特征，即明确的组织目标、正式的组织机构、清楚的组织规范，班级内部成员间有明确的分工，存在正式的权力机构，学生个体有明确的角色分工等。同时，每个班级也有不同的正式群体，这些关系的形成是按一定的教育目的和任务组织而成的，如小组、课外兴趣小组，以及为讨论某一问题而暂时组成的小组，少先队、团支部等。但随着学生接触时间的增多，兴趣爱好等的展露便会在班中自发地形成一种非正式群体，对班级生活发生着影响，也需要班主任进行必要的管理，否则就会影响班级的发展。

一、小学班级中非正式群体的含义、特点及成因

（一）非正式群体的含义

“非正式群体”这一概念，是现代管理心理学的先驱者哈佛大学的梅奥教授(E. Mayo)在其著名的霍桑实验(1924—1932)中相对于正式群体第一次提出的。

非正式群体指班级中的一些学生在心理一致性或相容性的基础上自愿结合而成

的群体。它不是由官方文件和制度规定而组建，是指自发形成的，没有正式明文规定的无形群体；其成员间的关系带有明显的情绪情感色彩，以个人的喜爱、兴趣、需要等心理相容和一致为基础自然而然结成的群体。如学生自发组织起来的各种课外活动小组、学习小组、兴趣小组，以及其他三五成群的小团体、小团伙等。

(二)非正式群体的特点

1. 非正式群体规模小，人数少

他们往往是三五成群，只是一个小团体、小团伙，一般来说，在 5 人左右或更小。而正式群体则不同，绝大多数在 10 人以上，例如班集体、学生会、团组织等。这是由于正式群体是由组织正式组建的，所以可按需要形成较大的规模。而非正式群体，由于它的形成是自发的，是通过成员之间的相互交往而生成，所以不可能规模很大和人数较多。否则成员之间难以进行情感交流和人际交往，也就无法形成群体。据调查，无论学生自发组织的各种兴趣爱好小组、课外活动小组，还是一些帮派团伙，人数一般都在 10 人以下。

2. 非正式群体规范的无形性以及较强的约束性

学生非正式群体不像班集体那样的正式群体有明文规定的规范，如条约、公约、守则、纪律、准则等，但这不等于它没有行为规范，只是这种规范是无形的、不成文的，是从他们各自共同利益、需要、情趣和爱好出发而自发约定俗成的，它对每个成员行为具有指导和调节作用，有时比正式群体规范的作用更有效和显著。因为这些不成文的无形的规范，是群体成员共同心理特点的表现和反映，与成员内在心理需求比较融合，加之非正式群体规模不大，很容易相互监督和参照，因而这些无形的规范就具有很大的约束力。

3. 非正式群体的情感维系性和心理凝聚性

一般说来，维系学生正式群体存在的主要因素是外部因素，如明确的组织制度、规范条约、定员编制、内部的分工及相应的权利、义务、职责等。而他们的非正式群体则不一样，维系存在的主要因素在内部，维系力量来自成员间的情趣利益一致，爱好、志向、个性等相同或相似，以及需要、情感、思想等相容，因而也就具有很强的凝聚力。这种强的凝聚力突出表现在非正式群体的自卫性和排外性上。

4. 非正式群体核心人物的权威性

学生非正式群体也像正式群体中的班集体、学生会等一样有自己的核心人物，即领袖人物，不过并非像正式群体由上级组织或官方任命和派遣，也不是全体学生通过正式途径推举产生的，基本上是自然形成，凭借其本身固有的内在影响力如知识、经历、特长、能力、品德、体力等自发成为核心。这样的首领人物在群体内有很高的威信，对成员有一种无形的吸引力。其首领人物虽然没有学校班级赋予的正式职务和权力，却对周围的同学具有较大的影响力，可以左右小团体内每个同学的一言一行，而其他同学却以他为中心，无条件地自愿接受他的指挥，服从安排。

5. 非正式群体内部信息传递的畅通性和随意性

非正式群体由于其规模较小，带有浓厚的情感色彩，所以成员之间的交往和关系极为密切，彼此之间的思想交流畅通，只要校内外、班级内外发生一点事情，小团伙内的学生就会迅速传递和交流信息，直到人人知晓。与此同时，由于这种信息的传递带有明显的情绪色彩，故随意性较大，表现出明显的好恶倾向，所以，流动信息的客观性和真实性在质和量上均有一定的偏差。

(三)非正式群体的成因

1. 时空因素

时间因素在于，同一班级内大多数同学有共同的自由支配时间，或是某种机会下共同活动的时间；空间因素在于彼此的生活、学习地点比较接近，比如家庭住址相近或座位相邻的学生容易形成非正式群体。由于非正式群体的形成必须有比较频繁和长期的深入交往，所以时空因素是必需的。

2. 志向、观点、品质的一致性

在某种意义上，这个因素也是决定性的因素。主要表现在一些同学由于观点态度的一致性、兴趣爱好的共同性、交往需要的相辅性和性格气质的相容性，往往很容易聚在一起，谈论共同话题，从事共同所好之事，从而结成牢固的“友谊”。

3. 相似的经历或遭遇

比如都是单亲家庭的孩子，或者都有某种先天的缺陷，或者在班级里都受别人欺负，或犯过同样的错误等，共同的经历或遭遇使得孩子感觉“同病相怜”，更容易彼此接纳，走到一起。

4. 面对共同的外界压力

这也是促成非正式群体尤其是“小团伙”形成的重要因素。由于小学生的生理、心理尚处于不成熟状态，思想、行为易出现盲目、冲动，但又趋向于独立，想摆脱学校、家庭的束缚，一旦受阻，容易结为一体。

二、小学班级中非正式群体的作用

(一)小学生非正式群体的积极功能

1. 非正式群体能使学生获得心理上、精神上的满足

学生非正式群体是为满足自身心理需要而产生的。由于学生正式群体活动是为满足总体需要而组织的活动，这些活动无法满足每个学生丰富复杂的心理需要，于是为弥补这一不足，学生的非正式群体自然形成。

非正式群体的这种积极功能突出地表现在两方面：

第一，满足了精神生活的需求。每一个学生都有自己的思想、志趣、情感以及在这些观念形态指导下的行为，不但在日常工作、学习、生活中表现出来，而且还希望得到他人的共鸣，以获同情、理解和支持。而在正式群体和组织中表达这些精

神生活，往往没有适当的机会和渠道，这就势必将那些不适合在正式公开场合与渠道显露的事情和思想，在非正式群体或场合中宣泄。这样可以减轻心理上的压抑情绪，消除紧张状态，保持心理平衡，调适精神生活。

第二，通过非正式群体可以使学生丰富业余文化生活，有效地安排闲暇时间。学生通过非正式群体活动，丰富了闲暇时间，活跃了业余生活，这些对维护身心健康、保持旺盛的精力、提高适应能力、建立良好的人际关系都起到了十分重要的作用。

2. 非正式群体可以增强小学生的群体意识，有助于正式群体的形成和巩固

任何群体的存在都以群体成员遵守一定的行为规范为前提。非正式群体的行为规范一般是由小学生约定俗成的，无形的，但成员都能自觉遵守本群体的规范，没有什么强迫性。可是，如果谁违反了这种规范就会受到强烈的群体压力，甚至受到孤立并被抛弃，这就是小学生非正式群体规范的非条文性、无形性以及较强的约束性特征。正是这一特征使非正式群体把群体信念和价值观念传递给每个成员，使之意识到自己是群体一员而且必须以群体的利益为主，应该自觉遵守群体的行为规范，进而转化群体的信念和价值观念为每个成员自己的信念和价值观。加上群体内部赏罚分明，从而增强了每个人的群体观念和意识。常在学校里看到某个小学生可能在班级中甘居落后，而在他的朋友圈中却不肯示弱，道理就在这里。

小学生的这一群体观念和意识有助于班级中正式群体的形成、巩固和建设。苏联心理学家指出：在自由和创造性工作条件下，正式群体内部的非正式群体会促进正式群体的巩固及任务的实现，不仅不会涣散组织，而且会使之更加团结。若非正式群体具有集体主义的倾向，就更能促进正式群体的巩固。因为在非正式群体中成员之间互相谅解、亲密接触和友好合作，具有情绪上的一致性并相互依恋，乃是正式群体的价值观念、思想观点和行为动机产生的基本条件。

3. 非正式群体可以为小学生个体提供及时而彻底的物质和精神援助

当小学生遇到困难挫折时，最先提供援助的就是各种类型的非正式群体，这是因为非正式群体有较高的情感维系性。在日常生活中，个人的烦恼、生活的困难等不可能都“依靠组织”来解决，正式组织也难以解决每日发生的大量此类问题。这些问题就得依靠具有浓厚情感色彩的非正式群体来消解。

一般来说，非正式群体提供的援助有两个特点：一是随时性。由于非正式群体成员之间交往密切，彼此信息灵通，一人有了困难很快了解。同时解决问题不像正式组织那样层层批报，故而及时。二是比较彻底全面。朋友、同学之间感情深厚、亲密友好，所以提供经济和物质援助多是无条件的、非借贷性的，而且比较全面。这种援助不仅有物质经济上的，还有精神和心理上的。比如当某个小学生遇到挫折时，就会及时得到好友、同学等大量热情而诚挚的劝解、同情、安慰和支持，这就有助于减少烦恼，消除挫折感，从而振奋精神。很显然，非正式群体提供的这些援

助有时比正式群体和行政组织更彻底和全面有效。

4. 非正式群体有利于小学生之间相互学习、相互提高，促使个性和谐发展，人格更加完善

小学生在非正式群体中，由于彼此之间交往频繁，了解透彻，可以看到群体内其他成员的能力、知识水平和品格个性的表现，又可以了解到别人对自己的评价、反映。这会加深自己对别人更加全面和正确的认识，也清楚地认识了自己，因此易于及时发现自身的缺点和他人的长处，从而取长补短，不断进行自我完善和提高。

另外，非正式群体是不受正式行政组织约束的，大家自愿结合，成员的交往与行为依靠情感道义等来制约，没有固定的规章制度和严格的组织纪律，成员间可以无拘束地发表自己的思想、言论和观点，行动自由，这有利于小学生个性的和谐发展和保持良好的心境及愉快的情绪。

（二）小学生非正式群体的消极功能

1. 非正式群体成员之间重情感而轻理智的特点往往会产生不健康的、危害班集体和社会的行为

维系非正式群体生存的重要纽带是成员之间的情感，这点在小学生非正式群体中表现得更为明显，因此很容易导致他们的思想和行为具有深厚的情感色彩，重感情，重友谊，也重江湖义气，举止言行对事物缺乏理智冷静的分析判断，这样就不可避免地产生思想和行为的偏激和冲动。尤其要指出的是，小学生易把感情、友情、友谊等误认为“江湖义气”，从而使他们所在的非正式群体具有更大的消极性和破坏性，进一步发展会导致一些非法和违法的行为。比如为了“义气友情”，小团伙中一人受到批评或打击，其他人群起而上，拔刀相助等，这些行为都不同程度地损害了班集体、学校和社会，使正式群体的正常活动受到阻碍，遭遇挫折。

2. 非正式群体的高凝聚力可能削弱正式群体，有时会使正式群体处于松散状态

较强的凝聚力是小学生非正式群体存在的一个重要特点，这又突出地表现在其自卫性上，他们一般非常反感别的同学和师长对自己群体的介入，时时提防他人的介入和损害，有时甚至盲目地排斥群体外的一切人。由于小学生非正式群体存在于学校、班级等正式群体中，因此如果这些正式群体中有若干个自卫性很强的非正式群体，就很容易出现各自为政、相互对立、互相排斥的局面。这样正式群体和组织就成为一盘散沙，应有的凝聚力严重下降，应有的组织活动也难以维持和开展。尽管这只是一种可能，但在班级中时常可见这种消极影响的存在，这主要是由于非正式群体的影响增大，而正式群体的作用难以充分发挥所致。

3. 非正式群体内部信息交流的畅通性、随意性，往往使之成为小道消息和谣言的传播者和制造者

非正式群体中成员频繁的交往和沟通很容易传播和扩散信息，且受各个成员感情好恶的影响，很容易使流动的信息失去其真实性，直至成为谣言、流言，这在客

观上又起到了谣言制造和传播的作用。这仅仅是无意识的，还有为维护本群体的利益故意主动传播制造一些小道消息和谣言的。无论是哪种形式流传的谣言，都会给正式群体和组织埋下不安的种子，造成人心浮动，使正常信息的传播渠道发生障碍。在学校里，常可发现由小团伙散布的一些小道消息或谣言，使班级出现混乱的情况。这些对班集体的建设、班主任工作、同学之间的团结都有很大危害性。

4. 非正式群体内核心人物(首领)的极大权威性，易造成群体心理与行为的整体偏离和失误

非正式群体中的核心小学生是自然形成的，具有极大的权威性，其他同学对他绝对拥戴和服从。因而当这些核心小学生作出无论是对还是错的决策时，其他人在理智上和情感上都会无条件服从于他。一旦核心小学生的意见和决策产生偏差，一群体内的所有成员就会随之产生行为偏差。这样非正式群体的行为就会给正式群体以至整个学校和社会蒙受重大损害。比如，曾经发生过的小学生结群闹事、聚众斗殴、团伙犯罪等，都和少数权威小学生的决策意见有直接关系。

5. 小学生非正式群体与正式群体的冲突产生“内耗”

由于小学生非正式群体与正式群体同时客观地存在，就很容易使整个组织系统内部产生不必要的破坏性冲突，出现相互对立、消耗内能的现象。

在学校主要表现为这样几方面：小团伙的利益和目标与班集体等的利益和目标发生冲突或不一致时，会对正式群体的利益和目标起破坏干扰作用；非正式群体与正式群体的行为规范发生冲突时会削弱正式群体规范的威严和约束力；在群体活动上，当非正式群体与正式群体发生矛盾冲突时，会使正式群体的活动成为一盘散沙，难以进行；群体领导成员之间也会发生冲突，少数领导人的冲突会使整个群体相互对立和攻击，从而造成大规模、大范围的“内耗”。另外，非正式群体易造成其成员角色冲突，使一些既是非正式群体又是正式群体成员的小学生为双方之间的冲突而左右为难和矛盾。

6. 少数小学生非正式群体的消极破坏性质已构成了危害班集体、学校和整个社会的事实

这些非正式群体由于频繁的交往和聚拢、消极模仿、外来影响等因素，逐渐形成了其群体文化，如江湖义气、派帮意识，一些小学生产生了畸形甚至错误的价值观念、生活态度、人生信仰和行为方式等，不听教师和家长的教育，不遵守校纪校规，缺乏学习热情和兴趣，追求吃喝玩乐的生活方式。这样的小学生非正式群体若得不到及时的教育管理，就易发展成为对社会具有破坏性的群体，如小学生中出现的少数流氓、盗窃等刑事犯罪团伙。据有关调查研究材料显示，青少年犯罪团伙的形成多是从以上消极的非正式群体演变而来。

三、小学班级中非正式群体的教育策略

1. 消除误解和偏见，正确认识学生非正式群体存在的客观性

学生非正式群体的存在是同正式群体并存的，也就是说只要有正式组织和群体的存在，非正式群体的存在和发展就难以避免。据调查，一般的班集体就有五六个小团体，并且随着班集体的大小而相应地增减。这给教育管理者两个启示：其一是要正视学生非正式群体的存在，不能只看到正式群体的存在和发展，就无视非正式群体的形成和活动，因此对学生非正式群体的教育也要像正式群体一样纳入正常轨道；其二，既然学生的非正式群体是客观存在的，那么就要细心观察，深入调查，认真分析各种非正式群体的形成、活动、特征及其利弊，为全面有效的教育引导打好基础。

2. 区分各种非正式群体的不同性质，有针对性地采取相应的处理原则和方法

对待不同类型的非正式群体，教育者要在认真调查研究的基础上正确认识，区别对待。关于非正式群体的类型，有不同的划分方式。如果从其与班级的关系来看，非正式群体又可以分为积极型、中间型、消极型三种。

第一种是积极型(或叫一致型)的非正式群体，即以正确的意志、观点和正当的兴趣爱好形成的非正式群体，如学习兴趣小组、各种课外娱乐小组等，对这类非正式群体，班主任要大胆使用，使之发挥特长优势，给予支持、保护，促进发展。

案 例

在我们班中就有这么一个以班长黄培玲为核心的小群体。他们经常一起为班级做好事，比如出黑板报；为教室搞美化工作；班级有活动他们一起出点子，想办法积极参与；休息日开家长会，他们会相约来学校做接待工作。对于这一群体，我积极鼓励，在全体同学面前对他们为班级所做的好事进行表扬，同时我从他们那里及时收集学生的思想动态及学生对班主任、任课教师的意见和要求，获得第一手材料有针对性地做思想工作。我还积极支持和他们有相近爱好、志向的同学加入他们的群体，使这一非正式群体逐渐壮大，为实现班集体的目标服务。

第二种是中间型(或叫偏移型)的非正式群体，对待他们应当是关心与引导。这类非正式群体在班级中具有一定的离心力，不利于班级集体凝聚力的增强。班主任一方面促使他们与更多的同学友好相处，广泛地与同学交往，增强彼此的了解，在班级中建立一个和谐的人际交往关系；另一方面提高他们的交往水平，即向交往的深度发展，通过高水平的交往，使他们的理想、信念、价值观、道德评价与积极型的非正式群体相近，以有利于班级集体目标的实现。

第三种是消极型(或叫冲突型、反班级型)的非正式群体，他们与班级集体是不相容的，有一定的消极作用甚至破坏作用。对于消极型的学生非正式群体，班主任

要密切注视，及时防范，避免进一步恶化，可采用教育、引导、争取和改造的原则；对于少数破坏型的，如一些流氓犯罪盗窃团伙，要通过法律途径严打首犯、要犯，对有悔改之意、能检举揭发交待罪行的胁从分子应坚持教育从严、处理从宽的原则，帮助他们重新做人。

案 例

我班就有以周××为首的这样一个小群体存在。经过调查，我发现这一群体刚刚形成，处于萌芽期，我首先做的是和他们多接触，多联系，多了解，尊重他们，理解他们，这样来消除他们和班级集体在目标行动上的抵触情绪。然后，有意识地将其中的个别成员引导到适合他们兴趣的其他群体中，对于他们细小的进步也经常给予肯定和表扬。对于他们的消极破坏行为不退让也不迁就。比如在第12周，以沈××为首的几个学生到学校自行车棚搞破坏，对于这种严重违反校纪的行为就不能姑息，根据他们的表现，分别给予处分，批评。最后，我认为还应和这一部分学生的家长联系，互通情况，交流各方面的信息，沟通感情，既使家长了解学生在校各方面的表现和学校对学生的要求，又使我了解学生在家庭中的表现，和家长共同研究，协调学校与家庭的教育步调。

3. 对学生非正式群体实行目标改造，使之纳入正式轨道

学生非正式群体的目标与正式群体的目标有着不同程度的差异，也因其目标的差异性才形成两个类型的群体，产生不同程度的性质和作用。若把它的目标纳入正式群体目标之内，使两者目标一致，就会减少集体的“内耗”。当然这有个过程，教育者首先要对学生非正式群体目标进行改造，要创造一个良好的条件和环境，使之一步一步缩小与班集体目标的差距，形成最大合力，这样班集体等正式群体的效益和功能就可达到最大程度的发挥。

案 例

有位班主任发现班级有几个爱好足球的同学常因踢球而上课迟到，对此，他没有一味批评，而是帮助他们组建了一个足球队，这样使那些学生的特长得以发挥，不仅球踢得好而且学习刻苦，遵守纪律，成为班集体建设的重要力量。相反，另一位班主任因班上几名爱好武术的同学违反纪律，宣布习武是“非法”的，予以禁止，结果这几个同学转入“地下活动”，离开学校到社会上舞枪弄棍，在班上处处与教师和同学作对，从而成为班集体中的一股消极力量。由此可见，对学生非正式群体目标的引导和改造，是转化非正式群体和发挥其积极作用的根本。

4. 开展形式多样、种类齐全的班集体活动，充分发挥广大学生的特长和才干，尽量满足每个学生多层次的需要

儿童有各种各样的需要，这些需要如果在班集体等正式群体活动中得不到满足，他们就会另谋出路，而非正式群体正是这种需要满足的辅助渠道。当然任何高明优

秀的正式群体也难以满足每个学生纷繁复杂的需要，但是至少有一点可以努力做到，就是尽量最大限度地去满足每一个学生的需要，最大可能让每一个学生在正式群体里有充分表现自己的机会，使他们的聪明才智得以全面发挥。而开展形式多样、种类齐全、丰富多彩的活动就是一个非常有效的积极措施。如在班级多开展一些别具一格的晚会、舞会、郊游、讲座、竞赛等课外活动，把一些有特长的学生组织起来，开展相应的活动，丰富充实学生的生活。这样做不仅可以使非正式群体扬长避短，减少班内外学生非正式群体的形成，还增强了正式群体的向心力和凝聚力。

5. 重视对核心人物的转化教育，注意重点突破，以点带面

学生非正式群体的核心人物有特殊的威信，他们说话灵、能力强、影响大，其举止言行往往决定着整个群体的变化与发展。所以要对这些核心首领进行耐心、细致的思想政治教育，这是正确引导和转化非正式群体的关键。只要他们有了积极的转变，就可以影响其他人，起到“教好一个人，带好一批人”的教育效果。

当然，对核心人物的转化比一般学生有着更大的困难，但是由于他们具有特殊的作用，所以还是应抓住这一机会和突破口。对此，教育者应该善于发现和肯定核心人物的优点长处，给予真诚的关心爱护，激发他们健康向上的精神，同时还要创设一个有利于调动他们积极性和发挥特长的环境，必要时可授予其相应的合法权利，如担任学生干部，使之完全纳入正式组织的轨道，发挥更大的积极作用。事实证明，核心人物转变了，整个非正式群体的性质就会随之变化。在这个工作中切忌简单粗暴、强施压力，否则就会招致这类群体所有学生的强烈不满和反抗对立。更不宜采取“枪打出头鸟”“杀鸡给猴看”的办法，那样会导致整个非正式群体的学生更加团结，发生破釜沉舟、铤而走险的极端行为。

6. 加强班集体建设，依靠集体的力量进行教育

在一般情况下，学生中若有一个坚强、团结、凝聚性强的正式群体，非正式群体就较少，也难以形成大的消极影响，反之则不然。为了防止众多非正式群体滋生以及因此带来的消极影响，大力加强班集体的建设不失为未雨绸缪之举。当然，无论是凝聚力多强的班集体也难以保证不存在一个非正式群体，但这并不能否认优良班集体的作用，至少可以肯定能够通过班集体的力量来对非正式群体进行转化引导工作。由于非正式群体中的学生多数是表现平平者，在班级中地位较低，同学们容易对他们产生冷漠甚至厌恶的态度，这使他们无形中产生了失落心理，并有可能因此离开班集体，以小团体内成员的同情与认同作为自己的精神支柱。因此教师要教育全班同学对小团体及其成员采取关心、友好的态度，多和他们保持正常的交往，尊重他们，鼓励和吸引他们多参加班级的各种活动，使之感受到集体生活的愉快、丰富、充实，意识到自己是集体的一员，从而产生强烈的归属感，并自觉接受班集体规范的约束。做好这些也就达到了通过建设班集体来教育管理学生非正式群体的目的。

7. 建立学校家庭社会相结合的育人网络，优化教育管理环境

小学生的教育是一项全面系统的工程，单方面的努力往往事倍功半，甚至毫无收效，需要社会各方的相互协调，大力合作。对小学生非正式群体的教育管理也是如此，这是因为学生中的非正式群体活动不仅只限于校内、班内，还表现在家庭和社会上，有时他们因慑于学校、班级和教师的威严，避开学校，而三五成群地在社会上公开活动。对此仅凭学校和教师的作用是不够的，所以要建立学校、家庭、社会三方结合的教育网络，实行全面的教育管理。

这就要求学校要努力争取社会各方的配合，利用各种社会实践活动，创造优良的教育管理条件和环境。如组织爱好武术的同学参加业余体校，组织爱好文艺的同学在校内外演出，组织爱好体育的学生参加体育竞赛等。通过参观、访问、比赛、演出等社会实践活动，一方面发挥学生的一技之长，另一方面让他们在社会实践中接受社会教育和监督，强化优良行为，提高自身整体素质，从而在根本上消除非正式群体潜在的不良影响，使之向正确健康的方向发展。

第三节 小学班级偶发事件的处理

小学班级工作千头万绪，教育目标、内容的多样性，学生身心特征的复杂性，教育过程中的生成性都决定了班级工作不可能都按照事先设定的程序运行，肯定会遇到许许多多突如其来的偶然的火花，令班主任措手不及。偶发事件虽然出现的机会较少，但往往影响很大，如果处理不好，常常造成十分严重的后果。能否及时妥善地处理班级偶发事件，既关系到学生个人的生理、心理健康和思想品德的发展，也关系到班集体的巩固和发展。

一、小学班级偶发事件的含义及其处理的意义

（一）偶发事件的含义

所谓偶发事件是指在班级中偶然发生的、意料之外的事件。它是班级教育工作中不可避免的一种现象，其性质和范围是多种多样的。如个别学生上课突然捣乱、学生突然打架、丢失东西、学生在活动中突然受伤、突发性事故、干部突然闹情绪等。每个班几十个学生生活在一起，他们之间的个性不同，气质各异，身心处于不断发展变化之中，而每个学生都是具有主观能动性的人，他们对班主任的施教接受效果是不一样的，因此，班上随时可能发生班主任或科任教师事先难以预料的偶发事件。偶发事件处理得好坏，是班主任工作能力的综合体现，是班主任工作艺术的检验，也是衡量一个教师成熟与否的标准之一。

（二）正确处理偶发事件的意义

大多数偶发事件都会给班集体、师生关系、同学关系等带来一定的影响，甚至

是消极、负面的影响。因此，作为班主任，必须学会及时妥善地处理好偶发事件，才能为班集体消除隐患或不稳定因素，防止某些不良影响的蔓延。因此，班主任正确处理偶发事件，对于形成良好班集体、促进班级学生全面发展具有重要意义。

1. 防止事态升级或意外事故发生

偶发事件处理得好，可以迅速有效地平息事端，化干戈为玉帛，甚至变坏事为好事，相反，如果处理不及时、不妥当，很可能促使矛盾进一步激化甚至恶化，导致意外事故的发生，严重损害学生和集体的安全与利益。

案　例

“杨不管”事件

2008年6月12日上午，安徽省长丰县双墩镇吴店中学七(2)班第4节是地理课，授课老师是杨经贵(网友称其为“杨不管”)。上课十多分钟，杨老师面对黑板写字时，杨涛和同座位陈康同学相互推打到一起。杨老师发现后讲了一句：“你们要是有劲，下课到操场上去打。”接着，杨老师照常上课。结果他们大打出手，而且越打越凶。坐在旁边的男同学过去劝架，只见陈康一拳击向杨涛，杨涛突然头部向后仰起，搭在后排同学的课桌上，同时全身颤抖、口吐白沫、脸部发白。当杨涛被同学抬出去后，杨老师一直上课直到下课铃声响起。杨涛在送医院途中停止呼吸，年仅14岁的杨涛离开了人世。①

这一事件虽然是特例，但却提醒班主任及其他教师，对待偶发事件一定要有正确的态度，对事件要有清醒冷静的判断与认知，能够快速并正确地选择最佳解决方案，及时有效地化解矛盾，防止事态恶化。

2. 教育学生明辨是非，增强纪律观念

案　例

北京五中一位老教师曾追忆过这样一件事，当她师范毕业第一次上讲台时，一位学生课前在黑板上画了一幅她的漫画像，引起了课堂的骚乱，但她很快控制了自己的情绪，就像没有发生任何事情一样。她平静而真诚地说：“画得多好啊，确实像。这位同学要把画画这个特长发挥下去。”接着，她立即打开教案，以绘声绘色的讲课吸引了全班同学的注意力。正当大家听得入神，下课铃响了。她惋惜地合上书本，轻声说：“时间不够用了。”敏感的学生马上听出了弦外之音：讲课前那场小乱子损失了我们大家的时间。这时，不少同学责备的目光投向一位女同学。这就使她轻松而准确地作出判断：这位女同学就是黑板上漫画像的作者。为了使学生健康成长，她并没有放弃对学生的严格要求，她恰如其分地给予了这个学生一点压力。下课之

① http：//www.sina.com.cn，2008年07月12日．

后，她走到这个并没有被“揭发”出来的“作者”面前，真诚地希望这位学生利用课余时间为班级的墙报作画。这一轻巧的行动，除了说明教师对这个学生的谅解和鼓励外，还包含着无言的、不必挑明的批评。此后，这位学生曾为此自愧地流了泪，但并没有因此而挫伤了爱好美术的积极性，后来成了一所中学的美术教师。①

借助于偶发事件，班主任可以适时地对犯错误的学生进行纪律教育，引导他们思考、讨论怎样做是对的，怎样做是错的，如果任由错误的行为发生会引发哪些不良后果，今后应该怎样改正等。通过这些“现身说法”式的教育，使学生在今后的学习生活中不犯或者少犯类似的错误，从而达到规范纪律的教育效果。

3. 增强班集体的凝聚力，促进良好班集体的发展

突发事件的经常发生，给班级带来的影响是很大的。班主任在处理突发事件的过程中，还应高瞻远瞩，不要只满足于某件事情的暂时解决，应有的放矢地、适时地对全班学生加强教育，因势利导，抓住契机，提高学生的思想认识，引导他们从内心严格要求自己，达到防患未然的目的，从而达到促进整个班集体稳定发展的目的。

4. 提高班主任的教育机智水平及在学生心中的威信

教育机智是教师处理偶发事件过程中所体现出的教育能力与智慧。善于处理偶发事件的班主任，能够对突发情况迅速做出正确判断并采取有效策略化解矛盾，他(她)反应敏捷，应变能力强，这一品质是教师——心理学家的特征。在教育工作中随时需要这种教育机智，而在处理偶发事件时，教师的教育机智更能得到最充分的发挥。教师在处理偶发事件过程中表现出来的高度的理智感、责任感和巧妙的教育艺术，能使学生感受到教师炽热的心肠和闪光的智慧，感受到教师的人格之美。这一切能转化为一种灵魂的感化力量，增强学生对教师的人格信赖。从这一意义上说，处理偶发事件，是教师发挥聪明才智、增长才干、树立威信、增强教育能力、塑造自我形象的良好机会。②

二、小学班级偶发事件的处理策略

虽然班级偶发事件具有偶然性和不确定性，但在教育基本理念的指导下，还是

问题探究

今天天气格外好，中午我去校门外的商店买办公用品。回到办公室，一眼就瞅见了我班的小标同学。只见他满脸通红，两只小拳头紧紧地握着，怒目圆睁，似乎要把人吃下去。直觉告诉我：教室里肯定发生什么事了。还没等我开口，实习老师小杨马上向我汇报：你们班的学生在打架，我怎么也劝不了，这不，没法，才把这个蛮不讲理的小家伙叫进了办公室。他还特别理直气壮呢！我还被踢了几脚……如果你现在是这个班主任，面对学生打架这一偶发事件，你如何处理？

---

① 张宪尧：教育的重要契机——偶发事件．教育理论与实践，1989(6)．

② 张宪尧：教育的重要契机——偶发事件．教育理论与实践，1989(6)．

有一些处理这类事件的基本策略以供参考。

(一)降温处理法

所谓降温处理法，就是班主任暂时采取淡化的方式，把偶发事件暂时“搁置”一下，或是稍作处理，留待以后再从容处理的方法。实施时，班主任要冷静沉着，不要轻易下结论，要稍稍平息一下已经激荡起的不平静的气氛，要对偶发事件的处理作一个预先的“交代”，并让学生理解这样处置的理由。

案　例

一天上课时，刚走进教室，我就看见邻座的明明和浩浩在打架，你推我拉，互不相让。这时我没有慌张，也没有大声训斥学生，而是微笑着说：“怎么啦，你们俩都已经是大孩子了，有了小矛盾还不会处理？双方冷静一下，相信你们能够自己解决的。好，我们开始上课。”听了这句话，同学们松了一口气，明明和浩浩也松开了手，不好意思地低下了头。一场“龙虎斗”暂时平息了下来。课后我将两人叫到办公室了解情况，此时两人却不好意思地相视一笑说已经没事了，原来两人争吵，只是因为明明课间不小心把浩浩的书碰到地上，没有及时捡起来而引起的。等他们冷静下来后，觉得根本没有必要因为这样一件小事来破坏同学之间的友谊。这种降温处理的方法既避免了事态的激化，又没有浪费教学时间，更主要的是让学生自己解决纠纷，以便适应以后的社会。

发生偶发事件后，学生多半头脑发热，情绪不稳，因此很难心平气和地接受教育；班主任也容易心理失衡，较难有充分的教育准备和冷静细致的分析。这样就出现了学生和班主任准备都不足的状况，如果贸然实施“热处理”，就难免发生失误或难以取得最佳的教育效果。因此，对待偶发事件，常用的办法就是冷处理。冷处理是从班主任和学生的心理状态的角度提出的，也是从提高教育效果的角度提出的。实施冷处理，并不是对事件不作处理，也不是拖拖拉拉不及时处理，而是尽量减少偶发事件的负面影响，争取调查了解的时间，等待最佳的教育时机，为全面、干净、彻底解决偶发事件，做好充分准备。

(二)变退为进法

许多偶发事件，事情本身并不大，但需要处理。此时，班主任可不必急于解决，而是巧妙地把事情抛给学生处理，引导学生自我教育。以退为进，不是不处理，而是充分地相信学生，引导学生自我教育，自我管理，从而达到自我提高的目的。

案　例

一位全国特级教师在讲小学语文课《蜘蛛》一文，当讲到蜘蛛的捕食方式是用所结网上的黏液粘住虫子时，一位学生突然发问：“老师，蜘蛛用网上的黏液捕虫，它自己为什么能在网上自如地爬行呢？”这是老师始料未及的问题，不知道为什么。对此，这位老师说：“这位同学的问题提得很好。大家想想看，蜘蛛为什么能自如地在网上爬行呢?”在学生议论了一段时间后，这位教师说：“对于这一问题，请大家下课后，再好好想一想，弄清到底是为什么。我们下节课再解答。”下课后该老师迅速查找资料，在下一节课时，他先让学生发表新的看法，然后作了总结、回答。

(三)移花接木法

班主任处理偶发事件时，有时会遇到这样的情境：当时所要完成的任务和时间都不允许着手进行对偶发事件的调查和处理，而不进行处理又无法平息个别学生的情绪，或是这样的事件原本也不必弄个水落石出，过了一段时间，这样的事件就不再成为“事件”。对此，班主任可用移花接木的方法，利用学生身上的某个“闪光点”，根据小学生注意力容易发生转移的心理特征，巧妙地把对偶发事件的处理转移到另一件事情上去。

案 例

课间，两个学生发生口角。上课铃响了，班主任劝他俩进教室。一个学生很快进去了，另一个学生因吃了亏，不愿进教室。班主任没有硬拖他进去，而是根据这位学生平时乐于助人的优点，亲切地对他说：“你看我双手拿着这么多东西，你能帮我把小黑板拿进教室吗?”这位学生看了看老师，就接过黑板走进教室。老师马上对大家说：“刚才两位同学吵了架，但是有的同学顾全大局，为了让大家上好课，还帮老师拿黑板进来，我相信他定能上好课，有问题课后解决。”后来，那位同学回到自己座位，比较安心地听课了。

班主任会经常碰到这类偶发事件，其实事件的演变已从学生之间打架转为一个学生不愿进教室。小学生中的纠纷是生活中不可避免的一部分，且大多数纠纷是可以让学生自己排解的，班主任不必事事插手，插手过多反而影响学生交往能力的形成和提高。但这个例子中的事件恰恰发生在上课之前，造成尴尬的局面。这位班主任这样处理，应是最佳的方案。采用移花接木的方式，关键是要找准一个“支点”，转移要非常自然，不露斧凿的痕迹。

(四)幽默化解法

有些偶发事件形成了一定的尴尬局面，但却不值得争个曲直长短，如果非追究下去不可的话，结果只能是越搞越糟。遇到这种情况，聪明的办法就是用幽默来进行化解。运用幽默，不仅是为调节情绪，缓解冲突，更主要的是，它本身就是教育的武器。幽默是智慧的表现，也许能将一场冲突消于无形，“谈笑间，樯橹灰飞烟灭”。像这样的处理，寓教于笑，妙趣横生，学生感受到的只会是春风拂面，只会是诙谐和机趣，从而发出会心的一笑，投入到正常的学习中去。

案例

我在上公开课《九色鹿》，课文讲到了九色鹿得知昔日那个被自己救起来的人却恩将仇报时很气愤，也是课堂的一个高潮，大家都在气愤地谴责。突然，一个同学的饭盒掉在了地上发出了很大的声音，他愣住了，不知如何是好。

那位同学更是看着我，顿时脸都红了。我马上笑着说："瞧，连饭盒都气愤地跳出来了。"学生们顿时大笑，那位同学也没有那么紧张了。我便借机说："那就请饭盒的主人来表现一下气愤。"那位同学顺利地读完了，还迎来了其他同学的掌声，他也露出灿烂的笑容。

（五）虚心宽容法

虚心宽容是处理课堂偶发事件的心理基础，宽容在处理偶发事件中的作用是极富艺术性的，宽容不是软弱无能，不是无原则的迁就，教师要使学生在心灵深处反省，要使学生体会到教师的仁厚和良苦用心，应给予学生更多的爱心和理解，促使学生自我反省、自我教育。

案例

一位教师走上讲台，发现讲桌上放着一张字条，上面工工整整地写着："老师你以为当老师就可以压服学生吗？你高昂着头，铁青着脸，像个活阎王，但是有谁能服你呢？"落款是："让你最讨厌，等待你处罚的学生"。这位教师没有马上查处写字条的人，反而在班上宣读了信的内容，并检讨了自己平时工作方法的粗暴，感谢这位同学给自己敲了警钟，接着这位教师结合本节课的内容，给学生布置了《我们的班主任》一篇作文，让学生提意见、说真话，学生们都对老师的民主、平等、虚心、宽容感到由衷的钦佩，从而形成了和谐的师生关系。

（六）感情触动法

教师以满腔热情温暖学生，就一定能感染学生的心灵，使其在没有任何预防时畅所欲言。在处理偶发事件时，注意把严肃、善意的批评与信任、鼓励结合起来，把"尽量多的要求"与"尽可能多的尊重"结合起来，切不可感情用事，努力触摸他们心底那块最柔软、最脆弱的地方。简单粗暴的处理只能激起师生之间的矛盾，造成师生之间对立情绪的扩大。这正如苏霍姆林斯基所说："教育，首先是关怀备至地、深思熟虑地、小心翼翼地触及年轻的心灵。在这里，谁更有细致和耐心，谁就能获得成功。"

案例

有位年轻的班主任，面对出了事犯错误的"调皮大王"，先把他叫到办公室，让他坐下，给他倒了杯水。没有说一句训斥学生的话，而是说："对不起，在你犯错误以后，我竟然不能说服你，致使你又出了事。更对不起你那含辛茹苦、在责任田挥汗锄地的母亲……"从此他一反常态，改邪归正了。

(七)换位思考法

教师要学会换位思考，理解学生的心境。班主任应该善于站在学生的立场上来思考问题，解决问题。很多问题往往并非多么严重，只是学生受到了不公正的待遇，特别需要理解，这时班主任一句贴心的话语能胜过数十句的道德说教。理解学生换来的是被学生理解，更能够换来学生的信任和心与心的交流。

案 例

一天早上，我们正在上课，突然教室门开了，我班的洪××在门口大喊一声"报告"，教室里的同学先是一愣，然后是哈哈大笑。面对这样的场面，我如果为了照顾上课，让洪××进来上课了，但洪××经常迟到，我也尝试了很多方法进行教育，可是效果不是很明显。今天也许是机会，其实哪个孩子愿意迟到啊。于是，我说："同学们只会眼巴巴地看着你"。我也傻傻地看着他，不一会，他扬起的头慢慢低下去了。有同学议论了，怎么会那么晚啊！我趁机说，"他自己也不想迟到啊，你们看他都很难受了。"然后我赶快让他坐到位置上去了。第二天早上，他按时到校了，一边进来，一边兴奋地说："今天，我没有迟到。以后也不会迟到啦！"果然，这个同学再也没有出现迟到现象了。我想，孩子不是故意要做错，好多坏习惯是没有毅力去改正，我抓住这个契机，从孩子的角度出发，给足面子，这恰恰是帮助他改掉这个坏习惯的良药。

三、处理小学班级偶发事件应注意的问题

(一)沉着冷静，机智果断

遇到突发事件，班主任要头脑冷静，克制自己，沉着应对，处变不惊，迅速做出判断，果断决定处置方案。

(二)客观公正，以事实为依据化解矛盾

不管突发事件发生在谁身上，班主任都要充分调查，了解事实的真相，不能偏心，更不能以老眼光看人，要尽量避免刻板印象的影响，公平公正地处理问题。

(三) 积极疏导，抓住教育学生的契机

班主任在处理突发事件时要善于发现学生的闪光点，鼓励学生用优点克服缺点，不要背思想包袱，启发学生进行自我教育。把对个别学生的教育处理看成一次对全班学生引导教育的契机，提升学生的思想境界，推动班级管理工作进一步发展。

(四)掌握分寸，谨慎行事

分寸感是教育机智的组成部分。班主任在处理突发事件时掌握分寸很重要，稍有偏颇，就可能把成功变为失败，把学生推向反面。有时在一定条件下需要退，有退有进，退是为了进，掌握好分寸，教师要以对学生的高度的责任感在工作实践中勤于思考，不断摸索，积累经验，逐步具备分寸感。

（五）即兴发挥，机敏幽默

由于偶发事件具有偶然性、突发性，不可能事先设计教育方案，因此，处变不惊的能力对班主任来说不可或缺。幽默也是教育的武器，在处理偶发事件时运用幽默，不仅是为调节情绪，缓解冲突，班主任在谈笑中阐述自己的主张和观点，给学生以善意的批评和上进的力量，会收到事半功倍的效果。

本章小结

个别教育是指班主任以个别学生为对象进行的有针对性的教育工作。一般而言，个别教育主要针对优秀生、中间生和后进生不同群体的教育。班主任应有正确的学生观，要深入了解不同类型学生的特点以及造成他们现状的原因，在此基础上，有的放矢地采取恰当的教育方法，促进不同类型学生的健康发展。

非正式群体指班级中的一些学生在心理一致性或相容性的基础上自愿结合而成的群体。它的存在对班级和学生个人来说，既有积极有利的一面，也可能产生消极阻碍的功能；班主任要善于区别不同类型的非正式群体，有针对性地采取不同的教育和管理策略，调动各方面教育力量齐抓共管，发挥非正式群体的正向功能。

偶发事件是指事先没有估计到的、出人意料的事件，处理不当的话，可以影响到学生或班集体的利益与形象，扰乱正常秩序或危及学生的安全。班主任充分认识到正确处理偶发事件的重要意义，采取降温处理法等多种方法巧妙化解矛盾。在处理偶发事件过程中，应注意沉着冷静，保护学生自尊心，公正、公平，充分发挥教育机智。

关键术语

个别教育　非正式群体　偶发事件

思考题

1. 优秀生易产生的心理偏差有哪些？
2. 中间生的特征表现是什么？
3. 后进生的特征表现有哪些？
4. 如何针对不同类型学生特点开展个别教育？
5. 非正式群体的特点与成因是什么？
6. 非正式群体的功能有哪些？
7. 如何针对不同类型非正式群体的特点施以教育和管理？
8. 班主任正确处理偶发事件的意义何在？

9. 处理偶发事件有哪些方法策略？

10. 班主任处理偶发事件应注意哪些问题？

案例研究

案例一：小余是班里典型的后进生，学习成绩差，上课不注意听讲，捣乱；下课经常不完成作业，打架、旷课时有发生，很让任课老师们头疼。我去家访，发现他父母都在外地打工，他长年跟爷爷奶奶生活在一起。在他的卧室里，我发现墙上贴满了李连杰、吴京等武打影星的照片，他告诉我很崇拜这些明星。请问：如果你是他的班主任老师，你打算怎样做他的思想转变工作？

案例二：刚接手六(3)班不久，我就发现班上有一个以杜×为首的小团体。这几个调皮鬼上学一起来，放学一起走，经常聚在一起想坏主意整同学，甚至上课装怪相跟老师捣乱、起哄。有几次看门的大爷来告状，说看见他们在车棚里拔自行车气门；还有同学反映他们几个放学不回家，去网吧打游戏。杜鹏个头大、鬼点子多，同学们都有些怕他。我想，不把这个小团体瓦解掉，班级管理工作会有很大障碍。请你帮我参谋一下，我该怎么做呢？

案例三：一位班主任走进教室准备上课，见两学生为争课桌的宽窄而打起架来了，此时，班主任便举起双手，佯装喊道："别打我了，我投降了！"同学们见此状，便大笑起来，连先前打架的那两个同学都停手笑起来。接着，班主任给同学们讲了一个小故事：从前，有两家人为了一垛墙的占地问题发生纠纷，双方争执不休。其中一家写信给他远方做官的儿子，其子回信时写了一首诗："千里修书只为墙，让他三尺又何妨。长城万里今犹在，不见当年秦始皇。"同学们被这博大的胸怀所感。此后，班里争东西的现象再也没有发生了。请结合这位班主任处理偶发事件的过程，分析他采用了什么方法。

拓展阅读

1. 崔丽娟，才源源．社会心理学．上海：华东师范大学出版社，2008.

2. 魏书生．班主任工作漫谈．北京：文化艺术出版社，2011.

3. 张民杰．班主任工作理论与实务．上海：华东师范大学出版社，2008.

4. 刘岩，王萍．班主任与班级管理．北京：北京师范大学出版社，2013.

5. 邱淑慧．班级管理与班主任工作技能．广州：暨南大学出版社，2011.

6. 魏民生．班主任培训精品图书——班主任应对班级偶发事件的技巧．长春：吉林大学出版社，2010.

7. 孙蒲远．美丽的教育——写给年轻的班主任(全新修订版)．北京：朝华出版社，2010.

8. 刘莉．浅谈班主任工作中的个别教育．教育技术．2009(4).

9. 屠永永，尤炜．论班级中的"非正式群体"及其教育策略．现代中小学教育，2008(4).

10. 姚云明．如何处理班级偶发事件．广西师范大学学报(哲学社会科学版)，2010(6).

第八章　小学班级教育力量的协调

学习目标▶

1. 了解班级教育力量有哪些，各教育力量的特点和作用。

2. 领会各种教育力量之间的关系以及班主任在各种教育力量中的地位和作用。

3. 掌握班主任协调各种教育力量的内容、基本途径及操作技巧。

4. 能够运用本节所学理论对班级教育力量协调中存在的实际问题进行分析。

导入案例

美国著名的人类学家和生态心理学家尤·布朗芬布伦纳提出了个体发展模型。该模型指出发展个体嵌套于相互影响的一系列环境系统之中，在这些系统中，系统与个体相互作用并影响着个体发展。环境(或自然生态)是"一组嵌套结构，每一个嵌套在下一个中，就像俄罗斯套娃一样"。发展的个体处在从直接环境(像家庭)到间接环境(像宽泛的文化)的几个环境系统的中间或嵌套于其中。每一系统都与其他系统以及个体交互作用，影响着发展的许多重要方面。

这种系统化的观点，对我们科学认识小学班级各教育力量的价值及其关系具有重要的启发意义。那么构成个体发展的环境因素有哪些？这些因素与个体发展是什么关系？各因素之间又有着怎样的联系？在班级管理中如何处理这些因素之间的关系？

相关链接

布朗芬布伦纳的个体发展模型理论

美国著名的人类学家和生态心理学家尤·布朗芬布伦纳(U. Bronfenbrenner)在1979年出版的《人类发展生态学》中提出了个体发展模型。布朗芬布伦纳所提到的影响人类发展的关键性环境因素包括学校、家庭和社会因素，在个体的发展过程中，这些因素发生着千丝万缕的联系或进行着交互的作用。该理论把个体的发展与周围的环境之间相互联系构成了四个相互密切联系的系统，即微观系统、中介系统、外在系统以及宏观系统。微观系统(microsystems)，主要是指个体亲身接触和参加其中并产生体验的，与之有着直接而紧密联系的环境，如家庭、学校、同辈群体等。在微观系统中的每一个因素都会对个体的发展造成积极或消极的影响。中间系统是指各微系统之间的联系或相互关系。外层系统(exosystem)是指那些儿童并未直接参与但却对他们的发展产生影响的系统。例如，父母的工作环境就是外层系统影响因素。宏观系统(macrosystem)指的是存在于以上3个系统中的文化、亚文化和社会环境。宏观系统实际上是一个广阔的意识形态。它规定如何对待儿童，教给儿童什么以及儿童应该努力的目标。在不同文化中这些观念是不同的，但是这些观念存在于微系统、中系统和外系统中，直接或间接地影响儿童知识经验的获得。布朗芬布伦纳的这一理论在强调个体发展的时候，不但要求必须考查诸如家庭、学校、社会等所有可能的子系统，还特别注重要全面细致地把握它们之间彼此的潜在交互关系。

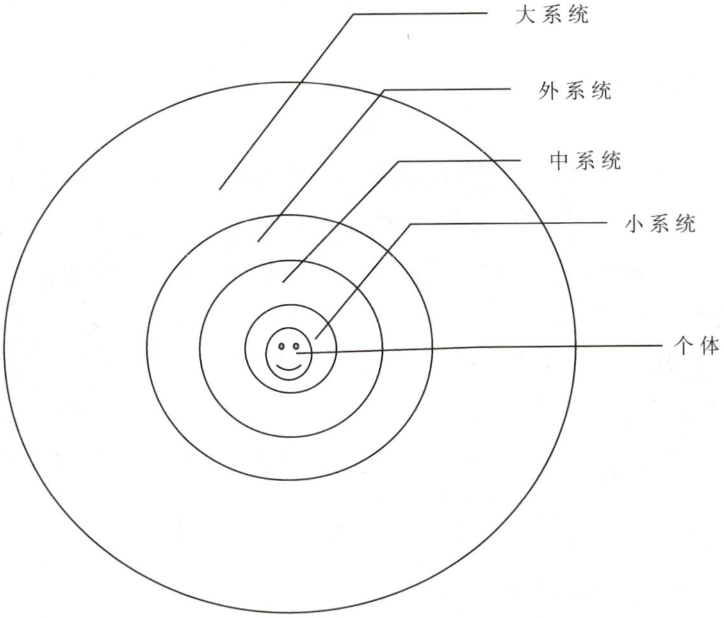

第一节　小学班级教育力量概述

《中小学班主任工作规定》明确指出，班主任要“经常与任课教师和其他教职员工沟通，主动与学生家长、学生所在社区联系，努力形成教育合力”。特别是在当代“大教育”理念下，如何把握和协调好这些教育力量，使这些教育力量形成合力，是班主任开展班级管理的重要任务，也是提升班级管理水平的重要途径。

一、小学班级教育力量的含义及其组成要素

班级教育力量，即对班级及成员的教育、教学产生教育影响的个人、群体、组织机构等因素的总和。根据人类发展生态系统，班级教育力量不仅仅包括来自学校内部的班主任、任课教师、同辈群体、学校管理者，还应该包括来自家庭和社会的因素。比如家长、社会组织、社会教育机构、模范人物以及大众传媒等。这些因素各自以不同的方式作用和影响着学生的发展，并且相互作用，相互影响，共同构成小学生成长和发展的生态系统，也是影响班级管理的重要力量。

(一)学校内部的教育力量

1. 学校的管理者

班级作为组成学校的基本单位，是从属于学校这个大系统之中的。班级根据学校统一制订的教育教学目标和计划，组织具体的实施和运作，然后将实施的经过和

在实施过程中班级无法解决的问题和情况反馈给学校，学校经过处理和总结，改进工作以谋求更好的发展。学校管理者的管理政策、管理水平以及管理过程对班级的发展起着非常重要的作用。

2. 任课教师

班级既是一个行政组织，也是最基本的教学组织形式。作为教学组织，课堂构成了班级组织生活的主要部分，是班级组织的重要存在方式。小学班级的课堂教学活动是按照课程分科组织实施的，课程由不同学科的教师分任，任课教师通过课堂而成为班级组织的教育者和管理者。

课堂是任课教师直接管理的对象，在课堂上任课教师就是班级组织的直接管理者。每一科目的课堂教学影响着班级整体的组织生活，班级组织的整体生活也影响着每一科目的课堂教学。课堂教学与班级组织生活的一致性，既是课堂教学成功的条件，也是班级组织建设成功的条件。

3. 同辈群体

学生不仅是管理的对象、教育的对象，也是管理的主体和教育的主体。班级生活是学生共同的生活，他们在共同的生活中相互影响，或起积极作用，或起消极作用。从学生相互间积极的影响而言，学生也是促进班级成员的教育力量。

学生作为一种教育力量，既包括集体的影响，也包括个体的影响。美国学者雷德与华顿伯格提出了班级管理的团体动力理论。该理论指出，人在团体中所表现的行为可能和个人独处时不一样。团体是一个有机体，班级团体能创造自己的团体动力，团体动力是影响团体个人行为的心理力量。这股力量隐藏在团体行为的密码之后，强烈地影响同学，个人行为反过来影响团体。当这些密码与老师的密码各行其道时，冲突就会爆发。这一理论强调了班级中学生和集体之间相互影响、相互作用的关系。

(二)家庭的教育力量

学生的成长不仅仅是在班级中发生的，家庭是影响小学生发展的一个非常重要的因素，家庭与班级管理有着密切的联系。家庭是孩子的第一所学校，父母是孩子的第一任老师，家庭教育贯穿于孩子发展的始终。因此，家庭教育对孩子的发展具有先入性、延展性。孩子会带着家庭教育的印迹来到班级，也会把学校教育的经验在家庭生活中实践。

家庭教育对学生的影响是全面的，包括基本生活技能、教导社会规范、指导生活目标、形成个人兴趣、培养社会角色等。家庭成员间特殊的关系也使得家庭教育对孩子的影响更深刻，比如父母与子女的血缘关系，使得家长对孩子具有一定的权威性，同时，家长对孩子的了解也最深刻、最全面，对孩子的教育影响更有针对性。

小学生刚刚离开家庭走向学校，身心发展还未成熟，对家长、家庭有很大的依赖性。因此，家长的教育观念、教育素养、家庭环境在很大程度上影响孩子的学习和身心发展。家长对待学校、教师的态度也会影响到小学生学校生活的适应性。因此，小学生的学习和生活在很大程度上需要家长的合作和支持，学校的教育活动需要在家庭中延伸，班级的教育影响往往需要家庭的助力才能发挥积极的作用。

(三)社会的教育力量

学生是社会人，学生的发展不可避免地要受到社会因素的影响。从教育目标来看，学校要培养的人也是适应社会需要的人，因此，学生的发展不可能离开社会进行。社会教育机构，社会热心教育事业的人士以及社区教育资源、社会传媒等都可以成为班级管理的重要力量。

知识链接

学校没有生存在真空里

美国哥伦比亚大学师范学院前院长克雷明(Cremin L. A.)指出，这么多年来，公立学校的确在培育公共价值观和传授技能方面为美国社会发展作出了巨大的贡献。但是，“公立学校从来都不是单独或者孤立地工作的。”事实上，在公立学校取得成功的地方，它总是作为包括家庭、教堂和主日学校(Sundays Schools)等在内的教育结构的一部分而发挥作用的，这些不同的机构致力于相似或互补的价值观培养。而在教育结构分裂的地方，公立学校就很少取得成功。这不是因为公立学校教育软弱无力，而是指它存在着局限性。克雷明一再提醒人们，“不要把所有的成就都归功于学校，也不要把所有的缺点都归罪于学校。”人是在很多机构里面接受教育的，这些机构有些是私立的，有些是公立的。公立学校仅仅是公众接受教育的若干重要教育机构之一。

二、小学班级教育力量协调的教育价值

苏联教育家马可连柯提到，“无论哪一个教师，都不能单独进行工作，都不能做个人冒险，不能要去个人负责，而应当成为教师集体的一份子。”在班主任工作中不可能只依靠个人力量来完成教育任务和班级建设。班主任要主动和各科教师联系，协调学校各方面教育力量，发挥好纽带作用，因为只有这样，才能使班级工作目标一致，步调协调，实现班级发展目标。

(一)班级教育力量的协调可以形成教育合力，促进学生全面发展

班级管理的目标是实现学生的发展，而学生的发展受到家庭、社会、学校以及同辈群体等各种教育因素的影响。因此，只有协调好各种教育力量，发挥各种教育因素的积极作用，才能实现学生个性的全面发展。单凭其中任何一种力量都不足以实现学生个性全面发展的目标。

这种教育力量的协调不是各种教育力量的简单相加，而是经过班主任的引导和协调而形成的，在方向上统一要求，时空上密切衔接，作用上互促互补，相互沟通，

协调一致，才能发挥整体教育效应的班级教育力量。

(二)班级教育力量的协调可以丰富和拓展教育资源，提升和改建班级教育管理模式

学校教育从时间和空间上都是有限的，家庭和社会可以弥补学校教育的不足，大大拓展学校教育的空间、时间，并丰富学校教育的内容和教育活动方式，将丰富的教育资源、灵活多样的教育形式都纳入到班级教育活动中来，从而有助于提升学校教育质量，更好地促进学生发展。

(三)班级教育力量的协调可以提高家庭以及社会教育水平

学校是专门的教育机构，通过多样化的家校合作模式，可以提高家长的教育观念、教育技能，从而促进家庭教育水平的提升。另外，学校教育也可以利用自身的优质教育资源，引导和促进家庭、社会教育的发展。

三、小学班主任在小学班级教育力量协调中的作用

《中小学班主任工作规定》明确规定：班主任是中小学日常思想道德教育和学生管理工作的主要实施者，是中小学生健康成长的引领者，班主任要努力成为中小学生的人生导师。班主任工作的基本职责和任务包括经常与任课教师和其他教职员工沟通，主动与学生家长、学生所在社区联系，努力形成教育合力。同时，学校在教育管理工作中应充分发挥班主任的骨干作用，注重听取班主任意见。

我们可以看出班主任在班级管理工作中的特殊地位与作用。从班主任与学生的关系来看：班主任是学生全面发展的直接教育者和责任人。从班主任与班级的关系来看：班主任是班集体的组织者、教育者和领导者。从班主任与学校教育的关系来看：班主任工作是学校教育工作的基石。从班主任与各方面教育力量的关系来看，班主任是各方面教育工作的组织者、协调者。作为班级管理的中介和桥梁，班主任一项重要的工作就是“协调”。

(一)班主任要善于主动协调各种教育力量

班主任在协调各种教育力量中是主导。学校教育是制度化、规范化的教育，是集中实施教育的专门机构，教师是经过专门教育培训的从事教育活动的专业人员，因此，在如何教育学生、如何管理学生中具有一定的权威性，应该发挥主导作用。

(二)班主任要善于利用各种教育力量

作为班主任要尊重各种教育力量的优势，充分发挥他们各自在班级管理、教育学生中的作用和价值。

(三)班主任要发挥指导作用

家庭教育和社会教育是复杂的、多样的，水平不同，形式各样。学校教育作为专门的教育机构，教师作为专门的教育人员，要善于根据当代新的教育理念和现实需要，对社会和家庭的教育力量进行引导，使其更有利于学生的发展和人才的培养。

第二节　小学班级教育力量协调的内容和方法

班级教育力量协调是复杂的，不同的教育力量有不同的作用和影响，班主任要善于根据每种教育力量的特点以及班级管理的实际需要进行协调；同时班级力量的协调是双向的，各力量的协调既包括对各种教育力量教育功能的利用，又包括班主任对各种教育力量的指导和帮助。要实现班级教育力量的协调需要班主任具有科学的教育理念、广阔的视野，善于发挥各种教育力量的特点和功能，并且能够积极创造条件，充分调动各种教育力量参与班级管理的积极性。

一、小学班主任与任课教师的协调

(一)班主任与任课教师的协调

班主任要协调好班主任和任课教师之间以及各任课教师之间的关系，加强教师群体的凝聚力，创建一个良好的班级教师群体，整合教师教育力量。

1. 发挥任课教师在班级管理中的作用

班主任和任课教师具有共同的教育职责，即为促进学生全面发展服务。班主任同时也是任课教师，作为教育者，班主任与任课教师都肩负着教育和教学的任务，都必须上好自己所教科目，又必须在传授知识的同时，对学生进行思想道德教育。

班主任和任课教师具有自身特殊的任务和职责，班主任管理的范围更广，更具有权威性，和学生相处的时间更多，对学生的指导和影响更大。课堂是任课教师直接管理的对象，因而，在课堂上任课教师就是班级组织的直接管理者。班主任要善于发挥任课教师在课堂教学中的班级管理者的作用，主动与各任课教师进行沟通交流，认真听取任课教师的意见和建议；班主任要经常向科任教师了解学生的各种情况，让科任教师感到班主任对工作的热忱，激发他们配合自己的积极性，真正使科任教师成为管理班级的得力助手和顾问。

班主任要尊重任课教师在班务管理中的地位和作用，调动任课教师参与班级活动的积极性。如在班级目标、班级计划的制订、班级制度的实施过程中，认真听取任课教师的意见和建议。在工作中，虚心诚恳，直面自己工作中的失误，勇于接受任课教师的批评指正。积极创造条件，争取任课教师参与班级活动，如班会、家长会、新年联欢会等，促进班主任与任课教师的合作。

协调任课教师之间的合作，使全体任课教师成为一个和谐的教师集体。教师与教师之间和谐的人际关系，可引导学生正确处理与同学、朋友的交往，培养美好的品格和健康的心理。所以，作为班主任，在班级管理中不能忽视科任教师的配合，要把科任教师团结成一个整体，共同完成教与学的任务。

问题探究

目前家校合作存在什么问题？

小陈是某班的班主任。年轻的她和学生能打成一片，师生关系处得很好，班上出什么问题学生们就直接告诉她。带了这个班一段日子，学生总是跟她反映：某老师爱拖堂，作业超多，而且总是占用学生的空余时间学习他所任教的课程，比如说早自习前他就进教室要学生看他那门课的书，午休时也过来布置几个题目。学生们怨声载道，其他任课老师也不时跑来向她反映情况，要她尽快解决。

2. 班主任对任课教师的帮助和支持

在班级管理中，班主任与任课教师的合作不仅仅表现为任课教师对班主任工作的支持和帮助，也是班主任对任课教师工作的支持和帮助。支持任课教师进行课堂教学管理，是班主任对任课教师协调的重要内容。主要包括：

(1)了解任课教师课堂管理情况，对任课教师提供课堂管理方法的指导。班主任要及时了解任课教师的课堂管理情况，使课堂管理与班级管理目标一致，根据任课教师的课堂管理情况有针对性地提供指导和帮助。

问题探究

新来的美术老师很年轻，美术课成了孩子们的娱乐课。男生折飞机，做鬼脸；女生说话，玩学习用具。美术老师很生气，下课后找到班主任说："这个班纪律太差了！"

如果你是这个班级的班主任，你会怎么办？

(2)班主任要多为科任教师服务。比如在任课教师接触班级之初，及时向任课教师介绍班级情况，让各任课教师对班级和学生有一个概括性的了解，如班级人数、班级组织、班级的基本制度、学生的整体状况、班级的典型特点以及个别学生问题等。在教学过程中，班主任也要及时向任课教师介绍班级的新情况和个体问题，增进任课教师对班级的了解，有助于提高科任教师课堂教学效果。

(3)沟通任课教师与学生的关系。

①要帮助任课老师树立威信。绝大多数学生对班主任的威信是敬而远之的，对班主任所教的课也会比较用功。因此，任课教师的权威在一定程度上需要借助班主任的威信进行维护。班主任应该及时地向全班学生介绍每位任课教师的情况，介绍各位教师的教学所长和课堂背后的故事，引导学生全面地了解教师，增进对教师的了解，提高任课教师在学生心目中的威信。

②主动协助任教老师处理教学中出现的问题。当师生发生误解和矛盾时，班主任要做好师生之间的沟通和调节，化干戈为玉帛，减少师生冲突；学生对科任教师教学和工作的赞扬，班主任要及时转告，学生对科任教师提出的意见和合理建议，班主任要了解分析，筛选权衡，在适当的时机，以适当的方式反映给科任教师，便于科任教师更好地完成教学任务。

③密切师生关系，增进师生情谊。班主任要给科任教师参与班级活动的机会，发挥任课教师在班级活动中的价值，密切师生联系，建立良好的情谊。

案 例

任小艾老师做班主任时，就让学生为每个上课的老师准备一杯水，并写着“亲爱的老师，请喝水！”一杯水并不起眼，可是它表达了学生对老师的关心，所以教师们都愿意到任老师的班上上课，他们说：“我们就爱到任老师班上上课，他们班有水喝！”难道老师缺水喝吗？当然不是，其实老师们透过这杯水，感受到的是学生的爱心。因此，任课老师都乐意配合任老师做工作。

有的班主任组织全班同学给任课老师过生日，当大家唱起祝老师生日快乐的歌曲时，此情此景将令任课教师永生难忘！

阅读资料

八种不受任课教师欢迎的班主任

经常向任课教师、家长抱怨、诉苦，见人就摆出一大堆困难，而自己又无解决办法，对任课教师、家长的建议不予采纳，不予关注。

经常唠叨，把自己工作的重要性抬高到不适当的位置。不断重复自己的见解，并自以为那些见解是不可触犯的金科玉律。

言语单调，喜怒不形于色，对任何事情都做出城府很深的样子，默然而毫无情绪上的反应。

态度过分严肃，不苟言笑。

过分孤独，悄然独处，既不参加别人的活动，也不主动与人沟通。

反应过激，浮夸粗俗。

过度自我中心刚愎自用，不断向人诉说自己的生活琐事，夸耀个人经历，只管自己有兴趣谈，不管别人的感受和反应。

过分热衷于取悦学生，讨好上级，抹杀科任老师的成绩。

(二)有效的协调组织方式

班主任协调任课教师进行班级管理，需要一定的形式。在小学教育实践中，有效的协调方式包括以下几种。

1. 年级组

年级组是学校的一种基层教育行政组织，也是促进教师间沟通和交流的基本组织形式。年级组由全年的所有学科教师组成，年级组从空间、时间和组织活动内容上为教师之间的沟通和交流提供了有利条件。

2. 协调会制度

协调会制度是指，由班主任牵头，所有任课教师参与的班级管理者共同体。建立协调会的目的是协调班主任与任课教师的班级管理行为，确保班级管理目标的实现。协调会的作用：统一班级管理者的思想；互通管理工作信息；提供相互支持。

协调会的组织：

(1)民主性。协调会是班主任和任课教师的协调会，协调会制度的建立由班主任和任课教师共同商定，协调会的作用也是共同协商。

(2)定期举行。协调会是实现班主任与任课教师合作的一种组织保障，可以根据班级发展需要确定活动时间和活动计划，从而保障双方合作可以有效地开展。

(3)主要内容。互通班级管理的情况；提出班级管理中需要共同解决的问题；商定协调解决问题的办法。

3. 班级 QQ 群

充分利用现代信息技术，建立有效的班级管理团体的沟通和交流平台，促进班主任与任课教师之间的协调。班级 QQ 群不仅仅是班主任与任课教师协调的有效平台，也是促进班集体成员间，以及班级管理者与家庭之间有效沟通和合作的平台。作为一种现代的沟通和交流方式，QQ 群在促进班级管理者之间的沟通和交流中具有及时、快速、灵活、信息量丰富、多样等特点，而且它既可以进行集体沟通，也能够更全面地进行有针对性的个别沟通和交流。

4. 班级师生集体活动

活动是有效促进班集体建设的途径，同时，活动也是有效促进班级管理者共同体进行合作的基本方式。通过集体活动可以让任课教师有更多的机会参与到班级管理中来，也能够为任课教师参与班级管理提供多样化的途径和方法，从而更好地发挥各任课教师在班级管理中的特长。

5. 学生成长导师制

学生成长导师制是中小学开始尝试的一种学生教育和管理的新模式。作为一种“教书”和“育人”一体化的学生教育和管理的途径，以促进学生健康成长为目的，一般通过教师与一个或几个学生结成对子，根据不同学生的成长要求，采取有针对性的、个性化的教育方法，为学生的成长提供指导和帮助。

借鉴学生成长导师制的教育管理理念，可以在班级管理中实施“班级导师制”，也就是建立以班级任课教师为主体的导师队伍，根据学生个性化的发展要求，分别对班级成员进行指导的一种教育管理模式。班级导师制的建立有助于实现全方位的班级管理，不仅指导学生课程学习、学科竞赛、社会实践，而且对学生生活、品德、个性、心理等方面进行全面的教育管理。对小学生而言，学校教育的目的不仅仅是学科知识和技能，培养良好的生活学习习惯，获得基本的生存、生活、学习技能，为今后的学习和生活奠定良好的基础具有更重要的意义。

“班级导师制”可以实现班主任、学校领导以及任课教师，甚至包括社会教育的有机整合。并且，班级导师制也为发挥任课教师的特长提供了条件，充分发挥任课教师在教育管理学生中的特殊作用。

二、小学班主任与家长的协调

苏联教育家苏霍姆林斯基曾说过："儿童只有在这样的条件下才能实现和谐、全面的发展，就是两个'教育者'——学校和家庭，不仅要一致行动，要向儿童提出同样的要求，而且要志同道合，抱着一致的信念，始终从同样的原则出发，无论在教育的目的、过程还是手段上，都不要发生分歧。"

家长是孩子的第一任老师，家庭教育对学生发展具有深远的影响，因而，班主任应该注意引导家庭教育向积极方向发展，让家庭教育配合学校教育，形成促进学生发展的班级家庭合力。小学阶段是一个学生成长的关键期，小学是儿童走出家庭接触到的第一个正规教育场所，再加上儿童身心发展还不成熟、可塑性大，小学生更容易受到家庭和学校两方面的教育影响。

一是班主任应帮助家长树立全面育人的观念和掌握科学的教育方法，通过举办家长学校、家长培训班、家庭教育知识讲座，邀请优秀家长介绍教育子女的经验等方式，加强对家长的培训，提高家长素质。

二是帮助家长树立起自信并积极配合学校教育的观念，通过召开家长座谈会、家访等方式，积极向家长介绍班级工作计划、学生发展情况、学校对学生的要求和期望；发放意见征询表，了解家长对学校、班级工作的意见和建议，让家庭教育与学校教育保持一致，同时积极承担起家庭教育的职责，配合学校做好学生的教育工作。

(一)家校合作的含义

家校合作是指对学生最具影响的两个社会机构——家庭和学校之间形成合力对学生进行教育，使学校在教育学生时能得到更多的来自家庭方面的支持，而家长在教育子女时也能得到更多的来自学校方面的指导。这一概念把家校合作所涉及的范围界定在学校和家庭两个领域。

学校是从事教育工作的专门机构，教育与教学的物质设施齐全，具有组织性、计划性和系统性。教师受过专门训练，具有较高的文化素养，具备教育教学、心理学方面的知识，教育学生的效果较好。

家庭是儿童接受教育的重要场所之一，特别是小学阶段，儿童还是未成年人，家长对孩子的教育和影响不容忽视。因材施教是家庭教育的最大优势，特别是今天独生子女家庭的物质生活条件和教育条件有了很大的改善，家长特别重视对子女的教育，这是教育的有利条件，但过高的期望也会产生一些问题：如以家长的意愿来决定孩子的喜好，很少考虑孩子的实际情况；一些家长缺乏培养和教育孩子的经验；个别家庭父母双方对孩子的教育观念和教育方式不一致，也会降低家庭教育质量，而当下困惑家长的首要问题仍是缺乏教育子女的科学知识和方法。

总之，家庭教育和学校教育都有优势和不足，只有双向合作才能形成教育合力，使教育作用最大化。

（二）家校合作的内容

1. 让家长成为班级管理的助手

学生的家庭生活对他们的班级生活发生着影响，得到家庭支持的班级生活行为方式，会给班主任管理班级以帮助，因而，家长可以作为班主任管理与教育班级的助手。

（1）班级管理向家庭的延伸。

美国的心理学家和行为学家斯金纳所倡导的强化理论指出，人的行为由行为本身的结果所塑造，即由行为表现之后个体所发生的情况而定。行为之后如紧接着有强化物，则该行为被强化。行为之后如紧接着没有强化物，则该行为被减弱。行为之后如紧接着有处罚，则该行为也会被减弱。

根据强化理论，家庭生活会对学生在班级中习得的行为方式起到强化或弱化的作用。如果学生在班级中习得的行为得到家庭的承认、支持，那么这种行为就会被强化；反之，如果学生在班级中习得的行为在家庭中被忽视或者否定，那么这种行为就会被弱化或者造成冲突，冲突的结果或是学生放弃该行为，或是坚持该行为在实施过程中遇到困难。这种冲突对小学生的成长是极为不利的。由于小学生身心发展水平有限，自主性发展还不够，他们难以应付行为冲突的环境。在这种情况下，行为问题的产生就不可避免，行为问题又必然会导致班级管理中的问题。

由此可见，班级管理不能止于班级范围，而应该向家庭延伸。班主任应该充分利用家庭生活实践巩固和强化班级生活。某小学一年级在举办班级主题活动“我有一双勤劳的小手”的过程中，充分利用了学生的家庭生活经验来丰富和拓展了活动的主题。活动中班主任将学生平时在家的劳动表现用照片的形式进行展示，让小学生们互相学习，活动结束后，又让孩子们在家庭生活中养成勤劳、独立的良好习惯。家庭生活大大强化了活动主题。

（2）让家长参与班级管理。

家长参与班级管理可以弥补当前教育资源的不足。班主任一个人很难照顾几十个学生，家长参与可以大大提高班级管理活动效率；家长参与班级日常活动也是实现班主任与家长沟通和交流的基本方式，通过沟通和交流，班主任和家长可以更全面了解孩子的发展。但是由于主观和客观的原因，家长不愿意或不会积极主动地参与班级管理，班主任要善于调动家长的积极性，特别是善于利用热心班级管理、关心孩子教育、具有特长的家长，让他们积极地参与到班级日常管理中来，协助班主任的班级管理工作，充分发挥家长在班级管理中的作用。

（3）让家长成为重要的教育力量。

家长在教育中具有特殊的作用。父母是孩子的第一任老师，孩子对家长有一种天然的亲近感、信任感，特别是小学生对家长的依赖性比较大，很容易接受家长的教育和管理。孩子在家庭中生活的时间也比较长，家庭生活的内容极其丰富多彩，关系到孩子身心发展的各个方面。因此，家长对孩子的影响很大。另外，家长作为一个社会人，具有不同的角色，拥有不同的社会资源，家长本身具有不同的个性和特长，从教育影响孩子来说，一个班级的家长群体就是一个丰富的教育资源。班主任可以充分借用家长的特长和优势，丰富班级管理资源，提升班级管理水平。

2. 对家长进行家庭教育指导

班主任与家长协调，还包括班主任对家长进行家庭教育的指导。一是班主任应帮助家长树立全面育人的观念和掌握科学的教育方法，通过举办家长学校、家长培训班、家庭教育知识讲座，邀请优秀家长介绍教育子女的经验等方式，加强对家长的培训，提高家长素质。二是帮助家长树立起自信并积极配合学校教育的观念，通过召开家长座谈会、家访等方式，积极向家长介绍班级工作计划、学生发展情况、学校对学生的要求和期望；发放意见征询表，了解家长对学校、班级工作的意见和建议，让家庭教育与学校教育保持一致，同时积极承担起家庭教育的职责，配合学校做好学生的教育工作。

知识链接

家长教育

家长教育在我国已经受到极大的重视。1992 年，我国参照世界儿童问题首脑会议提出的全球目标和《儿童权利公约》，从中国国情出发，发布了《九十年代中国儿童发展规划纲要》。这是我国第一部以儿童为主题促进儿童发展的国家行动计划。各级政府和有关部分坚持“儿童优先”的原则，加强领导，强化责任，制定政策，采取措施，认真实施，基本实现了《九十年代中国儿童发展规划纲要》提出的主要目标，使我国儿童生存保护和发展取得历史性进步。

2001 年 5 月，国务院有发布了《中国儿童发展纲要(2001—2010 年)》，其中特别强调要“提高家庭教育水平”。我国还制订了《全国家庭教育工作“九五”计划》《全国家庭教育工作“十五”计划》，各地普遍加大家庭教育工作力度，扩大家长受教育的覆盖面，广泛开展家庭教育指导和咨询服务。2010 年 2 月，全国妇联、教育部、中央文明办、民政部、卫生部、国家人口计生委、中国关工委七个单位联合发布了《全国家庭教育指导大纲》，明确指出：“指导家长确立责任意识，不断学习，掌握有关家庭教育的知识，提高自身修养，为子女树立榜样，为其健康成长提供必要条件。”

班主任开展家长教育的内容包括一般家庭教育修养的指导、一般的公民素养和家庭教育修养的指导。(1)家庭教育者的自觉意识；(2)家庭教育的知识；(3)小学生身心发展的知识；(4)家庭教育的方法。

阅读资料

小学中因父母离异、丧偶或父母双方、一方有重大疾病的家庭占有一定的比例，这样的家庭都属于特殊家庭，生活在特殊家庭的孩子需要学校有针对性的教育，其中更需要特殊的家校合作教育。另外身患重大疾病、有心理疾病或处于生长发育的青春期时学生也会出现一些特殊问题，如早恋、网瘾等，这时候也需要班主任与家长经常联系，步调一致地进行合作教育。由于家长和班主任对这些有特殊需求的学生关注不够，问题学生的比例在增加。

班主任对家庭的教育指导还包括根据本班实际进行的教育，这是更为艰巨的任务。一般的教育有一定的理论依据，有一定的经验参考模式，但结合学生实际进行的教育，则要求班主任有很高的理论运用水平和创造性。班主任所面对的家长指导工作具有复杂性，不仅在于提高每一位家长的家庭教育素养任务艰巨，更在于随着社会的发展变化，中国社会的家庭结构及类型也在发生巨大的变化，单亲家庭、特困家庭和流动的家庭等使得家庭教育工作越来越复杂。

问题探究

目前家校合作存在什么问题

老师，我在工厂上班，经常倒班，别说教育孩子了，有时候一周想见孩子一面都难，他妈妈也忙，孩子常常放在老人那儿。我们小时候学习谁管，都是自己学，现在也都工作得挺好。有时候也想和孩子好好沟通，但发现孩子大了，有自己的想法，问几句孩子不愿意说，最后也就不问了。我们教育孩子的方法都比较随便，我们这些当家长的根本不知道现在这些孩子脑子里都想些什么，老师你们比较专业，帮我们管管孩子，要不就告诉我们怎么管孩子。

(三)家校合作的基本方式

1. 家长学校

根据国家有关家庭教育工作的文件，家长学校是我国对家长进行教育的重要形式。家长学校是以中小学为创办主体，由家长委员会负责，吸收中小学学生家长参加的一种指导家庭教育的群众性业余教育组织。家长学校是普及家庭教育知识的有效渠道，是中小学指导家庭教育工作，帮助家长树立正确的教育观念，掌握家庭教育的科学知识和方法，提高家庭教育质量的较好形式。

家长学校的任务是：(1)宣讲家庭教育的重要性以及国家的有关家长教育的政策和法规；(2)明确学校教育的目标、建设、成绩和概况等；(3)指导家长提高教育素养；(4)引导家长重视良好的家庭美德，创设良好的家庭教育环境；(5)根据儿童身心发展规律介绍教育孩子的规律和方法；(6)帮助家长树立科学的教育思想，重视子女的全面发展等。

班主任在家长学校中承担着重要角色，发挥着重要作用。目前家长学校的活动大多还是以班级为单位进行，班主任是家长学校的中坚力量。班主任在家长学校中活动的任务包括：(1)参与家长学校活动计划的制订。家长学校是为提高家长的教育素质开班的。家长学校并不是一般的向家长传播家庭教育知识和相关的技能，而是有针对性地对家长进行家庭教育的指导。班主任最了解本班家长的家庭教育素养，各个班主任汇集起来的情况就是整个学校学生家长的家庭教育情况。(2)以班级为单位主持家长学校活动。目前家长学校的活动大多还是以班级的形式进行，因此，班主任是家长学校活动的组织者。

2. 家长会

家长会是中小学在长期的教育实践活动中形成的班级教育与家庭教育相联系并形成教育合力的方式。在家长会上，班主任、任课教师和全班学生、家长在一起交流班级教育情况和家庭教育中有关教育信息，从而取得对学生教育的共识。

(1)家长会的优点。

家长会是班主任与家长群体进行交流的方式。其优点在于经济。家长会上班主任和家长进行集中交流，可以在有限的时间内获得最大的交流信息；可以实现家长间互相交流。家长之间可以通过家长会进行相互借鉴与交流，互相学习。

(2)家长会的形式。

根据会议的内容不同，家长会目前有以下几种形式：

①教师报告会。主要由班主任介绍情况，家长了解有关信息，不进行讨论。在家长会上，班主任应向家长报告本班的教育教学情况，提出教育学生的意见和要求，征求家长的意见，动员家长协助学校搞好对学生的教育工作。也可以请本校教师或者有关专家做有关教育问题的专门报告。

②经验交流会。由家长交流教育子女、协同学校进行工作的心得、体会，班主任小结。也可以请家长介绍教育子女的经验等。

③学习成果展览会或学习成绩汇报会。学生以实物或文字语言向家长汇报自己的成绩和进步，以使家长了解学生，使学生彼此促进。这种形式的家长会可以灵活多样，不必千篇一律，不必恪守某一种形式。如举行学生成果展览，文娱表演，节日庆祝活动等，由学生向家长汇报学习成果，包括学习、思想、生活等学生身心发展的各个方面，使家长看到子女在各个方面的成长，也可以使家长更好地理解学校教育教学情况，从而促进家校合作。

④家长和老师恳谈会。这种家长会不邀请全体家长参加，只邀请有关家长参加，就某些学生的专门问题进行协调讨论，统一认识，寻求教育良方。

(3)组织家长会应注意的问题。

在班主任与家长的现实交往中，双方往往会产生各种分歧，诸如对教育价值观的不同认识，对教育评价体系的不同看法，在教育出发点及教育方法等方面的分歧。

如何减少和消除与家长的分歧，统一认识，疏通家庭教育与学校的渠道，使其形成合力，提高教育教学质量，是班主任工作的重要组成部分。

①有计划系统安排。家长会一般应根据学期的班级管理任务确定好召开的时间和次数。家长会不宜多开，因为家长和教师的时间、精力有限，一般根据学期工作安排三次家长会，即学期初、学期中、学期末。学期初开家长会，目的是帮助家长了解一学期的教育教学工作安排，提高家长参与学校教育教学工作的意识；学期中召开家长会，主要是交流学生半个学期的学习、生活等各方面的发展情况，存在的问题，便于及时改进；学期末召开家长会，交流一学期班级管理情况，以及学生的整体发展情况，对学习、班级管理和学生发展进行全面的总结和评价，为下学期的班级管理工作提供目标和新的要求。

②做好充分的准备。第一，确定会议主题。为什么要召开家长会？要达到什么目的？班主任要心中有数。每次家长会主题明确，中心突出，这样才能真正解决问题，提高家长会的实效。第二，构思提纲，收集整理有关材料。班主任讲话是家长会的主要内容，班主任要有充分的准备。班主任要根据班级发展的实际，以及学生身心复杂的需要，确定班级管理的指导思想，形成班级管理的基点，依此为出发点向家长介绍班级管理的目标、班级管理措施、班级管理的实际效果以及班级管理的改进措施等。班主任发言要充分体现对家长的尊重和对学生的热爱，以引发家长的共鸣。材料的收集根据会议主题确定，要求班主任在平时的班级管理工作时善意观察和积累，将工作中典型的事例、能够反映学生发展情况、发展问题的材料收集起来，作为班级管理工作的佐证，有了平时的积累，开家长会时班主任发言才会有的放矢。第三，拟定会议议程。包括家长会召开的时间、地点、准备工作、人员安排、事项、进程、主要内容、会议形式等，并将时间、地点以及会议的主题、形式提前通知到家长。

③以尊重的态度与家长平等地对话。班主任要摆正自己的位置，明确教师与家长是处于平等地位的教育者。召开家长会是要把学生在学校班级里某一阶段的学习情况比较全面地反映给家长，以获得家长对班级教育工作的支持，教师和家长就学生问题进行全面的沟通和交流，共同服务于学生的发展。

由于班主任在家长会上的特殊角色，班主任有可能把自己摆在不适当的位置上，即把家长作为自己的教育对象，把学生的不当行为归责于家长，对家长进行讽刺挖苦。在教育学生的问题上，家庭教育和学校教育一样，都是我国现行教育不可偏废的一个方面，班主任和家长是平等的教育主体，班主任要尊重家长的人格，站在平等交流者、对话者的位置上，营造良好的交流氛围，切不可高高在上，更不可用训斥的口吻咄咄逼人。另外，班主任要公平对待每一位家长，不管是学习好的学生家长，还是学习不好的学生家长，不管家长是从事何种职业，也不管家长处于什么样的社会地位，班主任都应该一视同仁。

④创新形式。家长会不一定是单纯的一种形式，在实践中，可以根据班级管理的需要，将前面提到的家长会形式有机结合起来。家长会也不一定非得是班主任“讲”，家长“听”的模式，班主任要善于创造条件，让家长主动参与到班级管理中来，鼓励家长发言，多听取家长的心声、意见和建议，这样才能更好地体现家长在班级管理中的主体性，也能更好地了解家长对班级管理的要求和建议，从而有助于班级管理的进步。目前小学班级管理实践中，家长会的形式在不断创新，比如一些学校实行课堂“开放日”，小学低年级的“亲子活动”等都是家长会的好形式。

问题探究

当前家长会存在什么问题

外星人看到了什么？

萨拉森(S. B. Sarason)为了让我们与教育现实拉开足够的距离，设想了一个外星人。外星人正在观察地球上的学校教育活动。他有超强能力，能够看到地球人类生活的方方面面，而且能够听到、听懂地球人的所有言语。但是，他从来没有到过地球，因而不了解地球人的文化。经过一段时间观察，这个外星人发现，学校里的活动通常是两类：一类是一个大人对一大群孩子讲话，另一类是一个大人对一大群大人讲话。从时间比例来看，以前者为主。但是，从活动模式来看，两者十分相似。

学生A：每次开家长会头一天晚上，妈妈肯定要问我最近在学校哪儿表现不好，还跟我讲“被揭发”比“自首”蹲监狱的时间长，我听着好害怕。说不好老师会揭发我哪件事，就全“自首”了。

学生B：我最受不了学生家长一回来就说：“你们老师表扬小李了，你也跟人家学学，平时别跟小王玩了，多根小李玩玩，过一阵肯定有进步……”听着就烦。

教师A：别以为只有学生或者家长害怕开家长会，我这个当老师的提起“家长会”三个字也头疼得不得了。开会前几天我的恐惧症就发作了，白天焦虑，晚上失眠，就连上厕所都想着这两天应该把板报换了，组织学生多做几遍扫除，当天黑板上写什么字、画什么画……为了在家长心中保持良好的形象，我头好几天就得设计家长会那天穿什么衣服、梳什么发型，从头到脚不敢有一点马虎的。家长会一般安排在下午，我一上午心都慌着，上课也感觉“驴唇不对马嘴”。课间都在心里背开场白，午饭时间当然是和办公室里的老师一起化妆了。你说我臭美，才不是呢，这是学校的要求。好不容易把这场“硬仗”打下来了，还不算胜利，家长“大部队”撤军了，准保有“遗留部队”。剩下的事比开大会还让人挠头，“一对一作战”要保持清醒的头脑、和蔼的笑容、标准的站姿……还有的家长大会散了先回家，吃过晚饭再回来排队等候开小会。

家长A：很多家长会的主角都是老师。每次开会，先是班主任强调学习、管理、成绩、家长辅导等方面的要求，接着是任课老师对各科教学情况进行总结。不管老师提什么要求、布置什么任务，家长们都只有记录的份，几乎插不上话。还有个别家长就更惨了，匆匆赶到学校迎来的却是劈头盖脸的告状，您说这时家长是个什么心情？

3. 家访

家访是班主任与学生个别家庭进行交流，以协调班级与家庭教育的一种方式。其特点可以深入地了解每一个学生家庭的教育情况，班主任与家长的交流是个别化的，更有针对性。

根据调查了解的目的不同，家访可以分成不同的类型：

(1)了解性家访。这是一般性家访，适用于多数学生家庭。其目的在于广泛地了解每个学生家长的基本情况，家庭的基本情况以及学生在家的情况等。内容包括家长的学历、职业；家庭的居住条件，家庭成员构成，父母感情，家长对学生的要求；学生在家的学习环境，学习实践，看电视、上网情况，交往情况，家务劳动情况等。

(2)目的性家访。适用于有特殊表现的学生，内容主要是向家长报告其特殊的表现，共同商讨教育方法。

(3)沟通性家访。因学校、家庭彼此不了解，产生误解或分歧，造成配合欠佳的少数家庭。内容是提出问题，如实介绍情况，耐心听取家长意见，通过心平气和地交换意见，沟通心理，争取实现协同教育。这种家访可以在日常利用各种机会随时进行。

成功的家访可加强老师与家长的联系，保持学校和家庭对学生教育的一致性和协调性，解决一些在学校难以解决的问题，同时又可以增进师生情感，提高学生在家学习的自觉性。为确保家访的有效性，班主任应注意以下问题：

(1)事先要有充分的准备。

何时进行家访？如何实施家访？与班级的实际需要密切相关。因此，应该根据班级的实际情况确定家访的对象、时间和基本内容，制订家访计划。比如新建班级，家访的目的是广泛了解学生家庭的基本状况；如果是原有班级，家访可以有重点地进行。家访前要有明确的目的，是要全面了解学生的家庭情况，还是互通信息，或者是去做学生或者家长的思想工作，做到心中有数。然后根据家访目的确定谈话内容，包括话题如何引出，谈话内容如何展开和控制，还要预计要达到的效果和可能出现的问题，要避免聊天式和做客式家访。

(2)选择家访的时机。

学生在校表现和教育工作的需要是班主任选择家访时机的主要依据。当学生身上表现出一些典型的问题，如学习和行为上的异常，一些心理上的困扰等，往往是教育的重要契机，班主任要抓住这样的关键时刻及时家访，循循善诱，并协同家长共同教育和管理学生。为了保证家访的实效，班主任应提前安排家访时间，并预先告知被访家庭学生，事先和家长取得联系，共同商定家访的具体时间，保证有充分的时间与家长进行专门的、深入的沟通和交流。避免因时间匆忙而影响家访的效果。另外，家访应守时、守信，班主任应该在约定好的时间准时到达。

(3)分析家访对象确定谈话策略。

学生的家庭环境是复杂多样的，在家访过程中，班主任要注意根据不同的家庭类型采用适宜的交谈策略。如有的家长教育有方，知情达理，面对这样的家长可以如实反映学生情况，主动请他们提出教育的建议，认真倾听他们的意见，充分肯定采纳他们的合理化建议，并适时提出自己的看法；有的家长比较溺爱孩子，看不到或偏袒孩子的缺点，对于这样的家长，应先肯定学生的长处，然后再适时指出其不足。要尊重、肯定家长爱护孩子的感情，同时，也要恳切地指出溺爱对孩子成长的危害，耐心诚恳地帮助家长树立科学的教育理念，采取正确的教育方式。有的家庭对孩子放任不管，这时班主任要激起家长对孩子良好发展的信心和期望，吸引家长主动参与对孩子的教育。同时，还要使家长明白放任对孩子的影响，增强家长对子女的关心和教育孩子的责任感，这对加强家长与子女间的感情，为学生的发展创造良好的环境极为有利。

(4)态度诚恳，全面、客观地评价孩子。

家访不是告状，班主任在介绍学生的情况时要一分为二，全面客观。在肯定学生成绩和优点的同时要指出不足；在谈缺点和问题时也要肯定学生的优势和进步。班主任要以诚恳平和的态度、亲切的话语感染家长，使家长真正感到家访不是告状，不是指责、找麻烦，而是为了学生的健康发展。这对增进师生情谊，减少家长与孩子间的冲突以及融洽家长与班主任的关系具有重要影响。

(5)家访要面向全体学生经常进行。

家访要面向全体同学，而不仅仅是针对优秀学生、进步学生和后进生。家访是班主任的一项正常的教育工作，每个学生都会遇到。帮助学生和家长减轻心理压力，以良好的心态对待家访。家访还要经常进行，遇到问题及时解决，防微杜渐。

(6)做好家访记录及其总结。

家访后，班主任要将访问的过程记录充分，然后做出分析，根据与家长交流的意见，提出对学生采取的教育措施。同时，也要总结这次家访的成效与教训，为以后的家访提供借鉴。

阅读资料

巧妙选择家访时机：

按照学校工作计划可以在学期初，学期中和学期末；

后进生取得较好学习成绩时；

学生有突出表现或取得良好成就时；

优秀学生成绩突然下降时；

学生犯错误屡教不改时；

学生进入青春期，面临新的发展需要时；

学生有反常表现，如学习态度的改变、突然旷课等。

4. 家长来访

家长来访有两种情况：一是班主任邀请家长来访；二是家长主动来访。随着家庭对子女教育的重视程度逐渐提高，家长主动来访的意识越来越强，家长主动来访的情况会增加。

接待学生家长首先要热情、耐心，创设一种宽松的氛围。谈话不适合在大庭广众之下或者有噪声的地方进行，或当着局外人的面进行；注意谈话技巧，在反映学生情况或不良行为时要严谨有度，对学校形成的处理意见既要坚决执行，又要向家长做好解释工作；认真倾听家长的谈话，谈话时间要适度，切忌冗长拖沓。

阅读资料

国外家校合作的基本方式

国外关于家校合作有不同的理解，家校合作也有不同的形式。比如美国北佛罗里达大学隆巴那(J. H. Lombana)教授指出，广义上家长参与学校教育可指家长从事的一切直接或间接影响其孩子(学生)的教育活动。美国问题学术研究高级专家范德格里夫特(J. A. Vandegrift)和亚利桑那州立大学莫里森公共政策研究所顾问格林(A. L. Greene)在他们的《对家长参与的再思考》一文中谈到，人们对家长参与学校教育最普遍的一种看法是，家长积极地参与学校主办的活动(如家长会)或以孩子和其他人能观察到的方式来帮助孩子学习(如陪读、帮助孩子完成家庭作业)。不列颠哥伦比亚大学的埃斯特(Esther)认为，“家长参与”指发动家长的潜能以主动或被动地帮助其孩子的学习与成长，不但在家中而且在学校。艾普斯坦将家校合作的涵义扩展为“学校、家庭、社区合作”，提出用“合作”的概念代替“参与”，指出家庭和学校在合作关系中的平等地位。

兰根布伦纳(M. R. Langenbrunner)和索恩伯格(K. R. Thorn-bury)两位学者按合作活动中家长担任的角色，把参与学校教育过程中的家长分为三类：家长作为支持者和学习者；家长作为学校活动的自愿参与者；家长作为学校教育的决策者。

庞(Pang et al)依据家长在家校合作过程中希望参与的活动形式将家长参与分为七个层次。第一层次：从学校到家庭的单向信息传输。第二层次：学校家庭之间的双向信息传输。第三层次：家长参与再教育活动。第四层次：家长志愿在学校各种活动中帮忙。第五层次：家长参加由家长组成的组织。第六层次：在制订重大政策时学校向家长请教意见。第七层次：家长参与学校管理。

按照家长参与的层次分为三类：把开放日、参加家长会、访问学校等家校合作方式归结为第一类，称为低层次参与；把帮助制作教具、家长参与课堂教学和课外活动、经常性的家访、为学校募集资金等家校合作方式归结为第二类，称为高层次参与；把借助家长咨询委员会进行合作的方式归结为第三类，称为正式的组织上的参与。

美国首创家长教师联合会(PTA)(Parent Teacher Association)，通过全国、州、地方三个层次的PTA对家庭教育进行指导，通过家长对孩子的辅导与沟通，构建家长参与的家校合作模式；鼓励家长参与学校系列活动，包括决策与管理的校本参与模式。PTA是美国最具影响力的家校合作组织，为日本、新加坡的家校合作发展提供了值得借鉴的经验。

日本市、镇、村都设有社会教育主事，协调社会各界对教育的支持和关心，社会教育设施不断充实和增加，如"青年之家""少年自然之家""儿童文化中心"等，作为将家庭、学校、社会三者联系的纽带发挥了重要作用。日本第二次世界大战后从美国引进了家长教师协会PTA。日本的PTA有四级组织，每一级组织都相对独立，它不但鼓励其成员家长与教师的积极参与，还很注意家长主体性作用的发挥，旨在家长与教师之间建立一种平等互信的关系。日本PTA的主要职责是推动教育改革(如综合学习时间、学校周五日制等)，支持学校工作(如学业指导、职业生涯指导和生活指导)，与教师一起共同解决教育中存在的问题；建立校外活动场所，组织校外综合实践活动(如夏令营)等。在50多年的实践中，PTA通过逐步完善，成为一股不容忽视的教育力量，在推动家庭、学校与社区教育合作中起了巨大作用。

家长教师联合会(PTAS)、学校朋友联合会(SFAS)和家长联合会(PAS)是英国家校合作的三大主要组织。从结构类型上看，英国的家长组织分为正规和非正规的两类。正规的家长组织具有较大规模，有利于家长在学校事务中发挥更大作用，而且还有非义务的带薪工作人员，即被正式任命的并承担某种职责的教师或组织者，他们的薪水来自于家长组织基金。在英国的家校合作实践中还发展出一项有特色的方式，即家长担任"教学助手"，以赫里福郡(Herefordshire)为典型。当地教育机构通过调查发现师资短缺是学生学业表现不佳的主要原因，同时家长迫切希望参与教育，因此该郡从经常参与学校事务的家长志愿者中招聘了一部分工作人员参与学校教育活动，并逐步采取措施将家长参与制度化。赫里福郡在启用教学助手以后，学生成绩有了明显的进步，教师与家长的紧密关系也成为特色。

5. 与家长建立通讯联系

班主任工作是繁重的，时间有限，加上目前学校班级容量较大，不便于经常对所有学生都进行家访，通信联系是一种很好的家校沟通形式。

(1)建立家校联系手册。从学生入学时起，班主任就要为每个学生建立一本家校联系手册，定期将学生各方面的表现，如学习、出勤、奖惩、行为等情况，有重点地写在手册里，让学生带回去向家长汇报。家长也将这一阶段孩子在家里的主要表现写下来，并就孩子的实际情况向班主任提出意见和建议。

(2)书信联系。这是家访的特殊形式，多用于学生家长在外地或者长期在外以及家庭距离学校较远，互访不方便的情况。也可以用于班主任与家长在教育学生上发生分歧时，因为书信联系比直接交谈更能理智地考虑对方的意见。由于书信联系有充分的思考余地，有些不便当面表达的情感，可以在纸上充分流露。书写时要注意所谈的内容要具体、单一，不可太复杂或笼统。语气要诚恳，称谓要文明，字迹工整，表述清晰、简洁。

(3)电话联系。这是以现代通信手段为媒体扩大班主任与家长联络空间的一种方式。它便于直接、经常、及时沟通和交流，而且省时省力，能够进行普遍交流。

(4)网络联系。这是以网络技术手段为媒体，通过网上平台进行沟通和交流的现代家校合作方式，如通过发邮件、QQ 群等。这种交流方式具有便捷、及时、交流面广的特点，而且通过网络资源的共享功能，家校、家长之间可以进行更广泛的交流和资源共享。

三、小学班主任与其他班级教育力量的协调

班级管理离不开社会这个大背景。班级本身是一个社会组织体系，班级本身包含着各种各样的社会因子，班级群体内无时无刻不反映着社会的情景，如社会的价值观念、社会的人际关系、社会行为特征等。同时，班级作为社会大系统中的一个子系统，不可避免地与社会的各个因子有着各种各种的联系。当代随着网络等各种传媒技术的发展，社会对学校、学生和班级的影响更深入，而当代教育的开放性要求学校在搞好内部教育的同时，也要重视家庭和社会在学生发展中的作用，要实现学校、家庭和社会教育力量的整合，即大教育。充分利用社会教育力量需要班主任有较强的社会交往能力，科学有效地组织教育资源的能力。

(一)班主任要与社会各方面加强联系，充分利用社区资源

社会各部分都有教育下一代的义务和责任，包括机关、部队、社会团体、社会教育机构、居民组织以及社会个人等。班主任应该主动与他们建立联系，并做好协调工作，使社会尽量关注、参与学校的教育。

在争取社会力量的时候，班主任要清楚了解社区教育资源，因地制宜，根据学校所在社区的资源和环境条件，就地取材，灵活安排。利用社区资源可以采取引进来，走出去的方式。引进来是邀请一些有影响的人物和热心教育事业的人士、机构，参与到学校管理、班级管理中来。比如请模范人物作报告，担任校外辅导员，或者参与学校、班级的教育教学活动等。走出去就是与社区有关单位建立联系，开展社会实践活动，让学生走出校门到社会机构、社会实践中去感受社会生活，体验社会发展，锻炼实际技能。

敏感地了解社会信息，把握社会动态，及时教育引导学生。当今社会传递信息

的媒介如报刊、广播、电视、电影、电脑、网络以及学生之间的口耳相传等，都不断给学生带来新的信息。这使得学校教育内容更加丰富多彩，学生获取信息的途径更广泛，获取的信息量更大，但也会给学生带来不良影响，增加了班级管理的难度。

帮助学生抵御不良诱惑。社会信息对学生有积极的影响，也有消极的影响。班主任协调社会教育就必须善于调节社会信息，善于把握社会信息渠道，懂得学生接受社会信息的意向和态度，了解学生接受社会信息的途径和方式，有的放矢地引导和教育学生，帮助学生抵御不良信息的诱惑。

班主任还要善于利用社会信息教育学生。班主任既要学会利用社会信息的特点以及信息传播的途径和手段，把健康有教育意义的信息尽快传递给学生，使学生比较集中地、较快地接受这些信息，并且不断得到强化。另外，班主任要对社会信息进行提炼和升华，使学生从信息中悟到有益的东西，使社会信息的教育意义更深刻。

班主任还要培养学生对社会信息的识别判断能力，能够利用现代化的媒体、信息工具和手段进行自主学习的能力。学生有了这种能力就能够更加自主、自由地学习。

(二)激发学生主体意识，大力推进自我教育

学生是班级教育合力中极其重要的部分，班主任必须尊重学生的权利和主体地位，充分发挥学生的主体作用，使其积极主动地参与教育活动。班主任对学生教育力量的管理主要体现在以下几方面：

第一，通过班集体建设促进每个学生的发展。班主任可以通过建立班委会，建立班级行政小组以及其他的班级组织机构，赋予班级成员在班级中不同的职责和角色，从而有效发挥不同个体在班级管理中的特殊作用。师生共同制订班规、班约，让学生明白自己该怎么做，不该怎样做。实行承包责任制，把班级工作具体化，分类别承包到个人或小组，增强学生对班级的责任意识。建立健全自我管理机制。推行民主管理，通过开展“师生共商班级事”“说说心里话”“班级管理之我见”等活动，培养学生的集体观念和主人翁意识。

第二，通过个别学生的教育促进班集体的发展。班级管理者也可以通过班级成员中不同的榜样示范，从而实现对班集体的整体影响。

第三，班主任与学生自我教育、自我管理协调的基本原则。一是人人参与。班主任要树立全面发展的教育理念，建立一个班级成员都可以参与的班级自我管理制度。在这个制度中，人人有学习的机会、参与的机会、成长的机会。二是对学生自我教育、自我管理能力的培养和指导。三是善于放权。教师有两类管理行为：其一是指挥性行为，即告知学生做什么，为什么以及如何去做，班主任对学生的管理是以班主任为主导的。其二是支持性行为：不直接给学生答案，鼓励他(她)，你可以做得到。随着班级以及学生身心的发展，班主任对班级的管理应该由指挥性管理转变为支持性管理，逐步放权。

本章小结

本章主要阐述了影响小学班级的各种教育力量，包括学校领导、任课教师、同辈群体、家长以及社会教育力量等。他们各自在班级管理中具有不同的作用。小学班主任作为班级的领导者、组织者，必须善于协调和利用各种教育力量，形成教育合力，从而更好地促进班级发展。

班主任要协调与任课教师的关系，充分发挥任课教师在课堂管理中的作用，调动任课教师参与班级管理的积极性，并为任课教师的课堂教学提供帮助和指导，协调好师生、任课教师间的关系，形成良好的教育氛围。

班主任要重视和发挥家长在班级管理中的作用，同时，加强对家庭教育的指导和帮助，更好地实现家校合作。

班主任还要充分利用社会教育力量，并善于调动学生自我管理的积极性、主动性，从而创新班级管理。

关键术语

班级教育力量　班主任与任课教师协调　班主任与家长协调　家长学校　家长会　家访　自我管理

思考题

1. 请说出影响班级发展的教育力量有哪些？各自对班级有什么影响？
2. 分析在班级管理中，班主任与任课教师各自的作用是什么？如何进行协调？
3. 调查了解当前小学家校合作的基本内容和方式有哪些？并尝试分析其中存在的问题及其原因。
4. 以某一年级为例，设计一个家长会方案。
5. 尝试提出学生自我管理的有效措施和建议。

案例研究

打造家校合作的“红岭模式”

如何建设一个平安而又富有活力的校园，是一个考验学校管理者、家长和社会各方智慧的问题。早在2007年，深圳市红岭小学创造性地引领家长义工有序参与学校管理乃至教学工作，并有效整合了社区多方力量，逐步形成了独具特色的家庭、学校、社会共建共治的“红岭模式”，为现代学校制度建设提供了一种崭新的思路。

以家长义工作为家校合作的突破口

“叮叮叮……”随着清脆的放学铃声响起，深圳市红岭小学30个班级的1600多名学生来到教室外排队，等候回家。校门口人头攒动，都是前来接送孩子的家长。但是这样的场景却有序不乱，每天的这个时候，校园内外就会出现一群特殊的“红马甲”维持放学秩序。在非雨天，全校 30 个班级 1600 多名学生只需要 8 分钟就可以全部安全有序撤离学校，即使是雨天，也不超过 15 分钟。这些“红马甲”，就是红岭小学的家长义工。

在 6 年前，家长义工队伍还没组建时，这里是另外一种景象。位于红岭小学校门前的松园路是双向两车道，有不少车辆出入。到了上学、放学的高峰期，这里经常是人车混杂，遇上下雨天，家长、孩子打着伞过马路，更是险象环生。解决这些问题，成为家长和师生最为迫切的愿望。

另一方面，前来接送孩子的家长之间交流的一些想法无法传递到学校里。学校开展家校合作由来已久，却在实施方面无突破性进展，根本原因就在于家校沟通模式无根本性的改进。家长会或家访、电话沟通是家校联系的主要方式，由于这些方式效率不高，难以适应信息多元化的发展，因此家校合作仅仅流于形式，青少年的成长也很少得益于社区、家庭和学校合作。

基于此，红岭小学决定做一番尝试，盘活学校家长中的优秀资源，把家长中的有识之士纳入学校合作伙伴范围内。学校在掌握国内外相关文献和实证研究的基础上，根据学校实际情况，向全校家长发出了“成立红岭小学家长义工站倡议书”，招募家长义工，以此作为家校合作的突破口。

2007 年 4 月 10 日，深圳市首家家长义工站——红岭小学家长义工站成立，23 名家长成为第一批成员。同时，家长义工开通了自己的博客网站和热线电话。2009 年，学校又成立了家长委员会。如今，红岭小学已经有 303 名家长义工。这里面不仅有孩子的父母，也有孩子的爷爷奶奶，年龄最长者近 65 岁。近日，红岭小学家长义工站成为全国第一个通过民政局登记的学校义工公益组织。

“6 年来，我们遇到很多困难和挫折，但是我们坚持‘开门办学’，到家长中‘借智借力’，打开了家校合作的新局面。”红岭小学校长黄敏感慨地说道。在成立之初，家长义工站无章可循，也没有经验可鉴，工作难以开展。学校一方面在家长中建立信任，一方面在教师中提高认识，最终获得了广泛的认同和支持。

从参与校内管理到组织校外实践

与一般学校开展家长义工做法不同的是，红岭小学对家长义工制的探索，逐渐形成了一套系统的方案和理论，使义工工作走向制度化、程序化和规范化，孕育了“服务孩子，共同成长”等六大家长义工文化。红岭小学不仅把家长义工服务局限在学期内，而且是拓展延伸到整个教育过程，渗透到学生生命发展的全过程。

一开始，家长义工只是参与校园安全管理工作，在学校的支持下，家长义工们逐渐开始参与协助教育教学活动，协助组织社会实践活动，对学校管理和学生发展提出建议，协调学校、家庭、社区之间的关系。如今，家长义工站已经有 10 项工作内容，包括安全导护、课堂助教、四点半课堂、家长讲堂、征集金点子、爱心公益活动、社会实践活动、参与学校大型活动、参与学生评价、协调社区关系等。

在校内，每逢学校开展庆典、集会等大型活动时，家长义工就会主动请缨，协助各种活动开展。在爱心公益活动中，家长义工也从不缺位。2009年，红岭小学有一个孩子患了白血病，家长义工组织了爱心捐款，短短两个早上就募集到近4万元善款。

在学校的教育教学中，家长义工同样是得力“助教”，帮助制作教具，邀请有丰富家教经验的家长写“教案”，拓展校本课程，办起了“家长讲堂”。家长义工参与教育教学对学校而言也非常受益，学校广泛听取家长的意见，征集家长“金点子”，促进了学校管理和教育教学。

随着家长义工活动的不断推进，这种实践活动不仅囿于校内，还延伸到了校外。家长义工带领孩子们参观医院、邮局等单位，进行社会体验和职业模拟，感受社会大课堂。值得一提的是，与春游、活动的模式不同，红岭小学把家长义工的校外实践活动变成“社会实践课程”，是学校常态化的创新教学模式，成为课堂的有力补充。

在实践活动中，家长义工之间的交流越来越充分，越来越深入。他们开展了许多课外亲子活动，通过博客和QQ群保持线上线下的良性互动。有家长表示，这不仅解决了校外安全问题，还增进了家长与家长、家长与孩子、孩子与孩子之间的感情。这样的实践，无疑也是对“生活即教育”的诠释。

红岭小学家长义工的活动与实践，促进了学校与社区的有机融合。原先一部分学生放学后由于家长还没下班无人照管，成为家长担忧的问题。红岭小学充分发挥学校资源，把桂园街道松园社区内的“四点半学校”搬到校园里，一些有特长和专业技能的家长，放学后义务开展第二课堂活动，如乒乓球、围棋等，解决了家长的后顾之忧。本着爱心、责任、沟通、信任，红岭小学和家长义工们把一个原本处于闹市中的校园建成了家长放心的乐园、学生健康成长的趣园和传播爱心的家园。

家长义工制引发“辐射效应”

“从家长义工站成立那天起，我们的心就和学校、和1600多个孩子贴在一起了。”红岭小学家长刘碧琴是家长义工站成立之初的成员之一，她说，她加入义工站后，不仅能了解孩子在学校的表现如何，孩子也受到言传身教。家长义工站推倒了家校沟通的“围墙”，为家长关心教育、了解学校提供了一个实实在在的平台。像刘碧琴这样充满爱心、无私奉献的家长义工们，被亲切地称为“没有翅膀的天使”。2008年和2009年，红岭小学家长义工站被评为罗湖区教育系统优秀义工组织。2010年，红岭小学10名家长义工被评为“深圳市五星义工”。2011年，再有5名家长义工成为“深圳市五星义工”。

对学校而言，家长义工制的实践也让红岭小学办学水平有了质的变化。学校提倡“孩子在校学习六年，家长到校工作一天”，因为家长义工的参与，一些教育的瓶颈问题和矛盾迎刃而解。从教育原理来看，红岭小学立足于大教育的环境下，以“与学生共享生命的成长”作为办学理念，家长义工活动实现了家庭、学校、社区之间的融合互动，形成了独具特色的“红岭模式”。6年来，家长、社区居民对学校的满意度大幅度提高，实现了零投诉。回到原点看教育，“红岭模式”正是对生命成长关爱的结晶。

当前，我国全面研究家长义工理论与实践尚是一片空白，“红岭模式”成为这方面实践的创新探索。通过家长义工进校园活动，实现了学校教育、家庭教育与社会教育有效互动，构建社会大教育的网络体系，为加快推进优质教育、公平教育、满意教育提供有力支持。

结合以上案例，请分析如何有效实现学校、家庭和社会教育力量的整合？

拓展阅读

1.《中小班主任管理工作规定 2008》.

2. 马忠虎．基础教育新概念—家校合作．北京：教育科学出版社，1999.

3. 杨启光．重叠影响阈：美国学校与家庭伙伴关系的一种理论解释框架．外国教育研究，2006 (2).

4. 赵琴．学校教育与家庭、社会教育．北京：高等教育出版社，2000.

第九章　小学少先队工作

学习目标▶

1. 了解少先队的性质、任务，知道有关少先队组织的基本常识。

2. 了解小学少先队工作的基本内容，领会少先队辅导员的基本职责，并自觉提高自身的专业素养。

3. 掌握少先队组织教育和少先队活动辅导的基本知识、技能。

导　言

小学班级不仅是小学教育教学的基层组织，也是少先队教育的基层组织。小学班级作为学校的基层教育教学组织，主要功能是实现教育教学任务，作为少先队教育基层组织，主要功能是对小学生进行先进思想的教育。小学班级管理者承担着双重任务，既担任班主任，也担任少先队中队辅导员，对少先队中队活动的开展进行指导和帮助。

第一节　少先队的性质和任务

一、少先队的性质

中国少年先锋队是中国少年儿童的群众组织，是学习共产主义的学校，是建设社会主义和共产主义的预备队。1949 年 10 月 13 日，中国共产党委托共青团组织建立了全国统一的组织——中国少年儿童队。1953 年 6 月，共青团第二次全国代表大会决定将中国少年儿童队的名称改为“中国少年先锋队”，并与 1954 年 6 月 1 日正式公布了《中国少年先锋队队章》。

中国少年先锋队的创立者是中国共产党，中国共产党委托中国共产主义青年团直接领导中国少年先锋队。目的和任务是团结教育少年儿童听党的话，爱祖国，爱人民，爱劳动，爱科学，爱护公共财物，努力学习，锻炼身体，培养能力，立志为建设有中国特色社会主义现代化国家贡献力量，努力成长为社会主义现代化建设的合格人才，做共产主义事业的接班人。服务少年儿童的健康成长，维护少年儿童的正当权益。

凡是 6 周岁到 14 周岁的少年儿童，愿意加入少先队，愿意遵守队章，向学校少先队组织提出申请，经批准，就成为队员。

少先队在学校、社区建立大队或中队，中队下设小队。

共青团选派优秀团员或聘请思想进步、作风正派、知识丰富、热爱少年儿童的教师以及各条战线的先进人物来担任少先队的辅导员。他们是少先队员亲密的朋友和指导者，帮助中队或大队委员会进行工作，组织活动。

1. 政治性

《中国少年先锋队队章》明确规定：“少先队是中国少年儿童的群众组织，是少年儿童学习中国特色社会主义和共产主义，是建设社会主义和共产主义的预备队。”少先队作为一个群众性的儿童组织，与一般意义上的儿童组织的根本区别在于少先队具有鲜明的政治宗旨以及深刻革命意义的特殊组织形式。“准备着，为共产主义事业而奋斗”就是少先队组织政治性的集中体现。少先队把共产主义思想教育放在重要位置，并贯穿于全部组织行为中。少先队的共产主义思想教育是基础的、萌芽的，是以爱国主义教育、理想教育、革命传统教育、公民道德教育为基本内容的教育。

2. 教育性

“少先队是少年儿童学习中国特色社会主义和共产主义的学校”这体现了队组织的“教育性”。少先队是一个具有社会职能，特别是教育职能的社会组织。少先队有明确的奋斗目标，它要求少先队员从小树立共产主义的伟大理想，学习革命道理，学习知识，锻炼身体。教育是少先队最重要的社会任务。少先队的教育性，是党创立少先队组织的根本目的。少先队教育是一种特殊的组织教育，它为少年儿童提供了充分的社会生存背景，满足了少年儿童个人发展愿望。少先队组织的教育性是通过寓教于乐的活动来体现的。

3. 儿童性

少先队是少年儿童的组织，首先，这个组织中的成员是由 6 到 14 周岁的少年儿童组成；其次，少先队有一套符合少年儿童年龄特点的组织形式，比如鲜艳的红领巾、队旗，各种队活动的仪式都具有鲜明的儿童化特征；最后，少先队是通过一系列适合少年儿童年龄特点的活动来达到教育培养少年儿童的目的。

4. 群众性

少先队组织是我国少年儿童最大的一个有着严密组织结构和运行机制，有着共同的纪律规范，有着一定的组织目标的具有鲜明的少年儿童特点的群众团体。它不是少数“先进”儿童的组织，而是学习先进、学习先锋的少年儿童的群众组织。这一属性决定了我们是要把少年儿童“组织起来受教育”，而不是“教育好了再组织”。

5. 自主性

少先队是少年儿童独立自主的群众组织，队员在队内自己管理自己，自己教育自己，队员是组织的主人，队的全部工作都由队员自己来当家作主，充分体现了自主性的特征。

辅导员在指导少先队工作时要准确把握这五个性质，要把社会主义思想品德教育放在工作首要地位，引导少年儿童依靠和通过他们自己的组织来接受教育与自我教育，充分尊重队的组织，树立队员为主的思想，团结全体，面向全体，按照少年儿童的年龄特点来开展队的工作和活动。

二、少先队的任务

少先队组织的基本任务是按照党的要求，在共青团的直接领导下，团结教育少年儿童，继承党的优良传统和作风，勤奋学习，锻炼身体，培养爱祖国、爱人民、爱劳动、爱科学、爱社会主义的好品德和诚实、勇敢、活泼、团结的好作风，使少年儿童在德、智、体、美、劳诸方面得到全面、和谐的发展，成为中国特色社会主义事业的合格建设者和接班人。

1. 团结教育少年儿童

吸收全体适龄少年儿童加入到组织中，帮助他们学习和继承少先队的好思想、好作风，爱祖国、爱人民、爱劳动、爱科学、爱护公共财物，努力学习，锻炼身体，参与实践，培养能力，立志为建设中国特色社会主义贡献力量。

2. 代表和组织少年儿童参与社会生活

通过多种合法途径和渠道，代表少年儿童参与国家的政治生活、经济生活和文化生活，表达少年儿童意愿。

3. 维护少年儿童合法权益

努力满足少年儿童成长的多种需求，依法维护少年儿童的合法权益。

第二节　小学少先队工作的内容

小学班级是班队合一的教育组织。在我国小学班级中有平行的少先队组织，在中华人民共和国成立的同时，“中国少年儿童队”成立了。1953 年中国少年儿童队改名为“中国少年先锋队”。根据中国少年先锋队第五次全国代表大会 2005 年 6 月 3 日通过的《中国少年先锋队队章》规定，凡是 6～14 周岁的少年儿童，愿意遵守队章，提出入队申请，经过中队委员会批准，就可成为队员。

根据有关要求，在小学一年级就应把全体适龄儿童组织起来。因此，从小学一年级开始，班级就逐步地成为少先队组织。班级作为一个少年儿童的学习组织，是小学开展教育教学活动的基层组织，主要是为把小学生培养成为合格的公民服务；作为少先队组织，则是把少年儿童培养成共产主义事业的接班人。小学少先队工作的基本内容包括少先队组织教育和少先队活动辅导。

一、少先队的组织教育

少先队组织教育的内涵极其丰富，核心内容和要求是要培养少先队员的组织意识、组织观念、组织情感以及服务组织的能力。《中国少年先锋队章程》是少先队组织教育的基本依据。

1. 队与党、团组织关系的教育

中国少年先锋队是以“先锋”的名字命名的。党以“先锋”的称号命名少先队的组织，一方面表明了少先队与共产党的天然的政治上的联系，少先队是社会主义和共产主义的预备队，少先队事业是党的事业的重要组织部分；另一方面是用“先锋”的称号来激励广大少先队员，教育少年儿童从小学习先锋们的伟大榜样，继承他们的事业，做社会主义和共产主义事业的接班人。

2. 队的性质、任务的教育

中国少年先锋队是中国少年儿童的群众组织，是学习共产主义的学校，是建设社会主义和共产主义的预备队。

少先队组织的基本任务是按照党的要求，在共青团的直接领导下，团结教育少年儿童，继承党的优良传统和作风，勤奋学习，锻炼身体，培养爱祖国、爱人民、爱劳动、爱科学、爱社会主义的好品德和诚实、勇敢、活泼、团结的好作风，使少年儿童在德、智、体、美、劳诸方面得到全面、和谐发展，成为中国特色社会主义事业的合格建设者和接班人。

3. 队的历史的教育

1949 年 10 月 13 日，中国共产党委托共青团组织建立了全国统一的组织——中国少年儿童队。1953 年 6 月，共青团第二次全国代表大会决定将中国少年儿童队的名称改为“中国少年先锋队”，并与 1954 年 6 月 1 日正式公布了《中国少年先锋队队章》。

1953 年中国少年儿童队改名为“中国少年先锋队”。根据中国少年先锋队第五次全国代表大会 2005 年 6 月 3 日通过的《中国少年先锋队队章》。

4. 队的基本知识的教育

(1)队名。

中国少年先锋队是以“先锋”的名字命名的。“先锋”具有强烈的象征意义、激励和教育作用。所谓“先锋”是指开辟道路的人，是指为了人民的利益冲锋在前面的人。进行少先队队名的教育，要始终抓住学习先锋，立志学习和实践“三个代表”重要思想，做“四有”新人这一根本目标。从真正意义上说，“先锋”就是体现“三个代表”的“四有”先进分子。我们要教育队员学习先锋，树立远大理想，努力学习，掌握现代科技，立志做先进生产力的代表，做推动新型工业化发展新一代建设者；要教育队员学习先锋，勤奋学习，勇于创造，追求真理，追求美好，立志做先进文化的传承者、建设者和创造者；要教育队员学习先锋，逐步确立“人民的利益高于一切”的信念，培养以为人民服务为核心，以集体主义为原则，以爱祖国、爱人民、爱劳动、爱科学、爱社会主义为基本要求的社会主义道德，“从小立志为人民作贡献，为祖国作贡献，为人类作贡献”；要教育队员学习先锋，培养组织观念，遵守组织纪律，维护组织团结，不怕困难，不屈不挠，勇往直前。

(2)队旗、队徽。

队旗、队徽和红领巾都是少先队的重要标志。这些标志将“为共产主义奋斗”“人民利益高于一切”这些抽象的理念高度概括凝练，将其简单形象地表现出来。统一的标志，意味着理念、意识形态的统一；鲜艳夺目的标志，强化着队员的理念和思想。标志成为少先队组织文化的一种载体，将少先队的思想意识具体化、经常化，是少先队组织教育中必须高度重视和强调的重要部分。

星星火炬是社会各界及少先队员所广泛认同的少先队的一个标志，具体体现在少先队队旗和少先队队徽上。

《中国少年先锋队章程》规定：五角星加火炬的红旗是少先队的队旗。五角星代表中国共产党的领导，火炬象征光明，红旗象征革命胜利。五角星加火炬和写有"中国少先队"的红色绶带组成少先队的队徽。

队旗、队徽有着极其深刻的象征意义，它们揭示了少先队与共产党的天然的政治联系，是少先队的政治理想、政治文化的形象体现，进行少先队队旗、队徽的教育，实质上进行的是热爱中国共产党、树立共产主义理想的教育。

进行队旗、队徽的教育，就要进行"没有中国共产党就没有新中国"的教育。教育队员热爱中国共产党，就要生动形象地进行党的"三个代表"重要思想教育，进行建设中国特色社会主义的教育，教育队员为实现党的全面建成小康社会、基本实现现代化的伟大战略目标而时刻准备着。

进行队旗、队徽的教育，还要结合队的历史、队的光荣传统的教育，教育队员懂得中国共产党是少先队的创立者和领导者，从小听党的话，努力学习，全面发展。

队旗、队徽是少先队组织的标志。少先队组织在举行队会及各种重大活动时，都要履行出旗和退旗仪式。队徽的使用应该庄重、严肃、适当。少先队的代表大会、团委少年部、少工委的会议室及其他宣传、教育、活动阵地等应悬挂队徽。少先队的重大活动现场以及国外少年儿童组织交往活动的重要场合也应悬挂队徽。少先队的各种组织颁发的奖状、奖旗、证书、光荣簿以及其他荣誉性文件和队的报刊上也可以加印队徽。少先队的专门制式用品等也可印有队徽标志。中学队员可佩戴少先队队徽证章。

(3)红领巾。

少先队员的标志是红领巾。少先队章程指出，红领巾代表红旗的一角，是革命先烈的鲜血染成。进行少先队员的标志红领巾的教育，首先要让队员懂得红领巾的含义。党以红旗的一角作为少先队员的标志，就是要队员懂得今日的幸福生活来之不易，它是革命先辈用鲜血换来的；少先队员要学习先辈为真理而斗争的精神，继承先辈的事业，发扬光荣传统，准备着为建设祖国，实现美好的理想而奋斗。

进行少先队员的标志红领巾的教育，一个很重要的方面是像少先队章程中所要求的那样："每个队员都应该佩戴它和爱护它，为它增添新的荣誉。"新队员入队宣誓时，队组织要举行隆重的授红领巾仪式。要教育队员珍爱红领巾，学会端庄地佩戴红领巾，保持红领巾的整洁，并用自己美好的行动保持红领巾的荣誉，不断为红领巾增添光彩。

正确佩戴红领巾的方法是：领巾披在肩，左边压右边，右边绕一圈，小角圈中过，两角拉拉紧。

(4)队礼。

中国少先队的队礼——右手五指并拢，高举头上。少先队队礼的含义是"人民的利益高于一切”。代表最广大人民群众的利益，为人民服务是中国共产党的宗旨，是党性的具体体现，是“三个代表”重要思想的出发点和归宿。共产党是为人民服务、为人民利益而奋斗的党。少先队是党的接班人，是社会主义建设的预备队，理所当然也应该把“人民的利益高于一切”作为终生的信念和行动准则。少先队队礼是党的宗旨、是“三个代表”精髓儿童化、形象化的体现，教育少先队员敬好队礼，进行少先队队礼的教育，实质是向队员进行“人民的利益高于一切”信念的熏陶，进行“为人民服务”宗旨的教育。

少先队员敬队礼，就是要发扬“人民利益高于一切”的精神，为人民多做好事，关心别人比关心自己为重，把集体的事放在前面，有为了人民的利益而不怕吃苦的精神。

“人民的利益高于一切”“为人民服务”不仅体现了党性、党的宗旨对少先队——社会主义和共产主义预备队的要求，同时对于每一个个体来说，也是社会主义道德建设的要求。少先队的队礼教育，要注意研究新形势和少先队的新特点，开展一系列的诸如“手拉手”互助活动、“红领巾助残行动”“文明社区服务行动”等生动有效的活动，让队员们在实践中学会尊重人民群众、向人民群众学习、为人民群众服务，用行动去实践崇高的队礼——人民的利益高于一切，做一个有益于人民的好少年。

少先队的队礼是少先队的崇高礼仪。在升国旗，队会举行出旗、退旗仪式，祭扫烈士墓，接受领导检阅时，少先队员都要行队礼。平时少先队员见到师长，或请求师长讲话、请示问题时，也要先行队礼。作为少先队队礼教育的重要方面，要指导队员正确行队礼的方法。敬队礼时，神情要庄重、严肃、有精神、动作要标准，以表示对国旗、对组织、对他人的尊重。正确行队礼的方法应该是右手五指并拢，经前胸举至头顶约一拳处，成 45 度，掌心向下。

(5)呼号。

呼号是中国少先队特有的仪式。少先队的呼号，领呼：“准备着：为共产主义事业而奋斗！”回答：“时刻准备着！”少先队的呼号是少先队的组织纲领与组织成员行动的体现。

第一句领呼“准备着：为共产主义事业而奋斗！”表明了少先队组织的远大理想和奋斗目标。为共产主义事业而奋斗，是中国共产党的奋斗纲领，壮丽的共产主义事业要靠几代甚至几十代人的努力奋斗，要实现共产主义，必须首先把我们的国家建设成中国特色的社会主义强国，当今我们要实现党的十六大提出的全面建成小康社会的目标。我们要教育队员千里之行始于足下，在为大目标奋斗时，就要从小努力学习，锻炼身体，参与实践，培养能力，立志为建设中国特色的社会主义现代化强国贡献力量，努力成长为社会主义现代化建设需要的合格人才。

第二句回答是：“时刻准备着！”表达了少先队员的决心与行动。少先队把“时刻准备着！”作为最有自己组织特色的呼号，表达了少先队员为远大理想和目标从自己做起，从自己身边的小事做起，在实践中健康成长的决心和行动。“时刻准备着”也是党和人民对少先队的殷切期望。

少先队的呼号简明、响亮，具有深刻的思想含义和鲜明的儿童特色，不论是对队员的思想教育，还是对他们心灵的撞击与震撼，都会产生极大的作用。每当队会即将结束，都要举行呼号的仪式。呼号由少先队辅导员、党团组织的代表，或为党和祖国、为人民作出突出贡献的、能作为少先队员表率、深受队员们爱戴的人领呼。全体队员呼号时，右手握拳举起于右肩上方，约与右耳平行，拳心向左前方，齐声回答，态度严肃，声音高亢有力。

5. 队的组织制度的教育

少先队组织是我国少年儿童最大的一个有着严密组织结构和运行机制，有着共同的纪律规范，有着一定的组织目标的具有鲜明的少年儿童特点的群众团体。它不是少数“先进”儿童的组织，而是学习先进、学习先锋的少年儿童的群众组织。这一属性决定了我们是要把少年儿童“组织起来受教育”，而不是“教育好了再组织”。

《中国少年先锋队队章》规定，凡是 6～14 周岁的少年儿童，愿意遵守队章，提出入队申请，经过中队委员会批准，就可成为队员。

民主与集体、自由与纪律和少先队组织教育的重要内容，对于增强队员的组织观念，实现队内民主，发挥组织功能，提高组织教育水平有着十分重要的作用。

队的作风是：诚实、勇敢、活泼、团结。诚实，是中华民族的传统美德，是为人的基本准则，是少先队的光荣传统。诚实，从大处说，要忠诚祖国，忠诚人民，不做有损国格、损人利己的事。从为人处世而言，诚实就是说老实话，办老实事，做老实人；实事求是，不说假话、大话、空话、过头话；言行一致，做人正直；有错就改，不文过饰非。诚实，也是现代人必备的素质，是社会主义市场经济对人们的客观要求。正如《公民道德建设实施纲要》把“诚信”作为公民的基本道德规范，要教育少先队员从小讲诚信。

勇敢，是对人的意志品质的塑造。勇敢，就是不怕困难，不怕挫折，不怕危险，英勇顽强，不畏艰险，勇于牺牲。勇敢还有一层更高的要求，即敢于坚持真理，为了人民的利益，敢于坚持对的、改正错的，敢想、敢说、敢干，不唯唯诺诺，不谨小慎微。勇敢也意味着要勇于创新，不墨守成规，准备和乐于接受他未经历过的新的生活经验、新的思想观念、新的行为方式，准备接受社会的改革和变化，勇于创造，敢为天下先。

勇敢还是自信的表现。对于当代的孩子来说，自信心的培养尤为重要。少先队要通过丰富多彩的活动，尤其是“五自”活动，培养队员自信进取的心理，勇敢顽强的意志，作生活的强者，让队员发自内心地说：“我能行！”

活泼，是对队员气质、性格和能力等个性心理特征的要求。活泼，不单指队员爱唱歌、会跳舞、积极参加体育锻炼，而是有更深的内涵，即要思想活跃，朝气蓬勃，积极热情，性格开朗，敢说敢做，表里如一；思维敏锐，渴求真知，虚心好学，永不满足；生活丰富多彩，爱好广泛，多才多艺，充满情趣。

活泼的作风，是要培养少年儿童一种积极向上的人生态度。而活泼的养成源于积极良好的心态。只有心理品质健康、心态良好的人，才能活泼开朗。应该看到，在当今社会转型时期，社会上的一些负面东西(如灰色的、厌世情绪等)也对少年儿童产生了消极的影响，少先队组织应注意让队员从小就有积极的心态，永远微笑着看世界，心情开朗地去迎接生活的挑战。

团结，是要培养队员团结协作的群体意识。要教育队员发扬传统美德，学会正确处理人与人、人与社会的关系，尊敬长辈，爱护弱小，同学之间互相爱护，富于友爱和同情心，乐于助人；要虚心向先进学习，不骄傲，不嫉妒，心中有他人，心中有集体，严于律己，宽以待人；有大局观念，自觉开展批评和自我批评，维护集体的荣誉。

6. 队的组织纪律的教育

少先队组织又是一个有着严密纪律的组织。《中国少年先锋队章程》要求：“每个队员都要遵守纪律，服从队的决议，积极参加队的活动，做好队交给的工作，热心为大家服务。”民主集中制是少先队的组织原则。在强调尊重基层组织的民主权利，发挥队员自主精神的同时，少先队又强调个人服从组织，少数服从多数，下级服从上级，维护队组织的权威，加强全队的团结。少先队严密的组织体系便是根据民主集中制的原则建立起来的。要通过组织生活参与组织建设，让队员懂得民主集中制这一重要原则。

纪律是组织生存和发展的重要保证。少先队组织有一系列严密的组织纪律。队章规定：“每个队员都要遵守纪律，服从队的决议。”“队员和队的组织做出优异成绩的，由队的组织或报共青团组织给以表扬和奖励。”“队员犯了错误的，队组织要进行耐心帮助、批评教育，帮助改正。”

7. 队员的权利及义务的教育

《中国少年先锋队章程》规定：“队员是少先队组织的主人，在队里都有选举权和被选举权，可以对队的工作和队的活动提出意见和要求。”

队组织要下力气营造民主氛围，真正发挥队员的主体作用，在队内实行民主，有事大家民主协商，强调人人有参与权、人人是主人；让队员当家作主，在辅导员的指导和帮助下，自己选举队长，制订计划，开展活动，管理阵地，办理事情，帮助同学，执行纪律，建设集体，学会自己管理自己，自己教育自己，学会独立思考，独立工作，锻炼自主、自治的能力，做少先队组织的主人。还要教育队员学习以主人翁精神对待学校和社会，学做学校的小主人、社会的小主人。让少先队员从小学会过民主生活，对于他们将来参与建设民主政治将有十分重要的意义。

这些教育内容涉及少先队的基础理论和基本知识，需要辅导员和少先队工作者在实践中不断深化。

知识链接

少先队基本知识教育

一年级：我们的标志——红领巾；

二年级：我们的队旗——少先队的创立者和领导者；

三年级：我们的队歌——少先队队史；

四年级：我们的队名——学先锋；

五年级：我们的队礼——人民的利益高于一切；

六年级：我们的作风——争当好少年；

七年级：我们的呼号——政治理想；

八年级：少先队与共青团。

少先队仪式教育

一年级：入学礼，入队仪式；

二年级：队干部轮岗仪式；

三年级：红领巾小社团成立仪式，10 岁成长礼；

四年级：与先进党团组织结对仪式；

五年级：英雄中队、特色中小队命名仪式；

六年级：少先队颁奖仪式，小学毕业典礼；

七年级：建立初中队组织仪式；

八年级：离队仪式，推优入团。

二、少先队活动的辅导

(一)少先队活动的含义及其特点

少先队活动是以队员为主体的少先队组织活动，是少先队教育和自我教育的基本手段和方法。少先队的组织教育、民主教育、集体教育都需要通过少先队活动才能完成任务。

1. 组织教育性

少先队是党委托共青团领导的中国少年儿童群众组织，它的各类活动都是为完成队的章程中“我们队的目的”服务的，是队组织的教育活动。组织教育性是少先队活动的根本特性。

2. 自主性

队员是少先队组织的主人，是队组织活动的主人。队员在辅导员的指导帮助下，自己出主意、想办法、订计划、办事情、搞活动，通过活动自己教育自己。

3. 实践性

少先队教育有着明确的政治导向，队的章程中体现着党、团、队三代人的革命接力关系，历来倡导少先队活动与建设社会主义伟大事业相结合。少先队要培养全面发展的人才，队活动与生产劳动、社会活动和先进科学技术相结合，才能为人的全面发展提供充分的条件。必须打破局限在学校教室里搞活动的局面，引导队员去接触大自然、接触社会、接触先进科学技术，在实践中受到教育和锻炼。实践是少先队活动的基本途径。

4. 娱乐性

喜爱游戏是少年儿童的天性，队活动要以人为本，尊重快乐天性，为队员的“快乐生活”服务，娱乐是快乐生活的基本内容。

5. 创造性

1949 年 10 月 13 日颁布的《中国少年儿童队队章(草案)》中明确提出培养“创造精神”。1955 年 3 月胡耀邦同志在第三次全国少年儿童工作会议上提出少先队员“应该是朝气蓬勃，不怕困难，乐观而富于创造性的人”。1984 年 7 月邓颖超同志代表党中央在第一次全国少代会上致辞，提出“树立创造的志向”“培养创造的才干”“开展创造性活动”。“创造”是少先队的一面光荣的旗帜，创造性是少先队活动的特性。

知识链接

小学少先队礼仪

中国少年先锋队礼仪，即少先队的礼节和仪式。少先队礼仪是少先队理想和情感的体现，是队旗、队礼、队歌、红领巾、呼号等标志的综合运用，要求规范、严肃。大、中队队会仪式是少先队的基本仪式，仪式分预备部分和正式部分。

预备部分为：

集合列队，整理队伍。中队会时，由小队长分别向中队长报告人数。小队长向本小队队员发出“立正”的口令，然后跑步到中队长面前，敬礼，报告：“报告中队长，第×小队原有×人，实到×人，报告完毕。”中队回答：“接受你的报告!”小队长返回原地，发出“稍息”的口令，全小队稍息。

各小队长报告完毕。由中队长向中队辅导员报告。中队长向全中队发出“立正”口令，跑步到中队辅导员面前，敬礼，报告：“报告中队辅导员，本中队原有×人，实到×人。队会准备工作已经完毕，请您给予指导。”中队辅导员回答：“接受你的报告，希望……(根据队活动的内容提出简要希望或祝贺)”中队长回原位，发令：“稍息!”全中队稍息。

大队会时，报告人数与上述类同。可以免去小队长向中队长报告这一项，由中队长直接向大队长报告。如果中队很多，也可以免去中队长向大队长报告这一项，由大队长直接向大队辅导员报告。报告人与接受报告人对答时声音要清楚、洪亮。

正式仪式部分为：

1. 全体立正。

2. 出旗(奏乐、敬礼、礼毕。全体队员必须立正目送队旗行进)。

3. 唱队歌(或放队歌录音)。

4. 队长讲话，宣布活动内容。

5. 进行活动。

6. 辅导员讲话(活动结束后的简短讲话)。

7. 呼号(由辅导员、共青团干部或最受尊敬的来宾领呼)。

8. 退旗(奏乐、敬礼、礼毕)。

9. 队会结束。

(二)少先队活动教育的内容

队的章程是队活动教育内容的根本依据。1980 年 5 月邓小平同志为全国少先队题词：“希望全国的小朋友，立志做有理想、有道德、有知识、有体力的人，立志为人民做贡献，为祖国作贡献，为人类作贡献。”也为活动的教育内容指明了方向。队活动教育内容可以分为六大方面。

1. 热爱祖国，学习先锋

教育队员懂得星星火炬队旗的意义，党是少先队的创立者和领导者，懂得没有共产党就没有新中国的道理。初步懂得入队、入团、入党是人生政治生活中的三件大事。引导队员热爱共产党，向往共青团，从小听党的话，做党的好孩子。教育队员珍惜少先队的光荣名称，学习先锋人物献身祖国和人民的崇高精神和追求真理、探求新知、实事求是、敢于创新的科学精神。教育队员爱学校、爱家乡、爱祖国、爱社会主义现代化建设事业，知道党的改革开放政策好，拥护社会主义制度；维护各民族大团结，关心祖国统一大业，关心世界大事，热爱和平，从小立志，为民族复兴伟业贡献力量。

2. 热爱人民，文明礼貌

教育队员懂得队礼的意义，“人民的利益高于一切”是社会主义道德的最高准则，逐步做到心中有他人，心中有集体，心中有人民。开展少先队思想道德体验教育活动，培养孝敬父母、尊敬师长、关心残疾人、遵纪守法、诚实守信、文明礼貌、助人为乐的行为习惯。

3. 热爱组织，学当主人

教育队员懂得由革命先烈鲜血染成的红旗一角做红领巾的意义，以实际行动珍惜红领巾的荣誉。培养队员热爱队的组织，增强少先队的荣誉感和责任性。培养队的集体舆论，建设团结友爱、民主自理、奋发向上的少先队优秀集体。重视培养和发展队员自我教育的意识和能力，让他们逐步学会运用民主的方法，自己管理自己，自己教育自己，做自己组织的主人。培养“诚实、勇敢、活泼、团结”的少先队作风。

4. 热爱科学，努力学习

教育队员把学习与民族复兴的伟大事业联系起来；端正学习态度；培养勤奋学习、认真细致、坚毅有恒、手脑并用、创造性学习的良好意志品格；学习掌握多种手段学习的方法；锻炼观察、想象、独立思考和自学、实践、探究、创新的能力；养成良好的学习习惯。帮助队员扩大和丰富文化科技知识，培养学习兴趣，养成阅读课外图书、报刊和利用网络的习惯。引导队员爱科学、学科学、用科学，开展小种植、小饲养、小制作、小实验、小研究、小发明的“六小”爱科学活动，锻炼创造才干，培养科学精神。在辩证唯物主义观点指导下，引导队员全面协调、发展地看待周围事物，逐步培养明辨是非、善恶、美丑的能力以及分析问题和解决问题的能力。

5. 强壮体魄，培养美感

配合学校进行“为了祖国，锻炼身体，增强体质”的思想教育，提高队员锻炼身体、讲究卫生的观念。培养坚强的意志和勇敢活泼、不怕困难挫折的性格，以及文明的体育道德，养成坚持锻炼身体、讲究卫生的好习惯。培养队员对社会美、自然美、艺术美的感受、鉴赏、表现和创造的初步能力，逐步培养正确的审美观点和能力。积极开展少先队体育、美育活动。

6. 热爱劳动，爱护公物

教育队员从小懂得劳动光荣，不劳动可耻；学习为了准备参加劳动，做社会主义的劳动者；尊重各行各业的脑力和体力劳动者，学习他们的好品质。配合学校劳动教育，建立少先队的劳动阵地和岗位，培养劳动习惯。引导队员参加自我服务、家务劳动、力所能及的社会公益活动和种植、饲养、编织、修理、采集等简单的生产劳动，把学习科技知识和劳动实践结合起来，掌握一定的劳动技能，锻炼灵巧双手。让高年级队员懂得一些生产和经营的初步知识，培养队员的时间观念、效益观念、信息观念。教育队员树立人与自然和谐相处的观念，懂得爱护大自然就是爱护公共财物，养成爱护植物、动物、自然资源、生态环境等行为习惯。培养队员珍惜劳动成果，爱护公共财物，养成勤俭节约的习惯。

（三）少先队活动的种类

1. 组织管理活动

少先队组织工作，是指通过少先队组织日常的自身特有的事务管理工作，向队员进行教育的活动。

它包括入队前教育、入队、低年级建队（编队）、队长（委）选举、奖励与批评、离队、少先队代表会议（或代表大会）、队长学校等教育活动。少先队教育活动内容中“热爱组织、学当主人”，多是采用这一类活动进行的。组织管理活动具有培养组织性、民主性、规定性和教育性等特征，具有培养组织观念和民主精神、锻炼队长（委）的管理才干等功能。

2. 阵地教育活动

利用由少先队组织参与建设和管理的教育场所或工具，向队员进行教育和自我教育的活动。阵地教育活动又可以分为五类：组织教育类，有队室、光荣榜、民主信箱、值日中队及其监督岗和鼓号队等；宣传教育类，有壁报、黑板报、广播台、红领巾电台、红领巾角、小型展览橱窗、午间文艺擂台等；兴趣教育类，有科学技术兴趣社团、文化艺术兴趣社团和体育游戏兴趣社团等；劳动实践教育类，有种植、饲养类阵地、红领巾小事业、工艺技能小组和公益活动阵地等；综合性教育类，有夏令营、假期乐园等。

阵地教育活动具有实践性、经常性和多样性诸特征。它是少先队教育基本手锻之一；能促进少先队教育经常化和队员的个性发展；某些阵地活动还具有创造经济价值的功能。

3. 队日活动

在中、小学统一规定的队日活动时间里或利用其他时间，少先队大、中、小队举行的以主题活动(或队会)为主的一种少先队活动。

这一类活动针对性很强，根据全国少工委提出的活动方向，结合队员的思想、道德、学习、生活实际确定主题，有的放矢地开展活动。

上述三类活动属于途径性的活动，它们像三根顶梁柱支撑着少先队教育的大厦。在此基础上，以一个标准来划分一个类别活动的原则，又可以作下列分类：以组织级别可分为大、中、小队活动；以教育内容可分为理想教育活动、道德教育活动、组织教育活动、智育活动，体育美育活动、劳动教育活动等；以教育方法、可分为参观访问式活动、实践操作式活动、科技制作式活动、文艺娱乐式活动、体育游戏式活动、报告演讲式活动、讨论对话式活动、小课题研究式活动和综合式活动等。

(四)少先队活动的基本方法

1. 榜样教育法

少先队章程中开宗明义，少先队以“先锋”命名，就是要“教育儿童学习先锋们的榜样，继承他们的事业，沿着中国共产党和毛主席及其战友们为我们开辟的道路勇敢前进”。少先队是少年儿童学习榜样的组织，是运用先锋榜样教育少年儿童的组织，榜样教育从某个角度揭示了少先队建队的目的和宗旨。榜样教育法符合和适应少年儿童的心理发展特点，少年儿童天真、单纯、好学、积极向上，富于形象思维，模仿性极强，可塑性很大。他们的眼睛好比是录像机，耳朵好比是录音机，脑子好比电子计算机，把看到的“信号”储存在脑子里，影响和指挥他们的言行。这是榜样教育能对少年儿童产生特殊影响的心理基础，也是榜样教育在少先队里经久不衰、备受青睐的根本原因。

少先队组织教育具有浓厚的理想教育色彩，队礼和呼号所包含的内容是道德理想和社会理想，但少年儿童的理想处在生活理想和职业理想阶段，如何引导少年儿童从较低层次的理想向高层次理想过渡和发展，榜样教育是最好的途径和渠道，因为在先锋们的身上，生活、职业、道德、社会四个理想层次有着完美的和谐与统一，是少先队理想人格的榜样模仿最完美的、形象的、生动的教材。因此，榜样教育成为有浓郁理想色彩的少先队教育活动最重要的基本方法。

少先队学习的榜样有革命先烈、英雄、模范、先进工作者、科学家、文学家、艺术家、企业家、优秀共产党员、共青团员和少先队员等。凡是在民族解放和民族复兴的伟大事业中站在前面的人，都应该是少年儿童学习模仿的榜样。

2. 实践体验法

少先队教育活动是以思想道德教育为核心内容，少年儿童思想道德教育要在实践中体验，以养成其良好的心理品格，并转化为行为习惯。因此，引导和组织少年儿童在力所能及的生产劳动、社会活动和科学技术三大实践中获得感受，接受锻炼，是少先队教育活动的又一个基本方法。现在正在开展的少先队思想道德体验教育正是采用这一方法。学校的课堂教育与少先队活动有很大区别，它们是互相补充的，在实践中体验是少先队活动的特点，少先队正是以这一特长来配合和补充学校教育的。

3. 角色模拟法

它是指由少先队组织有目的、有组织的让队员置身于一种人为的成人角色情境之中，学习成人角色规范，增进对成人角色的体验，以掌握成人角色的一种方法。少先队角色模拟法的应用是十分广泛的，少年先锋队角色模拟的一个重要特点，是与少先队的经常性工作和队的活动自然地结合在一起的。少先队经常模拟的社会角色有以下八类。第一类是校园角色，有模拟教师的“小先生”活动；有模拟少先队辅导员的“小辅导员”制度，有高年级优秀队员带领和指导低年级中、小队工作和活动；有模拟校长的“助理校长”活动，由一名队长作为校长的助手，接受学生对学校的建议和意见，然后向校长汇报。第二类是家庭角色，有模拟父母当家庭理财、主持家务的“今天我当家”；有模拟主人接待客人的“请到我家来做客”。第三类是工人、农民劳动者角色，有模拟工人的“红领巾小工厂”，模拟农民的“小农场”“小林场”“小饲养场”，由少先队员充当全套组织机构的成员，学工学农学管理。第四类是经济管理、商业管理角色，有“小银行”“红领巾商店”等。第五类是文化科技角色，有模拟科学家的“少年科学院”；有模拟工程师的“我们也造（设计）立交桥”“我们理想的校舍”等主题活动；有模拟编辑、记者、播音员的“小记者团”“红领巾广播台”“小主人报”；有模拟文艺工作者的“小作家协会”“小歌星”“小舞星”等。第六类是军事政法角色，有模拟解放军的“少年军校”“参军一日”“军事夏令营”，军事游戏“夺红旗”；有模拟法官、律师角色的“少年法庭”；有模拟交通民警、消防队员的“小小交通监督员”“少年消防队”等。第七类是首长角色，如模拟政府官员的“假如我是市长”。第八类是影视、书报中的成人主人公角色，如模拟中国少年报知心姐姐的“红领巾知心团”活动等。少先队角色模拟最大量的是与日常工作和活动相结合的模拟活动，是少年儿童的学习、生活、工作、劳动的真实生活与成人角色的模拟相结合，是真里有假、假中有真的角色学习活动。

从上述八种成人角色模拟的类型以及众多的少先队角色模拟活动，可以看出角色模拟法在少先队活动中的普遍应用，无疑是少先队活动的一种基本方法。

4. 美感陶冶法

它是通过队员感受美、鉴赏美、表现美和创造美的美育活动，以达到陶冶性格、怡养情操、净化心灵、热爱生活的一种活动形式。要让少年儿童“快乐生活”，没有美育和体育游戏是快乐不起来的，美育是儿童全面发展的一个重要方面。美感陶冶法具有形象性、情感性、渲染性、知识的伴随性、愉悦性和广泛性等特征。少先队美育活动的内容包涵自然美、艺术美、社会美三大领域。

5. 体育游戏法

运用体育和游戏的方法开展少先队活动，称为体育游戏法。“要活动，要游戏，是儿童的天性”(毛泽东)，采用体育游戏法适应儿童的天性需要，是他们“快乐生活”的源泉。少先队体育有三个明显特点：一是体育与思想道德教育、科技和娱乐相结合，有“可爱祖国(家乡)”远足，“两万五千里长征”“游历开放十四城”为主题的象征性冬季长跑；国防教育与体育相结合的少年军校，“夜行军”、野营、负重行军、军事游戏、射击、无线电报务等；科技与体育相结合的航模、舰模、车模等；娱乐与体育相结合的有划船、登山看日出、自行车旅行团等。二是少先队体育内有较多的游戏因素。三是以大、中队为单位举行体育游戏的“节日”活动，如“冰雪节”“水节”“球节”“绳节”“皮筋节”“武术节”“体操节”“棋节”“登山节”和“游戏节”等。

6. 礼仪感染法

礼仪感染法是用队旗、红领巾、队歌、队礼、呼号、宣誓、鼓号音乐、队服、队长标志等少先队特有的礼仪，以及用这些礼仪综合组成的各种仪式，教育感染队员的一种特殊的组织教育方法。礼仪感染法是以少先队思想道德教育为内核和以美育为外壳的一种结合体，具有思想性、感染性和伴随性特征。少先队礼仪是队活动的有机组成，凡是正式举行的大、中队活动及队会都要举行少先队仪式；少先队礼仪也有独立举行的，如少先队队员入队仪式，少先队检阅仪式，鼓号队(管乐团)表演式等。

礼仪感染法在应用时必须弘扬其本身的特征，才会产生更好的感染效果，即在平时加强礼仪所内含的组织教育；强化礼仪中的美育功能。在少先队的各种仪式中，队旗、红领巾、队礼、呼号、宣誓、鼓号乐、队歌等礼仪能得到规范的、准确的应用。平时有关礼仪的思想道德教育的效果，在短暂而庄重的仪式中集中显露出来。而这种显露是通过礼仪的形式、美育的手法加以升华，变成一种高尚的情感，感染队员的心灵。礼仪感染法是最具少先队特色的一种活动方法，几乎每次正式的大中队活动都要应用这个方法。

7. 奖章激励法

用雏鹰奖章激励队员已经成为少先队活动的一种基本方法。从 1993 年启动的

“雏鹰争章”活动，从少年儿童的年龄特点出发，把对少年儿童的思想道德素质、科学文化素质和健康素质等方面的要求，具体化为若干枚“雏鹰奖章”，鼓励少年儿童从日常生活及学习的具体环节入手，通过定章、争章、考章、颁章、护章，不断为自己确定新目标，发现自己的潜能，看到自己的进步，证明自己的成功。“雏鹰争章”面向全体少年儿童，人人可争，天天可争，打破了传统的单纯靠分数评价优劣的模式，成为衡量少年儿童综合素质的重要依据。各种奖章的评定过程又如同一根根纽带，把学校、社会、家庭各方面力量凝聚和结合起来，为社会各方面关心支持素质教育提供了有效载体。

雏鹰奖章统一规定为 13 枚，一年级 2 枚：准备入队章、好朋友章；二年级 2 枚：自理章、文明章；三年级 2 枚：手拉手章、自护章；四年级 2 枚：岗位责任章、科技章；五年级 3 枚：民族精神章、环保章、国防章；六年级 2 枚：社会考察章、创新章；七年级 2 枚：服务章、青春知识章；八年级 2 枚：法律知识章、信息章。《纲要》在每个年级的“提示”中写道：“在完成好基本任务的基础上，还可以根据实际情况开展特色活动，增设特色奖章。”还规定：对于获取了小学阶段全部雏鹰奖章基础奖章的队员，奖授一枚雏鹰奖章银章；对于获取了小学和初中阶段全部雏鹰奖章基础奖章的队员，奖授一枚雏鹰奖章金章。《纲要》中的有关规定使奖章激励方法的应用制度化，从而奖章激励法成了少先队活动的一种基本方法。

案　例

如何策划少先队活动

举例 1：第二中队委员会

这是贯彻实施队干部轮换的一个少先队组织管理教育类活动。在新的中队委员会诞生的同时，由若干名在竞选中落选的和愿意当中队干部的队员组成“第二中队委员会”。队员大会通过授权：在一个学期中的某一个月，由他们来执政、领导中、小队活动的开展。

目的：培养更多队员具有当队干部的能力，使每学期的轮干顺利进行；引进竞争机制，激发两套班子都努力工作，促进队活动水平的提高。

2000 年，共青团中央、教育部、全国少工委联合颁发《关于做好少先队干部任职工作的通知》，但在许多地方和学校没有认真贯彻执行，还是我行我素，队干部一当两三年不轮换，很多队员没有当过队干部。这一活动主题符合文件中“重在参与、面向多数”的原则；符合“要广泛设置队干部服务岗位，最大限度地为队员创造参与实践的机会，提供锻炼成才的舞台”的要求，也受到广大队员的赞同。

经验搜索：北京市西城区后达里小学四(1)中队曾经创造过“最佳阵容中队委员会”的成功经验；许多地方建立有值周小队长的制度，即由一名不是小队长的队员，来管理一周小队的事务，主持开展一次小队活动，正式的小队长给予协助。吸收成功经验为我所用。

策划行动：中队辅导员帮助“第二中队委员会”做好四件事：(1)开展了一次“活军棋”大战的军事游戏；(2)中队举行了“我来露一手”的展示活动，让每个队员的才艺在队会中亮相；(3)主持编辑出版了一期《飞向太空》的墙报；(4)在小队里实施值周小队长制度，每个小队开展一次大家最喜欢的活动。

设计亮点：竞争机制是这一活动的亮点。让未来的队干部在一个月的“任职”实践中得到锻炼，超前培训也是亮点。这一活动使未来的队干部树立信心和威信，解除了队员、辅导员中普遍存在的“换了队干部怕工作干不好”的思想顾虑。

举例2：小队一日营

这是一种少先队阵地教育活动。主办：北京市育英学校小学部109个假日小队。

目的：一是要打破“读书读报讲故事，唱歌跳舞做游戏，外加学雷锋做好事”的假日活动的老框框，提升活动水平；二是要使营地活动经常化、社区化，利用家庭为少先队活动服务。基本做法是以一个队员的家庭为营地，在双休日期间，假日小队开展一天一夜(24小时)的营地活动。

经验搜索：河南省安阳市已故总辅导员韩凤珍曾倡导过少先队中队一日营，中队在学校教室里建立营地，集体食宿，开展一天活动。由于中队夏令营的创办，使许多学校90%的队员都参加了夏令营。在队员家建立营地，以雏鹰假日小队为单位举办一日营还未有过，当代家庭居住面积增大、条件改善，家庭里有可能容纳3～8个儿童住宿，在家办营，伙食问题便于解决。

策划行动：大中队辅导员的辅导计划中只提出“五个一”的要求：在一日营里，小队要学买一次菜；学做一顿饭；外出活动一次(半天)；每个队员要给“一日营”带来一个快乐；队员的表现要为营地所在的家长带来一个满意。每人交10元伙食费和公园门票钱，下岗职工子女不交钱，由同学互助。

设计亮点：在一个队员家里同住同吃同活动，像兄弟姐妹一家亲，是个创新点；家庭为少先队活动服务，全民助队也是一个亮点。

“一日营”的目的、任务、内容受到队员热烈欢迎，95%的队员没有参加过夏令营，小队办“营”满足了需求；“五个一”是一箭多雕，它涉及自理、自主、实践体验和道德要求，对营地主人讲礼貌，为他们做些力所能及的好事，遵守纪律不淘气，主人就会满意；“一日营”与家庭的环境、条件是相适应的；中队辅导员只在事前做好家长和队员的工作，在事后听取小队长的汇报，在校内管着校外，并不参加“一日营”，不影响他们双休日的休息，辅导员没有抵触情绪。“五个一”指示了活动内容的方向和原则要求，如何具体去实现这“五个一”，则由小队和队员自主决定，给他们留有发挥自主性、创造性的空间。三年级“梦想成真”假日小队，有个男队员为实现“给一日营带来一个快乐”，趴在地板上，让女队员当马骑，体现了兄妹情谊，像这样富有儿童情趣的“快乐”只有儿童自己才能创造，辅导员事先的设想里都没有这一项。这一阵地活动的策划符合上述四个原则。

举例 3：“衣食住行四代人”小研究活动

活动主体：小学高年级中队。这是“中国了不起”活动中的一个系列主题活动。主题不大也不小，不大是只涉及人们的衣食住行，不小是它纵贯百年，横跨人们生活的四个基本方面。

活动目的：一是通过几代人的生活对比，来歌颂中国特色社会主义道路，党的改革开放政策的英明伟大；二是锻炼和提高队员研究社会发展的能力。

经验搜索：曾经有过“我和爷爷比童年”“奶奶九岁我九岁”等活动。

策划行动：每个小队负责“衣食住行”中的一项内容；通过访问祖辈、父辈，在四个方面与自己的童年做比较；畅想再过二三十年后自己变成了父辈以及那时儿童的衣食住行的状况；观看《百年中国儿童》大型图书“生活卷”中百年儿童服饰的变迁；收集老照片，参观有关的博物馆等。

设计亮点：“四代人”的对比与畅想是创新点，由队员自行进行社会调查，自己研究中国人百年生活的变迁也是一个亮点。

几代儿童衣食住行的比较贴近儿童生活实际，容易被儿童所理解。活动方法有访问、参观、调查、实践体验、儿童时装表演等多种形式，是高年级队员力所能及并喜爱的，与活动内容、活动主体的心理特点相和谐。各个小队如何完成自己的任务，由各个小队自主出主意、想办法，孩子们会想出很多好点子，无须辅导员越俎代庖，这就体现了留有自主余地的原则。

第三节　小学少先队辅导员的职责和基本条件

一、少先队辅导员的职责

少先队辅导员和少先队工作者按照党的要求，在共青团的直接领导下，依托少先队组织，通过少先队活动，把少年儿童培养成中国特色社会主义事业合格建设者和接班人。

少先队辅导员在学校行政和团组织的领导下，负责少先队工作，协助政工校长抓好学生的思想教育工作。

(1)在上级团组织、少工委和学校行政的指导下，协助学校行政抓好学生思想品德教育工作，完成上级布置的各项工作任务，坚持把思想教育寓于丰富多彩、形式生动的少先队活动之中，使少先队成为德、智、体、美、劳全面发展、有理想、有道德、有文化、有纪律的共产主义事业接班人。

(2)加强少先队的组织建设，抓好队风、队纪教育，认真做好奖励、教育、总结等工作。

(3)常了解少先队员的思想、学习、健康和生活等情况，根据少先队活动的原则(全面性、教育性、实践性、趣味性、自主性)，充分利用节假日、纪念日开展各类有意义的少先队活动，积极参与社区文明建设活动，加强校外德育实践基地的建设，丰富少先队生活。

(4)做好少先队档案、资料的收集整理工作，做好少先队活动的对外宣传工作。

(5)做好每学期优秀队员、队长、优秀集体的评选工作，及时表扬好人好事。引导少先队员真正做到"诚实、勇敢、活泼、团结"。

(6)认真做好推荐优秀少先队员加入共青团工作。

知识链接

中队辅导员职责

辅导员要辅导少先队中队开展各项工作与活动，搞好中队集体建设：

1. 指导中队委员会制订工作计划。

2. 指导中、小队进行各种实践体验活动。

3. 指导中队日常工作，鼓励队员积极参与定章、争章、颁章活动，做好好人好事记录等。

4. 帮助开好中队委员会会议。

5. 训练中小队干部。

6. 对少先队员进行咨询活动。

7. 争取老师、家长、校外辅导员共同支持帮助中队工作。

8. 配合组织认真抓好课外活动的指导和检查，开展好竞赛活动。

9. 认真做好与学校校外辅导员的联络工作，充分发挥校外辅导员的作用。

二、少先队辅导员的基本条件

少先队辅导员是少先队组织的中流砥柱，要想真正实现少先队辅导员的专业化，拥有相关的专业素质是必要的前提。以往学者们对教师专业化的研究主要是从专业知识、专业技能和专业品质为出发点，但是作为少先队辅导员不仅要具备普通教师专业化的基本要求，还应该学习少先队方面的专业知识，有能力组织好少先队活动和具备高尚的道德情操，这样才能够教给学生正确的人生观和价值观，使学生的身心得到全方位发展，从而成为一名优秀的少先队辅导员。

(一)政治素养和道德情操

少先队辅导员是党领导下的思想政治工作者，是专业的儿童社会工作者。作为辅导员，我们首先是思想政治工作者，这一点是由党建队的目的决定的。少先队是少先队员学习共产主义的学校。少先队的性质、任务、目的、基本纲领等各方面的内容都要求少先队员具备很强的思想政治素质。少先队作为执政党的儿童组织，其中心任务是用党的宗旨和信念统一少年儿童的思想。辅导员作为少先队的指导者，在少年儿童的共产主义思想的确立上负有不可推卸的责任。因而，这就要求我们必须具有较高的政治素养。专业的道德情操是少先队辅导员工作的核心，也是其实现专业化的灵魂，只有具备了专业的道德情操，才会使少先队辅导员的专业知识和技能得到完善，辅导员才会从内心真正想实现自身的专业化。

少先队辅导员对自身的职业有很好的价值认同感并由此而产生对工作的责任感和对学生的爱心。少先队辅导员的工作对象主要是少年儿童，要懂得尊重儿童，热爱儿童，能够把儿童的需求放在首位，与其平等地进行对话。辅导员自身拥有良好的道德情操才能对学生进行教育。《少先队辅导员管理办法(试行)》中规定："少先队辅导员热爱少年儿童，热爱少先队工作，品行端正，作风正派，具有奉献精神，竭诚为少年儿童健康成长服务。"这是国家对其道德情操方面的法律规定。

(二)人文素养

人文素养是少先队辅导员专业化的基石与源泉。少先队工作要灵活运用教育技巧就必须具备全面的业务素养，包括文学艺术素养、合理的知识结构、广阔的知识视野、较强的表达能力、组织能力、丰富的社会经验等。还包括观察力、想象力和创造力，敏捷灵活的思维习惯，这些都是专业化发展的必要元素。施教者必须是一个自身人格完善者，必须是一个自身生命的觉醒者，这是辅导员专业化进程应该努力达到的境界。

作为辅导员，如果没有厚重的文化底蕴，会面临许多危机与尴尬：视野不宽——组织活动内容陈旧；底蕴不厚——创新乏力，队员要质疑，一问三不知，队员想探究，辅导员无从着手；修养不足——育人乏术，责任心似乎挺强，艺术性却很差，貌似很优秀，其实问题多多，自我感觉良好，反思能力低下；情趣不多——生活乏味，类似套中人，人未老心先衰，心灵缺乏阳光，难与队员交往沟通。推进素质教育也好，进行课程改革也罢，从某种意义上说是一次文化冲突与变革。文化的缺失将导致少先队活动的僵化，辅导员专业化也就无从谈起。

辅导员的文化素养绝对不能简单地等同于知识水平，更不能简单地等同于学历水平。人文素养是辅导员经过较长时间培育而逐渐形成的从事少先队工作所专门需要的涵养。是辅导员的学识水平、知识视野、思维品质、创新意识、审美能力、气质品位、价值取向、人格修养等的总和。一个有修养、有智慧的辅导员通常就是一个文化素养高的辅导员。

作为辅导员应该性格开朗、乐观向上、感情丰富、多才多艺，善于探索和创新。活动是少先队的灵魂，好的活动应该是生命的相遇、心灵的相约。而这样的活动是自然生成的，是无法预设的，活动中的各种情况总在有序与无序的整合中发展。因此，今天的少先队活动需要我们用人性、用智慧去实践，去建构。好的活动都有许多人性的闪光和教育智慧的闪光。而这些智慧都是无法事先预计的，无法规划和硬性执行的，都是在生命相遇过程中、问题的碰撞过程中自然而然地非常灵动地闪现出来的。这样教育智慧不可能从外面灌输进去，没有任何一门课程可以直截了当地教给我们教育的智慧。教育的智慧是从我们内心生长出来的，其长势就取决于土壤的肥沃程度——我们的文化底蕴，我们的学识修养、心性修养、精神修养。

(三)专业知识

首先，少先队辅导员应该对少先队组织总体有所了解，对辅导员的权利和义务有一个总体的把握，这样才能进入少先队辅导员的“门槛”。从国家下发的关于少先队方面的政策文件到组织相应的少先队活动，辅导员都应该学习并且能够将理论有效地与实践相结合。包括：少先队组织的特性(革命性、教育性、儿童性、社会性)、少先队组织结构形态(权力机构——少代会、领导机构——少工委、议事机构——少先队理事会、基层组织——大、中、小队及少先队社团)、教育内容(队与党、团组织的关系；队的性质、任务的教育；队的历史教育)、教育方法及少先队的教育理念，还有教育学、心理学等专业知识。

其次，少先队辅导员还应了解关于少年儿童的法律法规。由于少年儿童都是未成年人，当自身的利益被侵害时根本不知道也不懂得怎样去保护。少先队辅导员作为少年儿童的亲密朋友和权利的保护者，应该了解相关的法律法规，这样才能利用法律武器来维护少年儿童的合法权益。

最后，少先队辅导员要学习思想政治、教育管理学和心理学等方面的知识。少先队辅导员的工作对象是少年儿童，少先队辅导员的专业领域是在培养学生良好的品行，要想全方面培养学生的知情意行，就应该全面了解学生的心理特点，多与学生进行沟通和交流，把学生放在主体位置，这样才能够真正发挥出学生的能力和主动性。同时应该注意的是少先队辅导员组织的活动一定要符合学生的生理和心理特点，这样才能够培养出学生真正的兴趣和创造性。

(四)专业技能

阅读资料

团中央《少先队小干部》杂志顾问、特邀编辑徐刚老师根据现实要求，将辅导员的技能归纳为：准确生动的口语表达，如集会致辞、动员报告、队会讲话等；娴熟规范的写作技巧，如工作计划总结、活动方案、教育随笔、论文等；周密创新的策划运筹，如工作的整体策划、项目策划、活动设计等；迅速有效的信息整合，如现代信息源的开发和利用、互联网实用技能等；博采众长的艺术才华，如工艺小制作、队报编辑、演唱舞蹈等；与时俱进的科普手段，如小发明、小种植、小养殖等；因地制宜的生存本领，如方向辨认、溺水、烫伤的急救处理等；科学有效的自护方法，如交通安全防范、突发情况的应对等；全面标准的礼仪训练，如少先队仪仗队的组织与训练、鼓号队的配置、训练、指挥等；活泼有趣的体育游戏，如集体游戏的编创与组织等。

早在1988年，全国少工委就提出了辅导员"五会"的要求，即会演讲、会写画、会歌舞、会制作、会游戏。随着时代的发展，辅导员专业能力的内涵在不断丰富，外延也在不断地扩展，主要包括以下几项：

1. 科研创新能力

目前学校提倡教师要做科研型教师，少先队辅导员更要具有科研创新的精神。少先队工作需要有专门的辅导员来进行研究，需要辅导员利用专业的知识和技能以科学的视角来研究这门学问。少先队辅导员每天大多数的时间都在与少年儿童打交道，少年儿童的身心发展规律都需要少先队辅导员花费精力进行专门的探索和研究。

2. 人际沟通能力

少先队辅导员要拥有良好的人际沟通能力，这样才能很好地与少年儿童进行沟通，实现对其进行思想教育的目的。辅导员不仅要学会与少年儿童进行良好的沟通，还要与家长、学校和社会建立起良好的关系。因为少先队辅导员要组织好活动和工作，就需要得到学校、家长和社会的支持、帮助。

在学校当中，首先学会与班主任和任课教师交流和沟通，能够了解到少年儿童的个性特征，对他们的学习和生活进行关心和爱护；除此之外还要学会与学校领导进行有效的沟通，使少先队工作得到领导的重视和支持；在家长方面，要能够与家长保持经常性的联系，可以召开家长座谈会，能够及时了解到孩子们日常生活中的表现，更有利于针对不同学生的特点进行思想教育；另外少先队辅导员组织活动强调的是实践方面，那么就应该学会得到社会各界的支持，这样才能有效锻炼学生的动手实践能力，发挥学生自身的特长。

3. 组织协调能力

陆士桢教授提到："少先队工作的重要内容是调动社会资源服务少年儿童，辅导员必须具备较高的综合协调能力。"少先队辅导员工作中最为重要的一项就是学会组织和协调各方的关系，不仅在课堂中要拥有良好的组织与管理能力，还要学会组织和协调好社会各方面的有利资源以此来开展少先队活动，使得学生的身心都能得到全面的发展。

除此之外，少先队辅导员还应该使自身的专业组织能力得到提高，能够组织好少先队活动，使这些活动符合学生的心理特点并且是有乐趣的，学生乐于参加的活动。

少先队辅导员应该有效协调好学生自身的行为，这样才能够保证相关的教育活动得到顺利进行和有效实施。

本章小结

本章主要介绍了少先队的基本常识。作为小学班主任要知道小学班级是少先队的基层组织，作为班级管理者要了解少先队的基本常识，知道少先队是对少年儿童进行思想教育的先进组织，小学少先队工作的主要任务是对少年儿童进行少先队组织教育和开展丰富多彩的少先队活动。

少先队组织教育包括建立和壮大少先队组织，对少先队员进行少先队常识教育；少先队活动辅导要求辅导员要善于开展丰富多彩的活动，并促进活动的创新，最终实现少年儿童积极、健康、全面的发展。

少先队工作赋予辅导员特殊的职责，要求辅导员具备良好的专业素养，包括政治素养和良好的品德、丰厚的人文素养和精湛的专业技能。

关键术语

少先队　少先队辅导员　少先队组织教育　少先队活动辅导　少先队辅导员职责　少先队辅导员专业素养

思考题

1. 少先队的性质和任务是什么？
2. 少先队活动的基本途径和方法有哪些？
3. 如何提高少先队辅导员的专业水平？

案例研究

少先队辅导员专业化存在的问题

大队辅导员甲：对专业化了解的不是很多。虽然少先队这块学校现在比以前重视多了，上级部门也经常下发文件，但是我感觉不是很成系统。虽然我们教育局创造了大量的机会让老师去学，让大队辅导员去培训，但是专业化这一块不像语文数学老师条条框框那么多，或者是特别成体系。另外我平时也很少了解和专业化有关的问题，所以不太清楚这方面的相关问题。大队辅导员乙：实话实说，理解很肤浅，一方面我担任大队辅导员时间不是很长，对这方面的工作不是太了解；另一方面我觉得现在大多数少先队大队辅导员都是兼职的，一人身兼数职，这样根本没法实现专业化。你说我负责这么多事情，你说我这个精力能放在大队辅导员上20%就算很多了。专职的大队辅导员才有可能说专业化，我连专职都没实现咋实现专业化。

目前少先队辅导员专业发展存在以下问题：(1)少先队辅导员的专业意识不强。(2)少先队辅导员的专业素养较低，学历层次不高，知识结构不合理。(3)少先队辅导员的工作繁杂。

拓展阅读

1. 中国少年先锋队队章.
2. 共青团中央少年部编. 少先队工作问答. 北京：中国青年出版社，1992.

第十章　小学班主任工作的评价

学习目标▶

1. 理解小学班主任工作评价的含义与功能。
2. 掌握小学班主任工作评价的内容与标准。
3. 掌握班主任工作评价的过程与方法。
4. 能够运用班主任工作评价原理开展对班主任工作的评价。

读前反思

教学好的教师就是好班主任吗？有的人认为“是”。更有甚者，将教学简单理解为学业成绩，评价班主任只看班级学生的成绩。云南省某市曾有一个“为孩子讨说法”的妈妈。她千方百计让儿子进了一所实验小学，又千挑万选了一位所带班级各科成绩特别是其所教学科成绩优秀的班主任，结果在不到两年的时间里，她发现自己的孩子不仅丧失了对学校和学习的兴趣，甚至连尊严、自信、自我都逐渐失去了。究其原因，这个班主任学科教学可能很有一套，但对学生非常严苛，忽略了学生的感受、忽视了学生的尊严，与学生的心理距离很大，甚至产生了冷漠和对立。如此看来，她肯定不是一位好班主任。但现实却是：学校在评价班主任工作时，学生的学业成绩是最重要甚至是唯一的标准，这与社会对学校的评价是完全一致的。①

对这一现象您怎么看？教学好的教师就是好班主任吗？

第一节　小学班主任工作评价的含义与功能

班主任工作评价是班主任工作管理的有效手段之一。为了提高班主任对班级工作的兴趣，培养他们的工作积极性，促进他们不断改进工作方法，提升专业水平，学校和有关部门必须对班主任工作进行客观而及时的、有权威的评价。

一、小学班主任工作评价的含义

小学班主任工作评价是教育评价的一个方面。它是根据我国小学教育的性质、任务所确立的教育目标的要求，对班主任所实施的各种教育活动过程和效果进行科学的价值判断。具体来说，小学班主任工作评价主要是考核和评定班主任是否切实有效地履行了班主任工作职责。

班主任工作评价涉及的内容很多，评价的主体也是多方面的，因此，对班主任工作评价的理解应注意三个方面：一是班主任工作评价必须以客观系统的资料为依据，评价必须建立在对班主任工作充分地观察、认知的基础上，这是评价班主任工作的前提条件；二是班主任工作评价不仅仅指向班主任工作的最终工作结果，它不只是对工作结果的评价，也包括对起始状态评价和运行过程评价；三是班主任工作评价是实施班主任工作管理的有效手段之一，评价的目的在于提高教育质量，最终目的是促进人的全面发展，而不是为了评价而评价，为了比较而比较；四是要增加评价的透明度，要说明评价情况，对评价指标如果能够量化的要尽量量化。

---

① 李涛．“五问”班主任——当前班主任评价中存在的问题及分析．班主任，2011(3).

二、小学班主任工作评价的功能

（一）导向功能

首先，班主任工作评价必须以一定的评价标准为依据，然而这些标准不是随意提出来的，它必须符合学校教育对班主任工作的要求，是学校教育宗旨的反映。因此，这些标准是全校师生共同努力的方向，对整个学校的教育工作都具有引导作用，所以，它也必然对班主任工作具有指引和导向作用。其次，班主任工作评价对其他教师工作也具有导向作用。班主任工作，就其职能而言，主要是一个班级的组织者、管理者和教育者，但班主任的这些职能发挥如何，不只取决于某个班主任或学校班主任群体，实际上，学校里的每个员工都对学生产生着影响，进而影响班主任工作进程和效果。因此，当学校确定了班主任工作评价标准之后，它同时也要求其他教职员工协调行动，形成组织、管理和教育班级的合力。所以，班主任工作评价对整个学校的教职员工行为都具有引导作用。最后，由于班主任工作评价对班主任的要求往往被班主任转化为对学生的要求，班主任用这些要求规范学生的行为，因而起到了对学生行为的引导作用。

正是由于班主任工作评价对班主任乃至全体师生员工行为的引导作用，学校教育必须重视对班主任工作的评价，以便通过班主任工作评价，把学校整体教育工作引导到国家教育目的规范下的正确轨道上来。

（二）调控功能

对班主任工作的评价，必然要以目标和规范为准绳，诊断班主任工作的成功与不足之处，这种工作中的问题和不足是任何班主任都可能有的，这就需要加以调节和解决，以便为制订下一步工作计划提供依据。在班主任评价中，也会发现属于学校管理方面的问题，或是管理失当，或是制度失准，或是协调不够，这都需要加以调节解决。所以，通过评价，能够发现问题，为调整班主任工作找出依据，从而使班主任工作能够顺利开展。

（三）鉴定功能

班主任工作评价，是对班主任工作绩效和专业成长所做的全面评定，它既是对班主任工作的概括性描述，也是对班主任工作的鉴定。这种鉴定是对班主任工作态度、业绩、失误及其他方面的总结性评价，不仅能使班主任正确全面地认识自己的工作，而且应成为对班主任考核、奖励、聘任、职称评定、职务晋升等的依据，也是处分、解聘的依据。班主任考核评价的鉴定作用是一种价值判断活动，须做到实事求是、恰如其分、客观公正。

（四）激励功能

激励作用是班主任工作的又一个重要作用。学校通过对班主任工作的评价，使学校、班主任、各科教师、其他员工以及学生从中获得有益的信息，了解到全校或个别班级班主任工作的进展情况，从而强化其工作或学习的积极性。

我们知道，评价有肯定的评价和否定的评价。两种评价对班主任都有激励作用。肯定的评价，指出了班主任工作取得的成绩，这是对其劳动结果的承认，这种承认，会给人一种精神上的满足，更增强其工作或学习的积极性；否定的评价，常常使人看到工作中的不足，产生不满意感或不满足感，这种情感又会成为人进一步努力的动力，推动人向更积极的方面迈进。由此可见，评价所提供的反馈，可以起到强化、督促和鼓励作用。

第二节　小学班主任工作评价的内容与标准

一、小学班主任工作评价的内容

班主任考核评价的内容应当包括对班主任履行工作职责的评价、工作业绩的评价和专业素质的评价三方面。班主任工作职责评价是对班主任工作过程的考核；班主任工作业绩评价主要是通过学生表现来进行的评价；班主任专业素质评价是对班主任完成本职工作的基础和条件进行的评价。三方面相互联系、相互补充。

(一)班主任履行工作职责的考核评价

班主任工作职责评价主要是对班主任工作到位情况的评价，其评价内容可以是从计划到总结整个工作过程中的各环节。这里主要考查如下几个方面的内容：考查其有没有科学可行的工作计划；是否科学有效地对学生的学习进行了指导；对学生实施德育的状况以及组织其他活动的情况。

1. 工作计划评价

工作计划是具体开展工作的抓手和导航图，是活动目的性的体现。工作干得好坏与工作计划紧密相关。班主任要搞好班级工作，必须制订切实可行的工作计划。

(1)目的性。主要评价工作计划是否切实体现了学校教育目标对班主任工作的要求，其与学校整体教育工作是否协调一致。

(2)计划性。既然是工作计划，那么，对每一个步骤都要计划到位，并留有余地。因此，考查班主任工作也是要看它是否使工作逐步深入，按层次发展。还要看计划是否体现了教育性。一般说来，班主任工作不应该是流水账，更不应该是整肃学生的黑名单。

(3) 针对性，即考查班主任工作计划是否把握了班级的实际，制订的计划是否既以班级的实际状况为依据，又不是机械地顺应现实状况，以使计划的指标水平既不显得太高又不显得太低。

(4)丰富性，即要考查班主任工作计划是否全面反映了班级工作的全部内容，在确定实施教育的方法和途径时是否灵活多样。

2. 学习指导评价

考查班主任对学生学习的指导状况，可从这样几个方面展开：

(1)人数的全员性。即学习指导的对象不是个别学生或部分学生，而是全体学生，是对全体学生的因材施教。

(2)内容的全面性。指导学生既要帮助他们理解知识，又要给以具体方法上的指导，同时，还要注意引导他们如何正确处理课内外、教材内外知识之间的关系。

(3)过程的坚持性。不是有时间了就过问过问，没有时间就放弃不理，而是把学习指导看成是一个连续不断的过程，始终坚持不懈地进行。

(4)效果的显著性。评价班主任对学生学习指导，既要看其工作过程中"做了些什么"，也要看其工作结果"完成了什么"或"达到了什么目标"。这主要是通过比较学习成绩的进步情况来评价其指导效果。

3. 德育工作评价

班主任德育工作评价，就是要评价班主任对学生进行思想、政治、道德教育方面的状况。目前我国常采用的评价方式是从两个方面考查班主任的德育工作，一是德育过程评价，主要考查班主任是否制订了落实学校德育工作计划，实现班级德育目标的计划和措施；是否对班级团支部、少先队、班委会等组织开展各种教育活动并进行有力的指导；是否有计划地组织协调科任教师、家长和社会力量开展教育活动；是否坚持言传身教，以自己高尚的品德教育影响学生。二是德育结果评价，即评估学生品德形成和发展的状况。德育结果的评价可以分解成如下指标展开进行，即评价思想品质、政治品质、道德行为品质和个性心理品德等。

4. 班级活动组织工作评价

班主任通过组织班级活动对学生进行教育是整个学校教育活动重要的组成部分。因此，对班主任班级活动组织情况的评价是班主任工作职责评价的一个重要方面。

班级活动主要包括班会、团队活动、文体活动、科技活动和劳动几个方面。评价班级活动情况，主要考查以下方面的内容：目的性，要看其活动的目的是否明确、有计划性，寓教育于活动之中，而不是为活动而活动。针对性，班级活动是否以学生的年龄特征为依据；是否以学校教育要求为依据；是否因时制宜、因地制宜，根据不同的季节和本地区的特点组织教育活动。多样性，多样性从两个方面考查，一是活动形式的多样性，二是活动内容的多样性。对前者的评价主要是考查其活动满足学生兴趣与需要的情况；对后者的评价主要是要看其促进学生德、智、体、美等全面发展的情况。自主性，这主要包括考查班主任在组织学生活动中是否包办代替；是否引导学生自己制订计划；活动中是否由学生自己主持等。协作性，考查活动是否充分调动了每一个学生的积极性；活动是否取得学校其他人员或组织、家庭、社会教育力量的支持等。

(二)班主任工作业绩的考核评价

1. 班级班风评价

良好的班风乃是一个班组织积极向上的整体精神状态的外部表现。学生在一个良好的班级氛围中，对他们的学习、品德都会产生积极的影响。然而良好班风的形成不仅是班干部和全体学生的努力，更凝聚着班主任工作的汗水。因此，对班主任工作效果进行评价，班级班风是一个不可忽视的方面。这又可从以下方面考查：

(1)群体规范执行情况评价：班级群体规范是确保班级目标实现、为班级全体成员遵守的行为准则。这主要包括纪律问题和文明礼貌问题。

(2) 班级人际关系评价：班级人际关系也反映着一个班的班风好坏，主要有两种：教师与学生的关系和学生与学生的关系。

(3)学风评价：学风是一个班级风气的主要内容，是班主任工作的主要成果之一。评价学风就是要看绝大多数学生是否喜欢学习，学习活动是否积极主动，课堂气氛是否活跃，是否形成了学生喜欢提问、相互讨论的气氛，学生是否表现出良好的学习动机和独立探索新知识的兴趣和热情。另外，学生的集体荣誉感、集体舆论等也是评价内容。

2. 学生发展评价

学生发展评价是对学生通过学习或接受教育后在知能、态度、品德、行为等方面的变化或发展水平所做的测量、分析和评定。班主任工作做得好与坏，质量高与低，最终都要落到学生发展的质量和水平上，因此，学生发展评价是班主任工作评价中最主要，也是最重要的内容。学生发展评价是考查学生德、智、体、美、劳等方面的表现和发展水平，考查学生各个方面的发展是否和谐平衡，有无偏颇情况，是否达到了应有的水平。学生综合发展评价中，学生品德评价和学生学习评价是学生发展评价的两个重要方面。学生品德评价可以从思想表现、品德行为和政治观点几个方面来确定评价学生学习水平的指标，不仅要考查学生掌握知识的程度、能力发展水平，也要考查其情意方面的投入。

(三)班主任专业素质的考核评价

班主任基本素质是做好班主任工作的前提和基础，它对班主任工作成败有重大的影响，因此，班主任基本素质评价是班主任工作评价的重要内容。

1. 工作态度

一是反映在务实肯干的工作作风中。班主任工作不是一蹴而就的，它要求班主任一点一滴地去做，要求班主任有十分的期待、百倍的耐心、多次的反复，通过不断与学生的交往、沟通与理解而完成。因此，缺乏务实肯干的精神是难以胜任班主任工作的。二是反映在对学生的热爱上。要做好班主任工作，首先必须热爱这项工作。热爱学生是热爱班主任工作的前提。三是反映在其工作的不断创新和献身精神上。班主任工作是一项需要不断创新的劳动。因为学生在不断发展，社会在不断进步，这就要求班主任工作的思想、内容、方法要随之变化，否则，班主任工作就不会有效益，也会影响我们整个育人工程。因此，创新意识也是评价班主任工作态度的一个重要方面。班主任工作事无巨细，内容庞杂，它需要班主任花费很大的精力，付出艰辛而繁重的劳动，做好它既没有鲜花和掌声，也没有优厚的待遇，全凭着班主任的献身精神，这种献身精神就是班主任对待工作的态度。

2. 知识结构

班主任不仅仅要为学生某一专业和某一方面的成长负责，而且对学生全方位的成长都负有责任。因此，班主任工作对班主任的知识结构有比较高的要求，即要求班主任必须具备广博的知识。这些知识除具备丰厚的专业知识外，还要具备一般性的社会知识、教育理论知识和其他相关知识。

3. 能力结构

要做好班主任工作，需要班主任具有多项能力，而且，只有这些能力完整而有机地组合，才能更好地做好班主任工作。班主任工作的能力应包括：组织能力、观察能力、表达能力、协调能力、自我调控能力、开展活动的能力等。能力结构评价应以这些能力为内容，设计评价标准。

(1)组织管理能力。这首先要考查班主任是否能够把一个班级组织成为一个正常运转的集体；其次看其对班集体的号召力和影响力，学生是否听从指挥；最后要看这个集体是否处在一种团结、紧张、严肃、活泼的氛围之中，学生在各种活动中是否步调一致，是否有凝聚力。

(2)观察力。班主任的观察力指班主任是否能够及时把握班级运行状况的能力，主要有了解学生思想动态、学生学习风气、班级气氛、班级舆论等方面的能力。

(3)语言表达能力。表达能力要考查两个方面：一是口头语言表达能力，二是书面语言表达能力。口头语言表达能力的标准是：清晰、准确、明了、简洁、易懂；生动有趣，富于幽默感，逻辑性强，主次分明，抑扬顿挫，对学生有强大的吸引力和感染力。书面语言表达能力的标准是：字迹工整，文字修养好，表达流畅，简明生动，条理清楚。

(4)协调能力。协调能力主要表现为两个方面：一是协调校内校外教育影响的能力，这一方面是指沟通家庭与学校，考查家庭对学校教育的支持程度；另一方面是指沟通学校与社区、社会，考查班主任是否有效地利用校外教育基地对学生进行教育。二是协调学校内部各教育职能部门、各学科教师等教育影响的能力。一方面考查班主任是否常常从不同教育职能部门、不同学科教师那里了解本班接受教育的情况；另一方面考查班主任是否经常从本班学生中了解校内各职能部门和各学科教师的教育状况。

(5)自我调控能力。自我调控能力评价主要是对班主任个人性格特征中意志品质的考查。这有两个方面：一是考查班主任良好的情绪情感表达能力，以发挥其积极作用来影响学生；二是考查班主任控制自己不良情绪的能力，以避免因个人不良情绪而带来的不良影响。

(6)开展活动的能力。这主要指通过大量的活动来影响和教育学生，班主任要具有开展活动的能力。评价班主任开展活动能力的主要内容有：活动目的是否紧扣教育目的，具有鲜明的针对性；活动是否符合学生的兴趣，为学生所喜闻乐见；活动结果是否达到了班主任预期目的。

二、小学班主任工作评价的标准

任何评价都是依照一定的标准来进行的，而评价标准总是以一定的评价内容为基础制订的。把握不准评价内容，标准就不会客观，评价就成为随意行为。班主任评价标准应是反映班主任工作的内容，体现班主任工作的准则、规范和学校对班主任工作的要求，对班主任工作目标进行分类分解，而制订的符合评价原则的规定。评价标准的确定，一般都具有评价的可行性，即能够测量或比较，可依此作出评价的结论。

班主任工作评价标准不是人们主观臆造的，制订评价标准要有一定依据。第一，是依据社会对教育的要求，依据党和国家制订的教育方针、政策和各级教育行政部门对班主任工作的要求和规定。第二，制订评价标准必须依据教育学、心理学、管理学等教育理论。第三，制订班主任工作评价标准必须考虑评价目的和被评价对象的总体状况。评价工作是促使教育达到预定目标的手段，考虑被评价对象的总体状况才能保证评价的有效性。

班主任工作评价的标准，是考查班主任工作是否做到了促进班级全体学生的全面发展及为其接受更进一步的知识学习和提高全民族素质打好基础的依据。根据班主任工作评价的内容，可由三个主要部分组成：一是职责标准(是否形成了有利于全体学生全面发展的班级教育力量)；二是效果标准(班级学生的质量是否有所提高)；三是素质标准(是否胜任班主任工作)，这三个标准是班主任在整个工作中所体现出来的具有可见性、可测性、可比性的表现。三方面相互独立存在又相互统一，共同反映于班主任工作的整个过程之中，互相渗透、互相依存、不可分割。

班主任工作评价的内容和标准，很难制订出一个统一的方案和尺度，同时内容和标准的程度也不可能绝对一样。所以，学校领导要把握对班主任工作的基本要求，也要结合本校的实际情况，制订出较为合适的评价标准，具体的评价标准能结合评价的指标体系得到充分的阐释。

第三节　小学班主任工作评价的实施

一、小学班主任工作评价的方法

评价方法是评价所要选取的形式或种类。班主任工作评价中评价方法选择的适当与否也会对评价质量产生重要的影响。评价目的不同就会采取不同的方法。

（一）自我评价和外部评价

从评价者参与主体来看，评价可以分为自我评价和外部评价。自我评价是班主任个人对自己工作情况所进行的分析和估价。其好处是：评价比较容易进行，通过评价可以提高班主任的自我评价能力。同时，通过班主任对评价指标的阅读，还可使班主任及时发现自己的不足之处，以改进工作。但这种方法往往也会因受到班主任自信心、安全感以及个人评价技能技巧的影响而缺乏客观性。因此，自我评价总是要同他人评价结合起来运用。

外部评价主要有同行评价、领导评价、学生评价和社会评价。同行评价是指与班主任本人从事同一工作或相近工作的班主任、教师或辅导员等对班主任工作进行的评价，一般采用无记名投票或通讯评价的方式。领导评价主要是指由学校校级领导和教导处、教务处、年级责任人、班主任代表组成的评估成员对班主任工作进行的评价。班主任工作的对象是学生，来自学生方面的评价和反馈能比较准确地反映班主任工作的实际情况，因此，让学生评价班主任工作也应该是班主任工作评价不可缺少的重要组成部分。实施班主任工作的学生评价，组织评价人员要预先向学生讲清评价的目的、意义以及指标体系和评分方法。评价要采用无记名方式以消除学生的顾虑。社会评价主要是指学校所在地的政府、教育行政部门对班主任工作进行的评价，或学生家长对班主任工作进行的评价。

（二）相对评价、绝对评价和个体内差异评价

根据评价的标准不同，评价可分为相对评价、绝对评价和个体内差异评价。相对评价的目的是确定被评对象在被评价团体中的相对位置。绝对评价以预先制订的教育目标为评价参照标准，评价每个被评对象的到达程度。个体内差异评价是指对被评对象内部的发展变化做纵向和横向的比较，以看其发展变化的评价。在班主任工作评价中，一个学期前、中、后三次对班主任工作进行评价，以比较他的进步情况，这种班主任工作就属于个体内差异评价。

（三）诊断性评价、形成性评价和终结性评价

根据评价所发挥功能的不同或评价的目的不同，评价可以分为诊断性评价、形成性评价和终结性评价。诊断性评价是在班主任工作开始前或一个学期开始之前，

对班主任工作所做的预测性评价。如调查班主任对班级工作的了解程度，班主任所带班级的学生学习质量等。形成性评价是指为了使活动更有成效，以把握和修正班主任工作的计划进程而对班主任工作所进行的评价。正因为如此，这种评价也被称为过程评价。这种评价的目的是为了及时了解动态过程的效果，及时反馈信息，使已经行使的计划更完善。终结性评价是指在某项活动告一段落时，为把握其成果而进行的评价，也称事后评价，这种评价一般都是为了对既定的评价对象进行全面的判断，目的主要是肯定成绩，总结经验，发现问题，明确方向。我们前面讲到的班主任工作计划评价、工作职责评价和工作效绩评价就分别是这三种评价。

(四)定性评价与定量评价

根据评价是否采用数学的方法，将评价分为定性评价和定量评价。定性评价是根据评价者对评价对象平时的表现、现实状态或文献资料的观察和分析，直接对评价对象作出定性的评价结论的评价方法，如评出等级，作出评定，写出评语都是定性评价。等级评定是一种方便、简单、易行的评价方法，它可以写成上、中、下三级，也可以用甲、乙、丙、丁四级制，或用优秀、良好、合格、不合格等。这种评价的缺点就是比较粗略，评价受评价人主观的影响程度大。定量评价是指采用数学的方法取得数量化的评价结果的一种评价方法，也称量化评价或数量化评价。如通过各种测量表格，通过班主任自评和他评，获取各种数量，最后得出一个总的数量化的数据，并依此数据对班主任工作进行价值判断，就属于定量评价。

由于定性评价和定量评价优缺点的互补性，因此，班主任工作评价中两者结合运用更为妥帖。

(五)单项评价和综合评价

从评价所要反映班主任工作全貌还是重点反映班主任工作某个具体的方面来看，班主任工作评价可以分为单项评价和综合评价。单项评价是指对班主任工作的某一或某几个侧面所进行的评价。如前面所讲到的工作方案评价、对学生学习指导状况的评价等都属于单项评价。综合评价是指对班主任工作的整体情况进行全方位、多角度的评价。

二、小学班主任工作评价的过程

班主任工作评价是一项技术性很强的工作，因此，评价必须以科学合理的程序展开，否则将直接影响班主任工作评价的可靠性和有效性。

(一)准备阶段

1. 明确评价目的

明确评价目的是要明了评价是“为了什么”和评价要“干什么”的问题。它是评价的出发点和选择评价方法以及后续工作展开的依据。为此，确立目的要做到明确、具体、科学、可行，有较强的针对性，符合评价意义。

2. 成立评价小组

评价目的明确之后，就要根据目的要求，成立一个评价小组，着手开展具体的评价工作。除学校领导之外，评价小组的成员还应该邀请理论专家、教育行政部门人员和实践一线的班主任。要保持组织机构的精干性，即评价人员不宜多，要根据评价目的考虑人员的组成。

3. 制订评价方案

制订评价方案就是要确定“评什么”的过程，它是整个评价工作的“蓝图”，是具体实施评价的依据。制订评价方案主要包括下列各项工作：一是明确评价内容；二是根据内容设计指标与指标系统。设计评价指标是评价准备过程中一项比较困难的工作，也是一项十分重要的工作。因为指标设计得恰当与否，直接影响到评价的真实程度，因此，设计指标要考虑以下几个方面的要求：第一，合目的性，即它必须是教育目标或管理目标的具体化。第二，可达成性，即指标设计必须是被评对象经过努力可达到的。第三，可比性，即指标必须同质，反映被测评对象的共同属性。第四，可测性，要求指标规定的内容必须能够通过各种技术手段可直接或间接测量得到。同时，在确定评价指标时，还要做到指标系统内各指标的不矛盾性、不重叠性和整体完备性等。指标系统确定好以后，就要对各指标分配权重。分配权重就是要确定每一评价指标在整个指标体系中的重要性程度，即每一指标的“分量”或“地位”，统计学谓之“权重”。确定权重主要是因为每一指标在说明被评对象的全貌方面起的作用有所不同。指标的权重不是随便分配的，它有着一系列统计学的科学方法，班主任应对此有所了解，以便工作中有章可循。评价指标体系及其权重确定之后，再将这些指标编制成规范的表格。

4. 写出书面计划

写出书面计划是整个准备阶段的最后一项工作，有了它下一步的具体实施就有了依据。在写计划时要写清楚下列各项：评价目的，组织机构的构成形式和不同人员的责任安排，评价的内容，被评的对象，评价中量表的选用、设计，以及评价实施的程序和步骤等。

(二)实施阶段

如果是实施班主任工作的综合评价，那么在实施评价阶段，先由班主任根据评价指标要求写出自评报告，填写自评用的相关表格，然后评价人员听取或阅读班主任的自评报告，再查阅有关资料，如班主任工作计划、班主任工作总结、班主任工作经验总结等。对学生德、智、体等方面进行考核，结合平时学校考核的资料，最后进行综合统计、分析，作出评价等级和结论性评语。

1. 宣传动员

评价工作特别要取得班主任本人的信任、谅解、支持与配合，同时也要取得学生的配合，因此，宣传动员十分重要。宣传动员就是要给被评对象讲明评价的意义，让他们真正理解评价在实现教育目的中的作用等。

2. 收集信息

收集信息是作出结论的必要条件。信息的收集从来源看，可以是班主任本人、班主任的同行教师、学生以及学校内的领导等；依信息收集的方法来看，可以是各种类型或层次的考试、评定量表、测验、观察、谈话、问卷、个案调查等方式方法。

3. 数据处理

数据信息收集到以后，就应该对收集到的信息进行整理，使之系统化，能反映被评对象的全貌或某些关键物证，把信息转化为对评价对象进行价值判断的依据。

(三)总结阶段

总结阶段就是对评价形成综合判断，作出评价结论的阶段。在这一阶段评价者要从整体上对被评对象作出定量或定性的综合意见，作出优良中差的程度区分、是否达到目标的结论等。总结阶段的形式是评价报告。这个评价报告应有两部分组成：一是所得数据的数字总评，二是给予文字性结论。

本章小结

小学班主任工作评价是根据我国小学教育的性质、任务所确立的教育目标的要求，对班主任所实施的各种教育活动过程和效果所进行的科学的价值判断。班主任工作评价具有导向、调节、鉴定和激励功能。小学班主任工作评价的内容包括班主任工作职责、班主任工作效果和班主任自身素质三个方面。班主任工作评价的标准可根据对班主任工作的基本要求及学校的实际情况具体制订。班主任工作评价的方法有自我评价和外部评价、相对评价、绝对评价、个体内差异评价、诊断性评价、形成性评价和终结性评价等。评价过程可分为准备、实施和总结三个阶段。

关键术语

小学班主任工作评价

思考题

1. 小学班主任评价的意义何在？
2. 小学班主任评价包括哪些内容？
3. 小学班主任评价的基本方法有哪些？
4. 小学班主任评价的准备、实施和总结阶段各包括哪些具体工作？

实训练习

为某小学设计一份班主任工作评价指标体系。

拓展阅读

1. 教育部师范教育司组织编写．中学班主任工作理论与实践．长春：东北师范大学出版社，1999.

2. 马建富，朱受胜．班主任工作原理与艺术．南京：南京大学出版社，1993.

3. 翟天山．小学班主任．北京：北京师范大学出版社，1999.

4. 蒋超．班主任评价中的问题与对策．中国校外教育，2011(5).

5. 贯永春．关于中小学班主任工作绩效考核的现状调查与思考．思想理论教育，2011(4).

6. 马玉芳．让评价成为发展引擎：重构县中班主任评价体系．中小学管理，2014(3).

7. 孔艳静．构建促进班主任专业发展评价体系的思考．太原大学教育学院学报，2010(S1).

第十一章　小学班主任工作研究

学习目标 ▶

1. 了解班主任工作研究的内涵和意义。
2. 理解并学会运用小学班主任工作研究的基本方法。

导入案例

对普通老师来说，我特别强调的是要把难题当课题。我们不少老师真的是这样在做教育科研，而且颇有成效。比如唐燕老师，我刚来的时候，她来向我抱怨，说班主任难当，因为班上有一个学生太不好管，很顽劣。我说："恭喜你拥有了教育科研对象！"我对她说，现在你的难题正是你的课题！你就研究这个孩子嘛！而且最好随时把你的研究过程记录下来。果真，唐老师开始研究这个孩子了。那一段时间，我几乎每天晚上都在网上看唐老师写的研究日记。一年后，这个孩子转变了，唐老师也写出了上万字的研究报告，其实就是她转化这孩子的故事。非常精彩！后来我将这个长长的故事推荐发表了。昨天，我还和潘玉婷老师谈心，鼓励她总结一下最近几年来教育转化特殊孩子的体会。几年前，潘老师对我说，她班上有一个同性恋的男生，她感到非常恶心！但我还是那句话，恭喜你有了研究对象！我对她说，你遇到了以前从没遇到过的难题，这正是你的科研课题！后来潘老师真的开始研究了，并取得了很多成果。她还遇到过患抑郁症的女生，还有其他种种特殊的学生。几年来，她所遇到令人头疼的学生，不是传统意义上的"差生"。传统意义上的"差生"主要是思想问题或道德问题，而这些学生同性恋或抑郁症，和道德没关系，主要是生理原因，甚至是基因的原因。而几年来潘老师的研究很有成就，这些研究就是每一天和孩子的陪伴、倾听和引导。我对潘老师说："你的研究并不是申请一个什么级别的'关于特殊儿童教育'的课题，而是你从自己的实践中遇到的难题。几年下来，你不但有成就，而且还有体会，比如对这样的孩子，首先不要想到去改变他——同性恋怎么能够改变呢？这里面要改变的是我们的观念——是理解、信任，然后走进心灵，把阳光洒进他们的内心。对这样的孩子，需要等待，需要从容，需要宽容……这都是你的体会。这不就是教育科研成果吗？而且更重要的是，在和这些特殊孩子打交道的过程中，你也提升了。比如，增加了你的教育智慧，拓展了你的教育领域，甚至丰富了你的许多知识，比如你研究同性恋，便要读相应的书，等等。"潘老师的研究，就是典型的"把难题当课题"，就是典型的真科研！①

第一节　小学班主任工作研究的含义与意义

班主任工作是一个永无止境的发展过程，管理者对管理现象的认识也是永无止境的。不断地认识管理新情况、新问题不仅是理论工作者的任务，更是千千万万基层班主任的任务。随着班主任职业专业化程度不断提高，必然要求班主任不仅具有

① 李镇西．要搞真科研．http：//blog. sina. com. cn/s/blog _ 54c61efa0102dzya. html，2012-10-12.

扎实的学科基础，而且要具有班主任工作独特的品格和能力，在这其中，教育科学研究的意识和能力是非常重要的方面，同时，这也是推动班主任专业化的有力保证。

一、小学班主任工作研究的含义

"研究"是人们了解、分析、理解社会现象、社会行为和社会过程的一种认识活动。一般来讲，研究与一般的经验总结、权威论断和消息报道存在以下区别：研究需要有探寻答案的课题。接近规范的研究，还需要研究假设和对假设的陈述，并且有针对研究假设所涉及的可供验证的指标，这表明此项研究具有明确指向；研究要有理论的分析和论证，而不是简单地收集资料或罗列言论；研究强调科学研究的程序，以保证研究结果的可靠性；研究的结果要具有一定的解释力或预测力。基于以上判断，小学班主任工作研究是指教育理论与实践工作者以小学班级中的人、事、物为研究对象，探寻班级管理实践中的问题，并力图揭示小学班主任工作规律的研究活动。本章主要探讨小学班级的教育者、组织者和管理者——班主任对班级管理活动的研究。

由于班级管理涉及班级活动中所有的人、事、物及其关系，其内容可以说是千头万绪，十分复杂。在西方，有关班级管理研究的内容取向总体上表现为三种：职能研究、行为研究和人际关系研究。要想对班级管理的研究内容做一个精确而完备的划分实属不易。除了上述三种不同的研究取向，也可以把班级管理的研究内容粗略地划分为原理性研究和操作性研究，或者笼统研究和问题指向性的研究，理论研究和策略研究等。①

二、小学班主任工作研究的意义

(一)有助于提高班级育人质量

教育工作充满了复杂性和丰富性，教育工作没有"最好"，只有更好。任何一位教育家的成功经验都是有条件的，都是根据特定的对象、特定的要求、特定的内容和特定的自身条件创造出来的。一个人如果不加区别地模仿，即使模仿得再好，也只能形似神不似。一位教育工作者有没有自己对教育本质的思考，有没有自己对教育的个人见解，有没有自己对改进教育工作、提高教育质量的孜孜追求，并最终形成自己独特的教育、教学风格，是区分教书匠与教育家的分水岭。所有这些，都是以强烈的研究意识和自觉的研究活动为基础的。因此，班级管理者研究、探索班级问题，是提升育人质量的重要条件。

(二)有助于改进班级管理工作

班主任只有对班级问题不断研究，才能了解自己在班级管理中做了什么，这些

---

① 陈红燕．班级管理研究述评．教学与管理，2004(11).

行为产生的效果反映了什么教育和管理理念，对学生和班级发展有何影响。由于了解了自己的行为习惯和思想观念，班主任才可能了解自己还存在什么不足，进而采取行动改进班级管理工作。如果班主任对自己的行为缺乏自觉意识，对学生在成长过程中遇到的问题不了解，则不可能认识到改革的必要性，更不可能有效地改善自己的教育和管理实践。从教育的社会文化大背景看，参与班主任工作研究，还可以使班级管理者反省学校的功能、班主任的作用以及学生发展的意义，进而提出具有社会改造意义的教育改革措施。

(三)有助于提升班主任专业化水平

班主任专业素养是指履行班主任职责、完成班主任工作任务、实现班主任工作目标要求所必须具备的专业理想和信念、专业道德和专业精神、专业知识和专业能力。班主任专业素养提高的过程就是班主任专业化发展的过程，提高班主任专业化水平的途径很多，进行班主任工作研究是其中一条重要的有效途径。

从班主任专业发展看，参与班主任工作研究可以帮助他们从日常纷繁复杂的教育教学和班级管理工作中跳出来，站在研究者的角度看待每天遇到的大量班级问题，审视自己的劳动过程和成果，在工作中获得理性的升华和精神上的愉悦，提升自己的精神境界和思想品位，激发工作热情，提高工作能力。正如苏霍姆林斯基所言："如果你想让班主任的劳动能够给班主任带来乐趣，使天天上课不至于变成一种单调乏味的义务，那你就应该引导每一位班主任走上从事研究这条幸福的道理上来。"班主任工作研究的最终目的不仅仅是改进教育和管理实践，还可以改变班主任工作与生活方式，使班主任体会到自己存在的价值，逐步实现专业自主发展。

(四)有助于班主任工作创新

传统的教育工作在相当大的程度上是知识传授、行为训练的工作。其实，教育工作者不仅要传授知识，更要启发智慧；不仅要训练行为，更要培养人格。我们现在实行的是班级授课制，但班级授课制是以这样的假设为前提的：相同年龄的儿童其发展水平和发展潜力相同，所以对相同年龄的儿童以同样的速度、同样的要求教授同样的内容，并以同样的标准进行统一的评价。然而，这一假设是不成立的，在智力上，7岁儿童的实际智力水平在4～11岁之间；在性格上、认知风格上，"人心不同，各如其面"；在家庭背景上，政治、经济、文化的差异十分巨大。这就注定了班级授课制一开始就种下了一系列教育的祸根：非针对性、去个性化。教育的理想是促进不同的儿童根据各自的特点得到更好的发展，如何根据不同儿童的不同特点进行教育，不仅需要有教育的智慧，更需要有对儿童细心的观察和精心的研究。这样，才能不断突破别人和自己的经验，根据不断变化的教育对象和教育内容因材施教。

第二节 小学班主任工作研究的方法

小学班主任工作研究大多属于应用性研究，即从班主任工作实践中提出研究课题，运用相关的基础理论去探求解决问题的规律性认识与方法，推动班级管理工作向更高水平发展。小学班主任工作研究方法有很多种，在此介绍几种最常用的研究方法。

一、问卷调查法

问卷调查法是研究者将所要研究的问题编制成问题表格或问卷，以邮寄、当面作答或追踪访问方式填答，从而了解被试者对某一现象或问题的看法和意见。

问卷调查的适用范围：偏重于意见、态度或看法的调查，并往往以个人或一群人为对象。一份完整的问卷结构主要包含问卷说明、注释、问卷本文、结束语等几部分。问卷题目一般包括是非题、选择题、填空题、问答题、排序题或表格式题目等。

问卷回收后，在剔除废卷的同时，要统计有效问卷的回收率为研究结论依据的问卷，回收率一般不应低于70%。

调查者收集的原始资料往往是零散杂乱的，需要调查者根据研究的需要及时进行分类、汇总、概括、统计，这就是资料的整理。只有在对原始资料进行系统整理的基础上才能反映出事物存在或变化的特征，才能形成研究结论，才能完成调查报告的撰写。

二、访谈调查法

访谈通常是调查人员通过与研究对象或其他有关人员面对面地有目的的交谈，由其中一个人(研究者)引导，收集研究对象的语言资料，以此了解研究对象并对教育问题予以解释。

访谈题目的类型可以分为三类：描述的问题，这类问题是请被调查者描述一般的情况，最常用在所有的访谈过程中；结构的问题，这类问题是要发现被调查者的文化知识领域，了解被调查者如何组织他们的经验；对照的问题，这类问题是用来发现被调查人在生活中如何区分物体或事件的意义。

在访谈过程中应注意尽可能了解访问对象，选择恰当的访谈时间和地点，要想方设法赢得被访者的信任和配合，要善于洞察被访问者的心理变化，随机应变，要掌握提问技术，及时记录、整理分析访谈结果。

三、教育观察法

观察法是研究者通过感官或借助于一定的科学仪器，对处于自然状态下的教育现象进行有目的、有计划的系统考察，以获得经验或事实的一种研究方法。

教育观察法的实施步骤可以分为观察准备工作、实施观察、观察资料的整理与分析三个阶段。观察前的准备工作包括明确观察目的，收集观察对象资料；制订观察计划；做好观察的物质准备等。教育观察实施的基本途径有上课、听课、参加有关活动(参与观察)、实地参观考察、与观察对象访谈等。观察结束后，要对观察记录进行初步整理。对笔录资料要分门别类存放；对录音、录像资料要登记并做卡片，以免事后因记忆模糊而造成资料混乱。

四、个案研究法

个案研究法是指采用各种方法搜集有效、完整的资料，对单一对象进行深入细致研究的方法。其任务是揭示研究对象形成、变化的特点和规律，以及影响个案发展变化的各种因素，并提出相应的对策。

班主任个案研究可以根据研究目的、对象、内容的不同，采用追踪法、追因法、临床法、作品分析法等具体的个案研究方法。追踪法就是在一个较长时间内连续跟踪研究单个的人或事，收集各种资料，揭示其发展变化的情况和趋势的研究方法。追因，顾名思义，就是追寻和探究现象的原因。追因法是个案研究中经常使用的与实验法因果顺序相反的一种研究方法。临床法又称临床谈话法，通常是通过谈话形式进行的一种个案研究。临床谈话法的方式可以是口头谈话，也可以是书面谈话。研究者可以根据具体情况确定运用何种谈话方式。产品分析法是通过对研究对象活动产品如作业、书稿、日志、教案、总结、自传、绘画、工艺作品等的分析，了解研究对象的能力、倾向、技能、熟练程度、情感状态和知识范围，从而对个案状况作出准确判断。教育会诊法是通过教师集体讨论，就某一教育现象作出鉴定，形成比较客观公正的结论的方法。

个案研究包括确定研究的个案、收集个案的资料、整理分析资料 、形成结论等基本步骤。

五、教育文献法

文献是用文字、符号或图形等方式记录人类活动或知识的一种信息载体，是人类脑力劳动的一种表现形式。教育文献法是指研究者按照一定的研究目的和任务，通过收集、鉴别、整理、研究相关文献，从而形成对教育事实的科学认识，探索教育规律的研究方法。几乎所有的课题研究，都要从文献研究开始，并将其贯穿于研究的始终。由于文献法不与研究对象直接接触，而是间接地通过查阅相关文献获得研究信息，因此，也被称为“非接触性方法”。

案例

通过评价，他进步了

一、发现问题（诊断）

小亮，小学一年级，年龄在班中最小，个头却在班里最高。家长对他很关心，每天放学后都要问我他在校一天的表现，并和我交流他在家的情况。对于这个孩子，我真是又爱又恨。他的行为习惯很不好，上课坐不住，手老是放在桌斗里玩，下课就招惹同学，常常是我一到学校，就有人告他的状，最多的一天，同学告了他几十次。开学没过多久，班里的孩子就开始孤立他，课上不愿意和他分到一组讨论问题，下课不和他一起玩。我多次提醒别的孩子，但由于他老是出状况，常常因为管不住自己而让值周生给我们班扣分，孩子们跟我说：不喜欢他。我无法批评别的孩子，他们有自己的观点，有自己的喜好。如何有针对性地对他进行教育呢？

二、计划与行动：见实施记录表。

实施记录表

时间	要求	实施过程	效果	原因分析
第一天	尽量不把手放在前面，坚持两节课，将得到一颗表示纪律好的绿星。	早晨到校后给予提醒，提出希望。	没有做到。	第一节课是数学，我没有和数学老师交流这件事件，老师没有特别监督他，所以在数学课上又玩尺子了。
第二天	在语文课上不要把手放在前面，由坐在他旁边的同学和我监督。	课上多次叫他回答问题，给予关注，及时表扬。	语文课做到不玩手，但其他课还有玩的现象。	我想，孩子的任何行为的形成都有一个过程，必须给孩子时间和机会。
第三天	语文课上举手次数不得少于10次。	尽量在他举手时叫他或向他点头，示意教师的关注。及时发给他表示纪律好的绿星。	课上踊跃举手回答问题，很少再玩了。	通过提问，可以淡化他上课玩手这件事，转移他的注意力，取得不错的效果。
第四天	没有对他提出更高的要求。	方法类似于前一天	表现比较出色，虽然有违反纪律的情况，但不再玩手。课后在没有老师的情况下还是管不住自己。	我想三天了，他的情绪一直处于高度兴奋状态，给与持续的关注应该能够改掉这个分散注意力的坏习惯。

续表

时间	要求	实施过程	效果	原因分析
第五天	希望他得到别的老师的赞赏，让他想办法。	我和美术老师进行了沟通，在美术课上给予他关注。当天晚上给他家打电话，向他表示祝贺。	他课后跟我说："觉得老师都喜欢我，想做一个好孩子。"	如果只是我对他进行关注可能效果还不明显，其他老师的欣赏给他带来更大的自信，他的进步很大！
第六天	给他打电话：要求他星期一早上到校后为集体做一件好事。	周一早晨，他拿出几个小相框跟我说："咱们班谁表现好，就把谁的照片展览在相框里。"我及时表扬了他，并号召全班同学向他学习。	又一次受到老师的表扬，他很高兴，有同学参观起了他的小相框，同学们也开始喜欢他了。	早晨的事对他影响不小，这一天他都没有违反纪律，而且和同学们相处得不错。愉快的情绪使他乐于上学，并有了做好学生的自制力。
第七天	没有对他提出更高的要求。	今天，他又做了一件好事，就是拿来20个装文件的小口袋，他说："老师发的小卷子装在口袋里就不会丢了。"他一定是把头一天我批评个别同学把老师发的小卷子乱扔的事记住，并想办法帮助解决这件事。	我又一次表扬了他，希望同学们能像他一样热爱集体。	我想，他已经成为了一个有心人，能主动为集体做贡献。虽然他的动机还可能仅仅是为了获得老师的表扬，但是至少他和同学的关系改善了，我真的很高兴。
第八天	没有对他提出要求。	早晨到校后，我第一个叫他，让他帮我做值日。课上，当他出现玩手的现象时，就表扬他身边的同学做得好，以此来提醒他，避免直接批评他。课后，让他擦黑板。避免他违反纪律的情况出现。	效果不错，表现很积极。	我想适当的转移注意力，也许会对他有益，效果果然不错。
第九天	没有对他提出要求。	没有过多的关注。	这一天表现不错。	我觉得只要他养成习惯，遵守纪律不是难事。
第十天	告诉他今天要评班里的好学生，希望他争取。	这一天对他的表扬非常多，只要他做得不错，就及时在全班表扬。	果然，在评比中他获得"好学生"称号。	这十天的关注好像是取得了效果，不知道他能不能坚持下去。

三、结果

我只记录两周的时间，但我明白，对于个别生的教育需要持之以恒。目前，小亮虽有很大进步，但还是时不时地犯一些小毛病。但通过两周的观察教育，取得的成效是明显的，他的妈妈很高兴，见到我经常说："孩子有进步，在家也不让家长太费心了，觉得自己的孩子虽然上学时间不长，但真的长大了不少。"

四、反思和讨论

教育学生需要给予他成功的体验。对于一年级的小学生，太多的大道理他们不明白，太多的说教他们不接受，我想：真心地爱他们，给予他们每个人成功的体验，关注他们，就能够走进他们的世界，成为他们的朋友，大人与小孩离得并不远。老师可以利用小孩子们希望得到老师表扬的心理，通过恰当的方法，矫正他们的一些坏习惯。最重要的是老师千万不能放弃他们，毕竟他们的学校生活才刚刚开始。老师与学生贴近，有教育的责任感才能有成功的教育。

【点评】

一个完整的行动研究过程包括以下四个步骤：发现问题和界定问题(诊断)；制订行动计划；实施和记录行动；反思和评价。这篇教师行动研究报告，对事件的记录比较详细，并且创新性地使用了表格形式，十分有效地将制订行动计划与实施和行动的记录结合起来，最终教师采取的行动促进了问题的改进。这种能促进教师改进自己实践知识的研究，是广受提倡的教师研究范式，它能够更具体地解决教师教学中出现的问题，促进自己教育教学水平的提高。

此案例中也有两处不是十分完善。第一，教师把分析问题融入了行动过程之中，给人的感觉是"摸着石头过河"。一般来说，研究者在发现问题以后，应该对问题出现的原因进行推断和分析，然后制订相应的行动计划，这样更能保证行动的合理性。当然，在行动过程中可以对原来的行动计划进行调整。第二，反思与体会部分比较笼统，缺少针对性，行动研究实施后的效果、成功之处、不足之处、应该如何改进等问题都值得深入反思。另外，在深入反思的基础上对尚未解决的或者新出现的问题制订新一轮的行动计划也是非常必要的。①

本章小结

本章论述了小学班主任工作研究的内涵、意义、基本范式和基本方法。小学班主任工作研究是指教育理论与实践工作者以小学班级中的人、事、物为研究对象，探寻班级管理实践中的问题，并力图揭示小学班主任工作规律

---

① 韩建．例谈教师如何做行动研究．当代教育科学，2007(2).

的研究活动。开展班主任工作研究，对改进班级管理工作、促进学生发展和提升班主任专业化水平皆有重要意义。班主任工作研究的常用方法有问卷和访谈调查法、个案研究法、观察法、产品分析法和文献法等，研究者要善于根据具体情况和自身水平选择适当的研究方式和方法。

关键术语

班主任工作研究　问卷调查法　访谈调查法　个案研究法　观察法　产品分析法

思考题

1. 小学班主任工作研究的内含是什么？意义何在？
2. 班主任工作研究的常用方法有哪些？各种方法的适用条件有哪些？

实训练习

设计一个小学班级管理的行动研究计划。

拓展阅读

1. 裴娣娜．教育研究方法导论．合肥：安徽教育出版社，1995.
2. 陈向明．质的研究方法与社会科学研究．北京：教育科学出版社，2002.
3. 王晓燕．向教育家．长春：吉林大学出版社，2011.
4. 杨润勇，王颖．中小学教师教育科研范式与方法．长春：吉林大学出版社，2011.
5. 潘懋元．教育基本规律及其在教育研究中的运用．江苏教育研究，2009(4).
6. 严文清．“教育家办学”的诉求分析．光明日报，2010-7-17.
7. 韩建．例谈教师如何做行动研究．当代教育科学，2007(2).
8. 丁钢．我们如何做教育叙事．中国教育报，2004-10-21.
9. 李朝英．关于“质的研究与”与“行动研究”．山东教育，2001(11).

参考文献

陈威．小学儿童心理学．北京：中国人民大学出版社，2007.

古人伏等．小学班队工作原理与实践．上海：华东师范大学出版社，2011.

劳凯声等．小学教育学．北京：人民教育出版社，2006.

李学农．班级管理．北京：高等教育出版社，2007.

李颖．小学班主任工作专题．北京：教育科学出版社，2013.

齐学红等．新编班主任工作技能训练．上海：华东师范大学出版社，2011.

王晓春．做一个专业的班主任．上海：华东师范大学出版社，2008.

翟天山．小学班主任．北京：北京师范大学出版社，2004.

张道祥．小学班主任工作艺术．北京：首都师范大学出版社，2012.